はじめて学ぶ 健康・スポーツ科学シリーズ 3

スポーツ生理学

冨樫 健二 編

秋間　　広
石井 好二郎
大槻　　毅
片山 敬章
河合 美香
川田 裕樹
今　　有礼
髙橋 英幸
瀧澤 一騎
西島　　壮
前田 清司
膳法 亜沙子
山口 太一 著

化学同人

●シリーズ刊行にあたって●

　「はじめて学ぶ　健康・スポーツ科学シリーズ」は，健康・スポーツ科学，体育系の大学や専門学校で学ぶ1，2年生が，その後に続く専門課程（コース）に進むために身につけておくべき知識をわかりやすくまとめた「教科書シリーズ」である．

　スポーツが好きで大学や専門学校に入学しても，高等学校までの知識が不足していると入学後の講義が難しく感じられ，「夢」を諦めてしまう学生も少なくない．大学や専門学校での専門的な講義は，高校で学んだ保健体育の知識だけでなく，生物や物理といった人間の生命活動に関わる，幅広い基礎的知識が必要とされる．本シリーズでは，健康・スポーツ科学，体育系の大学や専門学校に入学した学生が「夢」を諦めることなく，意欲的に勉学に打ち込めるように，広範な基礎的知識を学びやすく構成し，基礎づくりのための教科書をそろえることをめざした．

　わが国は世界でもまれな「長寿国」として知られている．健康で生き生きした生活をサポートする専門家としては，科学的な事実に基づく知識や経験を有することが必要条件である．健康・スポーツ科学，体育系で学ぶ学生の皆さんは，将来その分野の専門家として，国民の健康の維持・増進に大いに貢献していくことが期待される．

　また，オリンピック・パラリンピック競技大会やワールドカップにおける選手の活躍は，私たちに夢と希望，感動を与えてくれる．世界で活躍する選手を指導するコーチは，競技力向上のために，健康・スポーツ科学の最新の知識に触れておくことが求められる．科学・技術の進歩によって，これまで知られていない驚くべき事実が明らかにされ，指導法やトレーニング法が一変されることも少なくないからである．

　健康・スポーツ科学，体育系の専門課程は，人文社会科学，自然科学におけるさまざまな学問分野を複合的に学ぶ履修体系であるが，このシリーズは自然科学分野に絞って構成した．各巻の編集は，本シリーズの刊行に賛同いただき，それぞれの専門分野で中心的役割を担う先生方にお願いし，実際にその分野で活躍中の先生方に執筆していただくことができた．また学ぶ楽しさが味わえる写真や図表を豊富に取り入れ，各章ごとに学ぶポイントや役立つ知識，復習問題を掲載した．巻末には専門用語の解説や推薦図書を紹介しているので，ぜひ役立ててほしい．

　この「教科書シリーズ」は，中学校や高等学校の保健体育教員，健康運動指導士，トレーニング指導士，アスレティック・トレーナー，障害者スポーツ指導者等の資格取得を目指す学生や一般の方々においても幅広く活用してもらえると信じる．本シリーズで学んだ知識を礎に，質の高い「専門家」として健康・スポーツ，体育系分野のさまざまな立場で活躍してくれることを期待している．

「はじめて学ぶ　健康・スポーツ科学シリーズ」
シリーズ編集委員一同

シリーズ編集委員

中谷　敏昭	天理大学体育学部教授	博士（医学）
鵤木　秀夫	兵庫県立大学経済学部教授	博士（学術）
宮西　智久	仙台大学体育学部教授	博士（体育科学）

執筆者

秋間　広	名古屋大学総合保健体育科学センター　教授　博士（体育科学）	1章, 15章
石井好二郎	同志社大学スポーツ健康科学部　教授　博士（学術）	10章, 12章
大槻　毅	流通経済大学スポーツ健康科学部　教授　博士（体育科学）	4章
片山　敬章	名古屋大学総合保健体育科学センター　准教授　博士（医学）	3章, 14章
河合　美香	龍谷大学スポーツ科学系（法学部）教授　博士（スポーツ医学）	9章
川田　裕樹	國學院大學人間開発学部　教授　修士（教育学）	5章
今　有礼	東洋大学健康スポーツ科学部健康スポーツ科学科　教授　博士（スポーツ医学）	13章
髙橋　英幸	筑波大学体育系教授　博士（医学）	2章, 13章
瀧澤　一騎	一般社団法人 身体開発研究機構 代表理事　博士（教育学）	12章
◎冨樫　健二	三重大学教育学部　教授　博士（医学）	5章, 11章
西島　壮	東京都立大学大学院人間健康科学研究科　准教授　博士（体育科学）	6章, 7章
前田　清司	早稲田大学スポーツ科学学術院　教授　博士（体育科学）	4章, 8章
膳法亜沙子	流通経済大学スポーツ健康科学部　准教授　博士（スポーツ医学）	8章
山口　太一	酪農学園大学農食環境学群食と健康学類　教授　博士（教育学）	10章

（五十音順．◎印は編者）

はじめに

　スポーツ生理学は，医学における生理学の一分野として，ヒトが運動した際の生理的応答（response）や，運動を定期的に続けた際の適応（adaptation）について，そのしくみを明らかにしようとする学問である．古くは1920年代に筋毛細血管や筋の収縮特性の研究によってノーベル賞を受賞したクローやヒルらのグループによってその基礎が築かれ，後にクローの一門であるオストランド，サルチンやアメリカのマッケードルらの研究によって世界的に発展してきた．日本においては1964年の東京オリンピック前後に故猪飼道夫教授らのグループによって精力的に研究が行われ，オリンピック選手の競技力向上や国民の体力・健康づくり活動に大きく貢献した．現在でもスポーツ生理学研究はさまざまな大学や研究機関で活発に行われ，体育・スポーツ科学研究における中核をなしている．

　本書は，スポーツ生理学のそれぞれの分野で活躍されている若手の先生方に執筆を依頼し，初学者向けの教科書として図や表を多用しできるだけわかりやすく解説することを心がけた．神経・筋機能やエネルギー供給系，呼吸，循環，代謝，内分泌などといった従来の内容に最新の知見を加えるだけにとどまらず，スポーツと脳機能や遺伝子との関わり，また近年注目を浴びている高所・低酸素トレーニングや究極の不活動モデルである宇宙環境をシミュレートした話題なども取り上げた．役立つ知識や巻末の用語解説，各章末の復習トレーニングは，読者が知識を増やし，専門用語を使いこなせるようになる上で有益な情報となるだろう．

　本書は初学者になじみやすくすることを目的に書名をスポーツ生理学としているが，本来，体を動かす活動は身体活動や運動，体育，スポーツなど使い分けられる．本文中の文脈によってはスポーツを身体活動や運動などとして読むとより理解が深まる部分があるので，適宜置き換えていただきたい．本書を初めて読むときにはわからなかった用語や概念も，繰り返して読むことにより意味や関係性が見えてくるだろう．本書がアンダーラインで色づき，手あかですり切れるほどに読み込まれることを著者一同心より願っている．またスポーツ生理学に関するより詳しい専門書も多く存在するので，本書を学び終えた後には挑戦してほしい．

　おわりに，本書を出版するにあたって編集に多大なご尽力を戴きました化学同人・山本富士子氏に心からお礼申し上げます．

2012年12月

編者　冨樫健二

目次

1章 スポーツと骨格筋・神経 　1

- はじめに …………………… 2
- ① 骨格筋の構造 …………………… 2
- ② 筋原線維 …………………… 3
- ③ 骨格筋線維のタイプ分類 …………… 4
- ④ ヒトの筋線維組成 ……………… 7
- ⑤ 筋線維タイプとスポーツ …………… 7
- ⑥ 運動単位 …………………… 9
- ⑦ 筋力調節 …………………… 10
- ⑧ 上位中枢と脊髄の神経細胞 ………… 11
- 復習トレーニング …………………… 12

2章 スポーツとエネルギー供給機構 　13

- はじめに …………………… 14
- ① 筋収縮のエネルギー源 ……………… 14
- ② エネルギー供給機構 ……………… 15
  - (1) ATP-PCr系 　15
  - (2) 解糖系 　16
  - (3) 有酸素系（酸化系） 　17
- ③ 運動強度・運動時間とエネルギー供給系 …………… 19
- ④ 運動中の化合物の動きをみる …… 20
- ⑤ トレーニングによるエネルギー供給能力の変化 …………… 21
  - (1) 筋力トレーニング 　21
  - (2) スプリントトレーニング 　22
  - (3) 持久性トレーニング 　23
- 復習トレーニング …………………… 24

3章 スポーツと呼吸 　25

- はじめに …………………… 26
- ① 呼吸運動 …………………… 26
- ② ガス交換 …………………… 29
- ③ 血液ガス …………………… 29
- ④ 呼吸調節 …………………… 30
- ⑤ 酸素摂取量 …………………… 31
- ⑥ 最大酸素摂取量 …………………… 34
- ⑦ 呼吸商，呼吸交換比 ……………… 35
- ⑧ 酸素借 …………………… 36
- ⑨ 酸素負債 …………………… 37
- 復習トレーニング …………………… 38
- ダグラスバッグ法による酸素摂取量の求め方 … 39

4章　スポーツと循環　　41

- はじめに：あらゆる生命活動を支える循環器系 …………………………… 42
- ❶ 循環器系の基礎 …………………… 42
  - (1) 体循環と肺循環：2種類の血液循環ルート　42
  - (2) 心臓：ひと時も休まない働き者　44
  - (3) 血管：血液を通過させるだけではない臓器　46
- ❷ スポーツ中の循環調節 …………… 47
  - (1) スポーツ中の心拍数：心拍数はどこまで上がるか　47
  - (2) スポーツ中の1回拍出量：必ずしも報われない心臓の努力　48
  - (3) スポーツ中の心拍出量：エネルギー合成のキーファクター　49
  - (4) スポーツ中の血圧：スポーツの種類で異なる血圧の上昇　49
  - (5) 筋ポンプ作用：下肢の筋は第二の心臓　50
  - (6) 血流再配分：スポーツ中における血液の有効活用　50
  - (7) 心拍数を用いたトレーニング　51
- ❸ トレーニングに対する循環器系の適応 ……………………………… 52
  - (1) スポーツ心臓：持久系タイプとパワー系タイプの心臓　52
  - (2) 動脈の適応：内径が大きくなり弾性が増す　53
  - (3) 毛細血管の適応：トレーニングにより発達する血管網　54

復習トレーニング …………………………… 54

5章　スポーツと代謝　　55

- はじめに ……………………………… 56
- ❶ 異化反応と同化反応 ……………… 56
- ❷ 代謝と酵素 ………………………… 57
- ❸ 中間代謝 …………………………… 58
- ❹ 糖質・脂質・タンパク質の中間代謝 ……………………………………… 59
  - (1) 糖質と脂質の貯蔵　59
  - (2) 吸収期の中間代謝　60
  - (3) 空腹期の中間代謝　63
- ❺ 糖質・脂質・タンパク質代謝と運動 ……………………………………… 64
  - (1) 糖質代謝と運動　64
  - (2) 脂質代謝と運動　66
  - (3) タンパク質代謝と運動　68

復習トレーニング …………………………… 69

6章　スポーツと内分泌・ストレス　　71

- はじめに ……………………………… 72
- ❶ ホルモンによる生体の調節 ……… 72
  - (1) 内分泌系：主役はホルモン　72
  - (2) ホルモンの種類と作用発現メカニズム　73
  - (3) ホルモン分泌の調節　75
- ❷ 運動時のホルモン分泌応答と，ホルモンによる身体調節 ……………… 76
  - (1) 持久的運動時のエネルギー代謝の調節　76
  - (2) 運動時の体水分の調節　78
- ❸ 運動・トレーニングの順序とホルモン ……………………………………… 79
- ❹ トレーニングによる運動時のホルモン分泌応答の変化 ………………… 80
  - (1) 絶対運動強度が同じ場合　80
  - (2) 相対運動強度が同じ場合　80

(3) トレーニングは成長ホルモンの総分泌量を増加させる　*81*

⑤ ストレスとホルモン：運動はストレスである………………………………………… *81*

(1) ストレスとは　*81*
(2) ストレス反応：闘うか，逃げるか　*82*
(3) 慢性的な運動ストレスが生体にもたらす弊害　*83*

復習トレーニング………………………………… *84*

7章　スポーツと脳機能　*85*

- はじめに……………………………… *86*
- ① 神経系とは……………………………… *86*
  (1) 神経系の構成　*86*
  (2) 神経系は神経細胞（ニューロン）の集合体　*87*
  (3) 脳の構造　*88*
- ② 随意運動の発現と調節……………… *89*
  (1) 一次運動野　*89*
  (2) 二次運動野　*90*
  (3) 感覚野　*90*
  (4) 頭頂連合野，前頭前野　*91*
  (5) 随意運動の発現と調節のしくみ（階層構造）　*91*
- ③ 運動は脳機能を高める……………… *91*
  (1) 神経細胞の新生を促進する　*92*
  (2) 栄養因子を増加させる　*92*
  (3) 学習能力を向上させる　*93*
  (4) 高齢者の海馬を肥大させる　*94*
  (5) うつ病の治療に有効である　*94*
  (6) 運動は神経細胞の健康を高める　*95*

復習トレーニング………………………………… *96*

8章　スポーツと遺伝子　*97*

- はじめに……………………………… *98*
- ① 個人差と遺伝子……………………… *98*
- ② 運動能力の個人差と遺伝子………… *99*
  (1) 持久系能力の個人差と遺伝子　*100*
  (2) スプリント・パワー系能力の個人差と遺伝子　*102*
- ③ トレーニング効果の個人差と遺伝子……………………………………… *105*
- ④ スポーツと遺伝子の将来は？…… *106*

復習トレーニング………………………………… *107*

9章　スポーツと栄養　*109*

- はじめに……………………………… *110*
- ① 運動のタイプによりエネルギー供給系は異なる……………………… *110*
  (1) ATP-PCr系　*111*
  (2) 解糖系　*111*
  (3) 有酸素系　*111*
- ② 1日に必要なエネルギーは？…… *112*
  (1) 基礎代謝量　*112*
  (2) 活動代謝量　*113*
  (3) 食事誘発性熱産生　*113*
- ③ 推定エネルギー必要量を求めてみよう……………………………………… *113*
  (1) 推定エネルギー必要量　*113*
  (2) アスリートの推定エネルギー必要量　*114*
- ④ 栄養成分の働きと必要量………… *115*
  (1) タンパク質　*116*
  (2) 脂質　*118*
  (3) 炭水化物　*119*
  (4) ビタミンとミネラル　*122*

復習トレーニング………………………………… *124*

10章 スポーツと体組成　　125

- はじめに……………………… 126
- ① 体組成とは…………………… 126
- ② 体組成の測定方法：用途に合わせて使い分ける………………… 126
  - (1) 二重エネルギーX線吸収法　126
  - (2) 密度計測法　127
  - (3) 生体電気インピーダンス法　128
  - (4) 皮下脂肪厚法　128
  - (5) その他の方法　129
- ③ 体組成の判定基準は体脂肪率のみ……………………………… 130
- ④ 体組成を変化させる要因…… 131
  - (1) 遺伝　131
  - (2) ホルモン　131
  - (3) 加齢　132
  - (4) 運動と栄養　132
- 復習トレーニング………………… 137

11章 スポーツと発育発達　　139

- はじめに……………………… 140
- ① 発育発達期のスポーツにおける基本的事項…………………… 140
  - (1) 発育・発達の区分　140
  - (2) スキャモンの発育曲線とトレーナビリティ　141
- ② 身体各機能における発育発達とスポーツ……………………… 143
  - (1) 体組成　143
  - (2) 運動スキル　145
  - (3) 筋・骨格系　147
  - (4) 持久力　149
- 復習トレーニング………………… 151

12章 スポーツと体温調節　　153

- はじめに……………………… 154
- ① ヒトの安静時体温は約37℃…… 154
- ② 「命を守るため」の体温調節機構……………………………… 156
- ③ 運動強度や時間による体温変動……………………………… 157
- ④ 発汗の種類と作用…………… 159
- ⑤ 体温は運動パフォーマンスの鍵となる………………………… 160
- ⑥ 体温変化に対するトレーニング効果……………………………… 161
- ⑦ 熱中症にならないために…… 163
- 復習トレーニング………………… 164

13章 スポーツとコンディショニング　　165

- はじめに……………………… 166
- ① 生理・生化学マーカー……… 166
  - (1) 唾液中のSIgAとコルチゾールの測定　167
  - (2) 早朝尿の測定　170
  - (3) 血液検査　171
- ② 心拍数，心拍変動…………… 173
- ③ コンディションチェックシート… 175
- ④ 体重測定と筋形態…………… 176
- 復習トレーニング………………… 177

14章 スポーツと高所・低酸素トレーニング　179

- はじめに……………………… *180*
- ❶ 有酸素性の持久的パフォーマンスに影響する要因……………… *181*
- ❷ 動脈血の酸素分圧，酸素飽和度，酸素含量………………………… *182*
- ❸ 低酸素環境に対する身体適応…… *184*
  - (1) 赤血球数およびヘモグロビン濃度の増加 *184*
  - (2) 筋緩衝能の向上 *184*
  - (3) 運動効率の改善 *186*
- ❹ 無酸素性のパフォーマンスに影響する要因……………………… *186*
- ❺ 低圧低酸素と常圧低酸素………… *187*
- ❻ 高所・低酸素トレーニングの種類………………………………… *187*
- ❼ 高所・低酸素トレーニング後のパフォーマンス変化……………… *190*
- ❽ 高所・低酸素トレーニングとコンディショニング………………… *191*
- 復習トレーニング ………………… *192*

15章 スポーツと身体不活動　193

- はじめに……………………… *194*
- ❶ 身体不活動を調べる実験的モデル ……………………………… *194*
  - (1) 宇宙旅行 *194*
  - (2) ベッドレスト *195*
  - (3) 片脚サスペンジョン *195*
  - (4) ギプス固定 *195*
- ❷ 身体不活動が生体に及ぼす影響… *196*
  - (1) 身体活動量の低下 *196*
  - (2) 筋力発揮に及ぼす影響 *197*
  - (3) 骨格筋の萎縮 *197*
  - (4) 呼吸循環系機能の変化 *198*
  - (5) 起立耐性の低下 *199*
  - (6) 骨密度の低下 *200*
- ❸ 身体不活動によって生じる身体適応への対抗措置………………… *200*
  - (1) 筋機能低下，筋萎縮 *200*
  - (2) 呼吸循環系機能 *201*
  - (3) 骨密度 *202*
  - (4) 起立耐性の低下 *202*
- 復習トレーニング ………………… *204*

参考文献 …………………………………………………………………… *205*

推薦図書 …………………………………………………………………… *207*

用語解説 …………………………………………………………………… *209*

索引 ………………………………………………………………………… *213*

復習トレーニングの解答は，小社ホームページに掲載されています．
→ http://www.kagakudojin.co.jp/

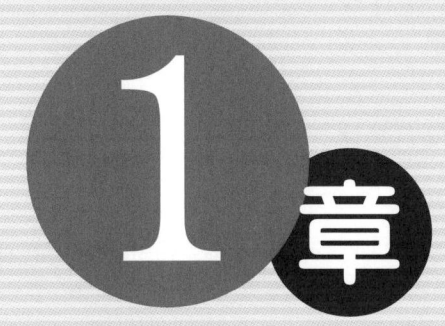

スポーツと骨格筋・神経

1章の POINT

- ◆ 骨格筋は細長い筋線維が多く集まった器官で，筋線維の収縮が人間の身体活動を発現する原動力となることを学ぼう．
- ◆ 筋線維タイプは，速筋線維と遅筋線維の二つに分類でき，とくに身体能力の優劣が競技パフォーマンスに大きく影響する競技種目では，筋線維タイプの違いが競技パフォーマンスに影響することを学ぼう．
- ◆ 脊髄にあるα運動神経細胞とそれが支配する筋線維群を合わせて運動単位という．この運動単位について学ぼう．

はじめに

骨格筋（skeletal muscle）とはいわゆる「筋肉」のことを示しており，スポーツ活動をはじめ私たちの日常生活での身体活動に重要な役割を担う組織である．

私たちの身体には約400個の骨格筋がある．さまざまな動作や運動を行う際，このうちのいくつかの骨格筋が協調的に働くことによって動作がスムーズに行われる．骨格筋を構成しているのは**筋線維**（muscle fiber）と呼ばれる収縮機能をもつ細長い多核細胞である．筋線維の直径は20〜150 μmの範囲にあり，長さは数ミリから数十センチまでさまざまである．ここでは骨格筋の構造や働きについて学習する．

1　骨格筋の構造

図1.1に骨格筋の構造について示す．骨格筋は腱を介して，骨に付着している．したがって，筋が収縮（contraction）や弛緩（relaxation）を繰り返すことで，骨を動かし，関節運動が引き起こされる．筋全体は筋上膜によって覆われている．骨格筋の内部をさらに詳しく見てみると，骨格筋はいくつかの筋束によって構成されているのが理解できる．**筋束**とは筋線維が集まったものであり，その周囲は筋周膜によって覆われている．筋線維は**筋原線維**（myofibril）という，さらに細い線維から構成されている．

図1.2に筋線維の構造について示す．筋線維は筋形質膜という膜に包まれ，筋線維の中には筋形質などが含まれているが，大部分は筋原線維

> **知っておくと役に立つ！**
>
> **筋線維か筋繊維か？**
> どちらも正解である．医学系分野では「筋線維」と表記する場合が多く，生物系分野では「筋繊維」と表記する場合が多い傾向にある．将来進む分野に合わせて，用語を使い分ければよいだろう．

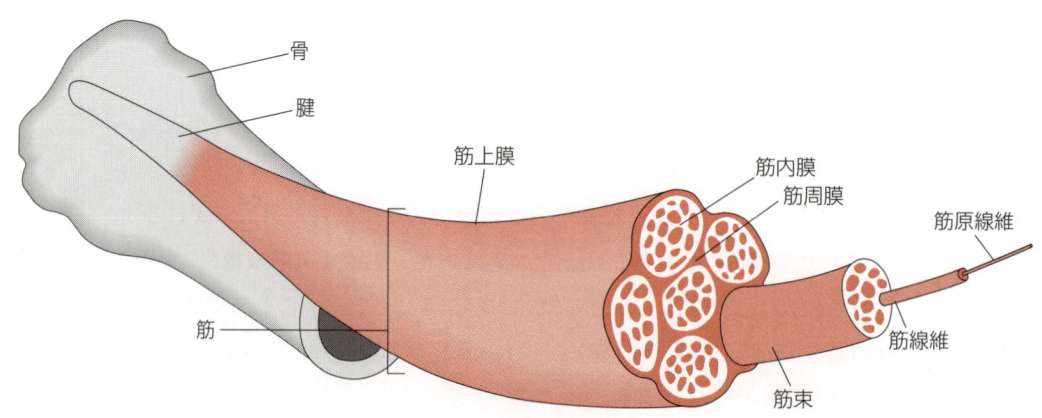

図1.1　骨格筋の構造

から構成される．**横行小管**は筋形質膜が陥没してできた管状の膜で筋原線維を取り巻くように内部に通じ，細胞を横切るのでそのような名前がついた．横行小管は神経から送り出された電気的信号を筋線維に伝達する役割をもつ．筋原線維を取り巻くような形状をしているもう一つの器官が，**筋小胞体**（sarcoplasmic reticulum）である．筋小胞体は取り込んでいたカルシウムイオンを筋原線維内に放出することによって，筋収縮を引き起こすきっかけをつくる，という役割をもつ．

図1.3 に**運動終盤**（end plate）と神経伝達機構について示す．筋線維には運動終板を介して**運動神経線維**（motor neuron fiber）がつながり，運動神経線維は筋線維へ電気的信号を伝える重要な役割を担う．電気的信号が運動神経末端まで伝わるとアセチルコリンという神経伝達物質を介して，筋原線維に刺激が伝わり筋線維の収縮が引き起こされる．

2　筋原線維

筋原線維は直径 1〜2 μm で細長い構造をしており，収縮による機械的な力を発揮する役割を担う．1本の筋線維の直径が 50 μm 程度であると仮定すると，1本の筋線維には数十本の筋原線維が含まれることとなる．図1.4 に筋原線維の縦断面と横断面について示す．筋原線維のおもな構成要素は，**ミオシンフィラメント**（myosin filament）と**アクチンフィラメント**（actin filament）である．この二つのフィラメントが滑り込みを起こして長さを変えることにより，筋収縮が引き起こされる．

Z線から隣のZ線までを**筋節**あるいは**サルコメア**（sarcomere）と呼び，収縮の基本単位となる．筋節の長さは 2.0〜3.6 μm 程度の範囲

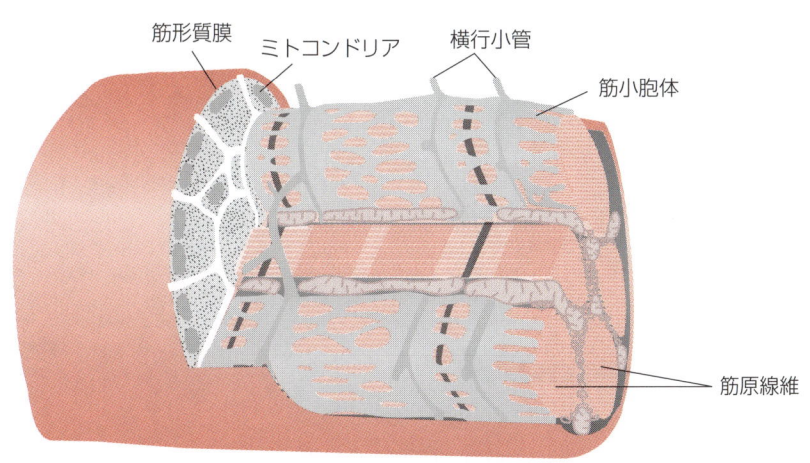

図1.2　骨格筋線維の構造

で変化するが，すべての筋において大きな違いはない．したがって，筋線維長の長い筋は筋節が縦列にたくさん配列されていることを意味し，反対に筋線維長の短い筋は，縦列につながっている筋節の数が少ないことを意味している．

ミオシンフィラメントの重要な役割は，筋収縮のエネルギー源である**アデノシン三リン酸**（adenosine triphosphate, ATP）を**アデノシン二リン酸**（adenosine diphosphate, ADP）に加水分解することである．ATPアーゼ（ATPase）はこの加水分解に関与する酵素（enzyme）である．さらに，この分解によってつくり出された化学エネルギー（chemical energy）が，ミオシンフィラメントとアクチンフィラメントの滑り込みによる力学的エネルギー（mechanical energy）に変換されることにより収縮が引き起こされる．この部分の化学式は以下のように表すことができる．

> 筋収縮のエネルギー源
> 2章も参照．

$$ATP \xrightarrow{ATP\text{アーゼ}} ADP + Pi + 収縮エネルギー$$

なお，Piとは無機リン酸（inorganic phosphate）を示す．

3　骨格筋線維のタイプ分類

骨格筋線維はその特性に応じていくつかのタイプに分類できるが，大きく二つの筋線維に分類できる．一つは**速筋**（fast-twitch fiber, FTまたはTypeⅡ）線維で，もう一つは**遅筋**（slow-twitch fiber, STまたはTypeⅠ）線維である．それぞれの筋線維の表現方法には，日本語表記

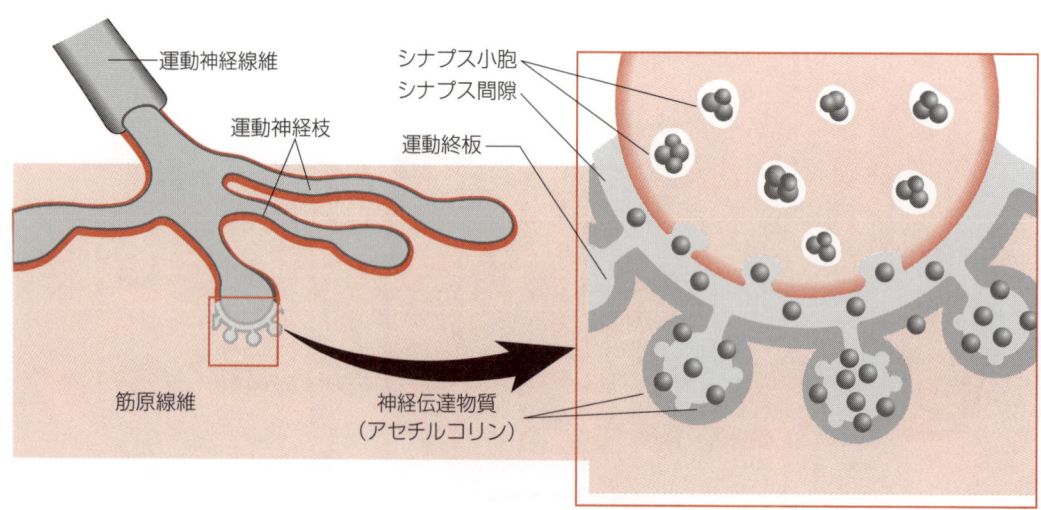

図1.3　運動終盤と神経伝達

およびアルファベットを用いた二つの表記法があるが，どれも同じ意味である．速筋線維は収縮速度および弛緩速度が速い筋線維で，遅筋線維は収縮速度および弛緩速度が遅い筋線維である．また，速筋線維はFTa（TypeⅡa）線維とFTb（TypeⅡb）線維のサブタイプに分けられる．FTa線維は収縮速度が速く，比較的疲労耐性に優れた筋線維で，一方，FTb線維は収縮速度が速く，疲労耐性に乏しい筋線維である．

　筋線維を分類する方法としては，筋線維を薄く（10 μm 程度）スライスし，その切片を特殊な薬品が含まれる溶液に満たして色付けすることによって分類する組織化学的方法が古くから用いられている．図1.5に，陸上短距離選手とマラソン選手の外側広筋における筋線維染色標本を示す．陸上短距離選手とマラソン選手の筋線維タイプは大きく異なり，濃染している筋線維の数と淡染している筋線維の数が大きく異なっているのがよくわかる．

　表1.1に各筋線維タイプの特徴を示す．遅筋（ST, TypeⅠ）線維は収縮速度が遅く，ATPアーゼ活性，解糖系酵素活性などが低く，酸化系酵素活性，毛細血管密度，ミオグロビン含有量，ミトコンドリア密度，中性脂肪貯蔵が高く疲労耐性に富んだ筋線維である．一方，速筋（FT, TypeⅡ）線維は遅筋線維とまったく反対の特性を示し，収縮速度が速く，ATPアーゼ活性，解糖系酵素活性などが高いが，酸化系酵素活性，毛細血管密度，ミオグロビン含有量，ミトコンドリア密度，中性脂肪貯蔵が低く疲労耐性に劣る筋線維である．

　発揮筋力については速筋線維が遅筋線維よりも高いとする研究が多いものの，その違いは筋線維横断面積に大きく影響を受ける．したがって，筋線維横断面積の単位面積あたりに発揮された張力を比較してみる

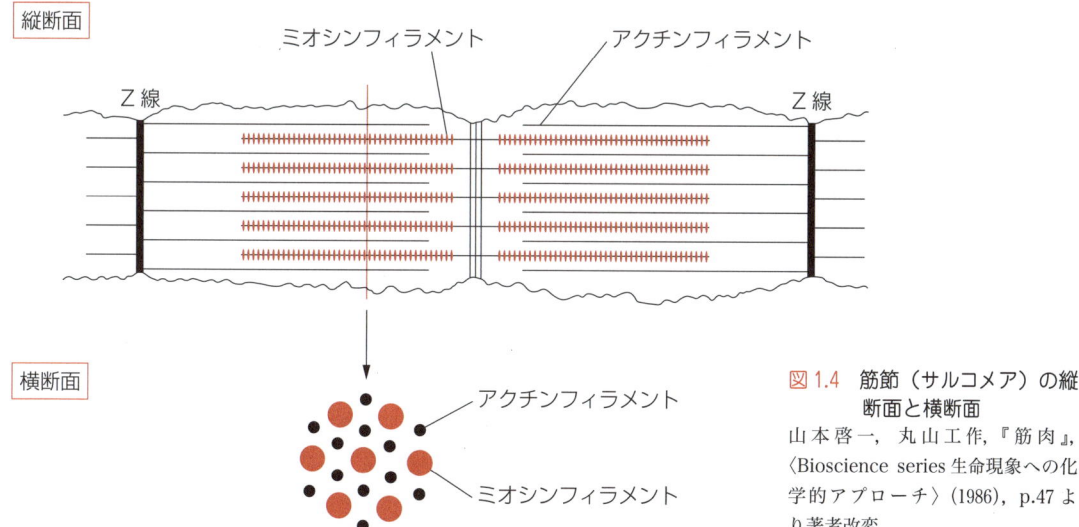

図1.4 筋節（サルコメア）の縦断面と横断面
山本啓一，丸山工作，『筋肉』，〈Bioscience series 生命現象への化学的アプローチ〉(1986), p.47 より著者改変．

表 1.1　遅筋線維と速筋線維の収縮・代謝特性

	遅筋（Type Ⅰ）	速筋（Type Ⅱ）
収縮速度	遅い	速い
クレアチンリン酸貯蔵	低い	高い
発揮張力	小さい	大きい
ATP アーゼ活性	低い	高い
解糖系酵素活性	低い	高い
酸化系酵素活性	高い	低い
毛細血管密度	高い	低い
ミオグロビン含有量	高い	低い
ミトコンドリア密度	高い	低い
グリコーゲン含有量	高い	高い
中性脂肪貯蔵	高い	低い
疲労耐性	高い	低い

勝田　茂　編著『運動生理学20講』，朝倉書店（1999），p.3 より著者改変．

と差がないとする研究もあり，この点についての解釈には注意が必要である．

　なお，筋線維タイプは筋力トレーニング（resistance training）あるいは持久性トレーニング（endurance training）のようにトレーニングの種類にかかわらず，TypeⅡb線維がTypeⅡa線維に変化することが多いようである．すなわち，速筋線維のサブタイプ間での筋線維タイプは，活動量の増加によってTypeⅡb線維からTypeⅡa線維に変化すると考えると理解しやすい．また，生理的な環境下ではTypeⅠ線維とTypeⅡ線維間の変換は見られないと考えられている．さらに，筋線維タイプは生来的なものであり，高齢期になるとTypeⅡ線維の選択的消失が報告されているものの，基本的には速筋線維のサブタイプ間での変換を除いては筋線維タイプに変化は見られないと考えられている．

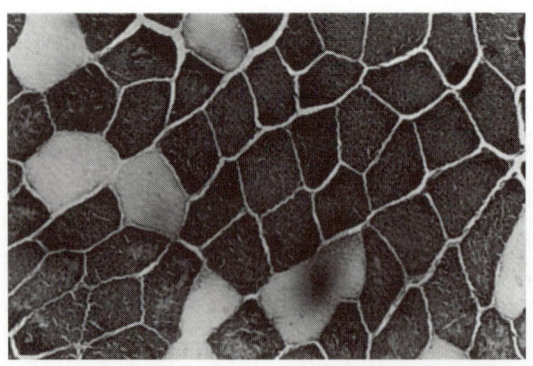 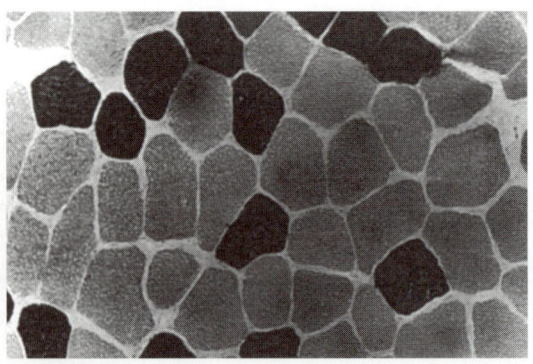

図 1.5　外側広筋における筋線維染色の標本
左：陸上短距離選手，右：マラソン選手．濃染しているのが速筋線維で，淡染しているのが遅筋線維である．
写真提供：国立スポーツ科学センター・髙橋英幸先生．

4　ヒトの筋線維組成

　ヒトの**筋線維タイプ**（muscle fiber type あるいは muscle fiber composition）や筋細胞中の代謝的変化を直接調べるためには，筋生検（muscle biopsy）を行う必要がある．筋生検は外側広筋や腓腹筋などから局所麻酔をしたあとにニードルを使って直接筋組織を採取する方法である．図1.6に筋生検用のニードルの写真を示す．図1.6, Aは左からニードルの外筒部分，先端が刃になっている内筒部分，そして内筒内に筋組織が入った際に押し出すための探り針である．外筒の先端部分にウインドウが見える（図1.6, C参照）．このウインドウに入った筋組織が切り取られるのである．国内において，健康な研究対象者から安静時に筋生検を行う研究は行われている．一方，欧米では，安静時だけでなく運動中にも筋生検を採取して筋内で生じている代謝変化を調べる研究が数多く行われているが，国内でそのような研究はほとんど行われていない．

　筋生検の傷口は1 cm程度であり，筋組織を直接採取するので筋生検後の局所麻酔効果がなくなる頃から若干の痛みが出る．しかし，筋生検後にもほとんど痛みを感じない人もいる．痛みが残った場合でも3日ほど過ぎれば，違和感はほぼなくなる．

5　筋線維タイプとスポーツ

　身体能力の優劣がスポーツパフォーマンスに及ぼす影響が大きい競技種目においては，筋線維タイプとパフォーマンスとの間には密接な関係がある．図1.7に，一流陸上選手と日本人一般健常男子の筋線維タイプ

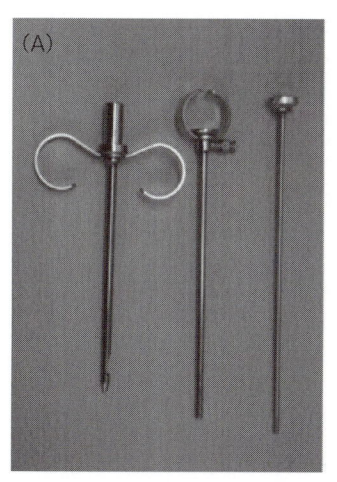 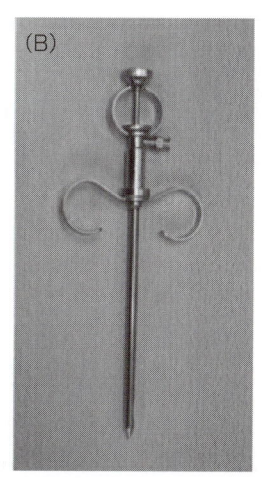 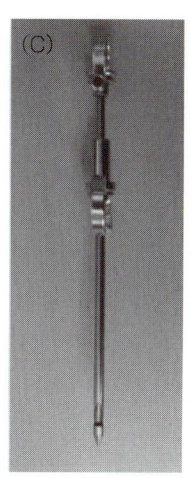

図1.6　筋生検用のニードル
（A）3つの器具に分解した図，（B）3つの器具をセットした図，（C）（B）の縦断図．

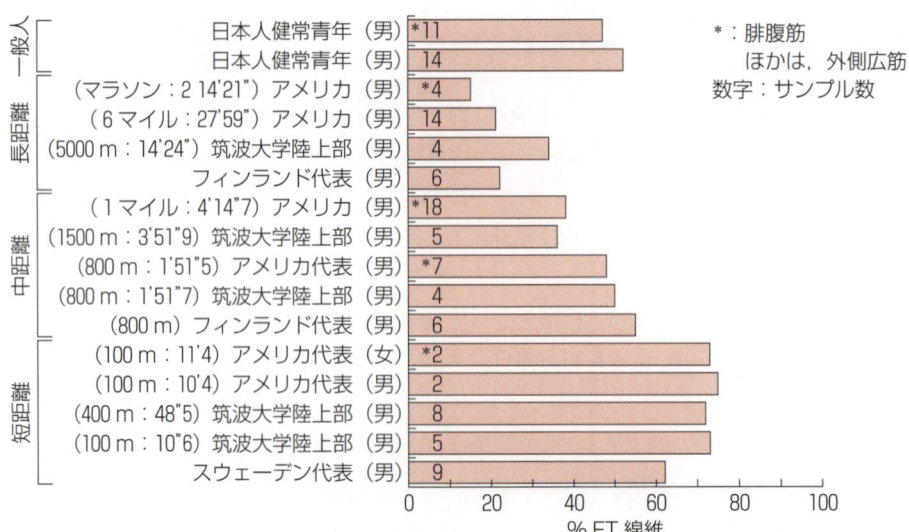

図 1.7　一流陸上短距離・中距離・長距離選手および日本人一般健常男子の筋線維タイプ
勝田　茂 編著,『運動生理学20講（第2版）』, 朝倉書店（1999）, p.5 より著者改変.

（FT線維の割合）について示した．陸上選手においては，短距離選手は速筋線維の割合が高く，反対に長距離選手は速筋線維の割合が低い（つまり，遅筋線維の割合が高い）ことがわかる．中距離選手は短距離選手と長距離選手の中間的な筋線維タイプを示す．また，日本人の健常な成年については，速筋線維と遅筋線維の割合がほぼ同程度である．これらのことから，エネルギー供給系への依存度が高い陸上競技においては，高いパフォーマンスを発揮するには主働筋での筋線維タイプが少なからず関係していることがうかがえる．

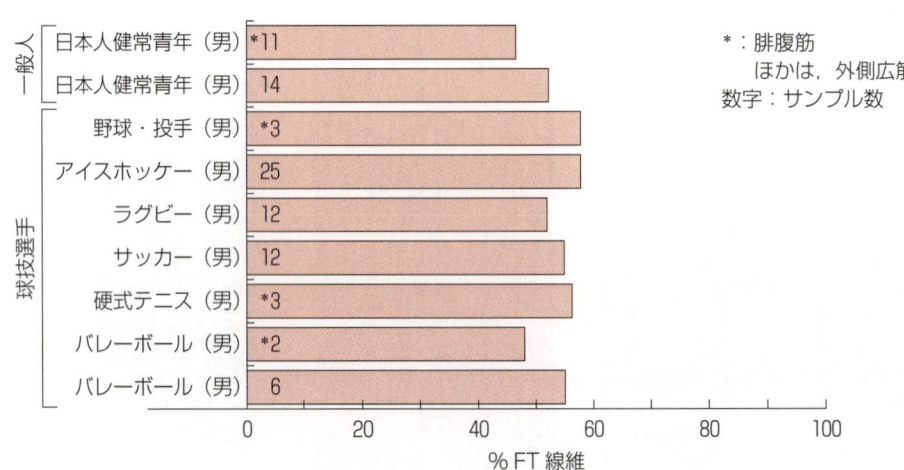

図 1.8　一流球技選手および日本人一般男子の筋線維タイプ
勝田　茂 編著,『運動生理学20講（第2版）』, 朝倉書店（1999）, p.5 より著者改変.

図 1.8 には，国内一流球技選手の筋線維タイプ（FT 線維の割合）について示す．球技選手においては極端な偏りは見られず，どの競技種目においても速筋線維と遅筋線維の割合がほぼ同程度であった．これは多くの球技種目において，瞬発的な能力や持続的な能力のような身体能力だけでなく，技術的・戦術的要素がそれぞれの競技種目のパフォーマンスに大きく影響しているためであると考えられる．また，競技時間が数十分から数時間と比較的長いことなどが影響しているため，どちらの筋線維タイプの要素も兼ね備えた選手が高いスポーツパフォーマンスを発揮するのに有利であるといえる．

近年，遺伝子とスポーツパフォーマンスとの関係を調べる研究が急速に発展している．先に示した筋線維タイプも，生来的に獲得した遺伝的特性であるといえるが，スポーツパフォーマンスに影響を与える遺伝子においても注目が集まっている．その中でもα‐アクチニン 3 遺伝子は非常に注目されている遺伝子の一つである．

α-アクチニン 3 遺伝子
詳しくは 8 章を参照.

6　運動単位

神経による骨格筋収縮を調節する重要な単位として，**運動単位**（motor unit）があげられる．運動単位とは，脊髄にある**運動神経細胞**（motor neuron cell）とそれが支配する筋線維群を示す．したがって，運動神経細胞が活動すると，それに支配されるすべての筋線維の活動（筋収縮）が引き起こされるのである．図 1.9 には運動単位の模式図を示した．図 1.9 に示した運動単位 1 の運動神経細胞が活動してインパルスが発射されると，それを支配する 2 本の筋線維の筋収縮が引き起こさ

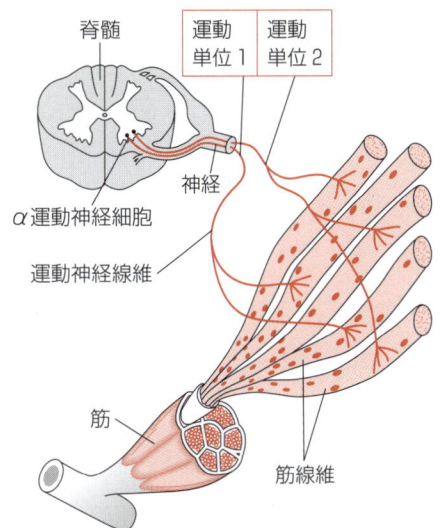

図 1.9　運動単位の模式図

れる．また，一つの運動神経細胞が支配している筋線維の数を「神経支配比」と呼び，顔の筋のように表情の微妙なコントロールが必要な筋ではその比が 10 程度であるが，大腿部の筋のように大きな収縮力が必要な筋では数千以上にもなる．

運動単位は筋での収縮および疲労特性に基づいて，以下の四つのタイプに分類することができる．

S：slow-twitch（単収縮の収縮速度が遅い）

FR：fast-twitch fatigue resistant（単収縮の収縮速度が速く，疲労耐性に優れる）

FI：fast-twitch intermediate（単収縮の収縮速度が速く，疲労耐性は比較的優れる）

FF：fast-twitch fatigable（単収縮の収縮速度が速く，疲労耐性に乏しい）

7　筋力調節

図 1.10 には，発揮筋力と運動時に動員される運動単位との関係について示した．ネコ内側腓腹筋（白抜き丸）では起立のような動作速度が遅く，運動強度が低い活動には S タイプの運動単位が動員され，走行のような動作速度が比較的速く，また運動強度が高い活動には FR タイプあるいは FI タイプの運動単位がさらに動員される．また，ジャンプのような短時間に一度に大きな力を発揮するような運動になると FF タイプがさらに動員され，活動筋に含まれるほとんどすべての運動単位が動員されることとなる．

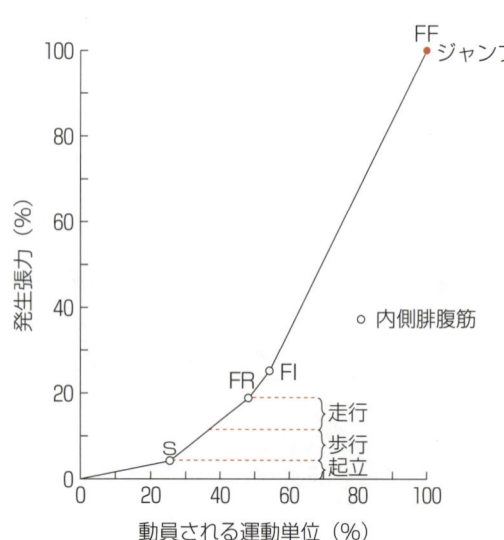

図 1.10　発生張力と動員される運動単位との関係
S：slow-twitch 型運動単位，FR：fast-twitch fatigue resistant 型運動単位，FI：fast-twitch intermediate 型運動単位，FF：fast-twitch fatigable 型運動単位．
勝田　茂 編著，『運動と筋の科学』，〈現代の体育・スポーツ科学〉，朝倉書店（2000），p.25 より改変．

一方，ネコ横隔膜（呼吸筋の一つ）においても，図1.10のネコ内側腓腹筋での活動パターンと同様に安静呼吸からくしゃみのような短時間で大きな力を発揮する動作でSタイプ→FRタイプ→FIタイプ→FFタイプの順に運動単位が動員されていく．

　これらの運動単位の動員順序性には，それぞれの運動単位のα運動神経細胞の大きさや膜特性が関連している．すなわち，運動単位の大きさがSタイプ＜FRタイプ＜FIタイプ＜FFタイプであるということ，および膜特性に関連したα運動神経細胞の興奮のしにくさが，Sタイプ＜FRタイプ＜FIタイプ＜FFタイプであることに起因している．要するに，Sタイプはα運動神経細胞のサイズが小さく，興奮しやすく，一方，FFタイプはα運動神経細胞のサイズが大きく，興奮しにくいという特性があり，運動単位の動員の順序性が生じるのである．この順序性のことを「**サイズの原理**（size principle）」と呼び，運動時の運動単位の動員を理解するうえできわめて重要な法則である．

8　上位中枢と脊髄の神経細胞

　脊髄（spinal cord）の運動神経細胞には，上位にある脳からの情報が伝達される．とくに，**一次運動野**（primary motor cortex）と脊髄では，多くの神経線維によって情報が伝達される．大脳皮質から脊髄へと導く数十センチもの神経線維の経路を皮質脊髄路と呼ぶ．右の一次運動野から出た神経線維の大部分は延髄の下端で左へ向かい，さらに下降して脊髄まで達する．この交差のため，大脳の一次運動野などの神経細胞が脳出血などにより損傷を受けると，損傷部とは反対側の手足に運動

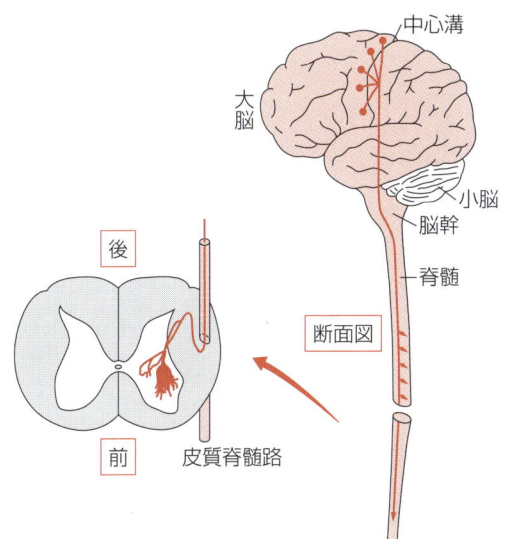

図1.11　大脳一次運動野から脊髄へつながる皮質脊髄路および脊髄内での分枝の分布の様子

丹治　順，『脳と運動：アクションを実行させる脳』，共立出版(1999)，p.26.

麻痺が起こるのである．

　図1.11に示したように，皮質脊髄路を通って脊髄まで下降した出力線維は，枝分かれして数本の分枝となり，さらに細かく枝分かれをして，多数の細胞を支配する．したがって，一次運動野にある一つの細胞は脊髄の複数の細胞を支配し，それらの活動を同時に一括して調節する役割をもっているということになる．

復習トレーニング

次の文章のカッコの部分に適切な言葉を入れなさい．

❶ 骨格筋線維は，収縮特性や疲労特性により以下の三つのタイプに分けることができる．すなわち，収縮速度と弛緩速度が速く，疲労しやすい（　　）線維，収縮速度と弛緩速度が速く，疲労耐性に優れる（　　）線維，そして，収縮速度と弛緩速度が遅く，疲労耐性に非常に優れる（　　）線維である．

❷ 運動単位とは（　　）にあるα運動神経細胞とそれが支配する（　　）のことを示す．

❸ 筋線維タイプを陸上競技で考えた場合，マラソン選手は（　　）線維が活動筋に多く，一方，スプリンターは（　　）線維が活動筋に多いのが特徴である．

次の文章で正しいものには○，誤っているものには×を付けなさい．

❹ ［　］外側広筋のTypeⅡ線維の割合が95％のスプリンターAとTypeⅡ線維の割合が90％のスプリンターBのスプリント能力を比較したとき，スプリンターAの方がスプリントパフォーマンスは高い．

❺ ［　］サイズの原理とはα運動神経細胞のサイズが大きい運動単位から，動員されていくことを示す原理である．

スポーツとエネルギー供給機構

2章の POINT

- ◆ スポーツ・運動は骨格筋が収縮することによってもたらされ，そのためにはエネルギーが必要となることを理解しよう．
- ◆ エネルギーが枯渇すると筋収縮を継続することができなくなる．ヒトのからだに備わっている，必要となるエネルギーを化学的に供給する機構について学ぼう．
- ◆ エネルギー供給機構の種類としては，酸素を必要としない系と，酸素がなければ機能しない系があり，運動の種類によってそれぞれの貢献度が変わることを理解しよう．
- ◆ エネルギーを供給する能力はトレーニングにより向上し，その効果はトレーニングの種類や内容によって異なることを学ぼう．

はじめに

スポーツには，短時間で強い力を発揮する陸上競技の100m走や跳躍，投擲といった種目から，長時間パワー発揮を継続するマラソンやクロスカントリースキーのような種目，そして，高強度運動と軽強度運動を繰り返す球技種目や格闘技種目など，タイプの異なるさまざまな運動様式のものが存在する．スポーツを行うためにはエネルギーが必要となり，ヒトのからだには，上述したような種々の運動に臨機応変に対応して，化学的にエネルギーを供給する機構が備わっている．この機構がどのようなものか，そして，その機構がトレーニングによりどのように変化するのかを理解することにより，より効率的・効果的なトレーニング計画を立案し，よりよいスポーツ成績を生み出すことが可能になるであろう．

この章では，スポーツで必要となるエネルギーを供給するからだの仕組みと，トレーニングに対するその適応について述べる．

1 筋収縮のエネルギー源

スポーツ，いわゆる身体運動は，骨格筋が収縮することによってもたらされる．その筋収縮のための唯一のエネルギー源が**アデノシン三リン酸**（adenosine triphosphate, ATP）である．図2.1のように，ATPはアデノシン分子に三つの無機リン酸（inorganic phosphate, Pi）が結合した高エネルギーリン酸化合物である．末端の二つのPi（β位およびγ位）が高エネルギーリン酸結合で結び付いており，それらが高い化

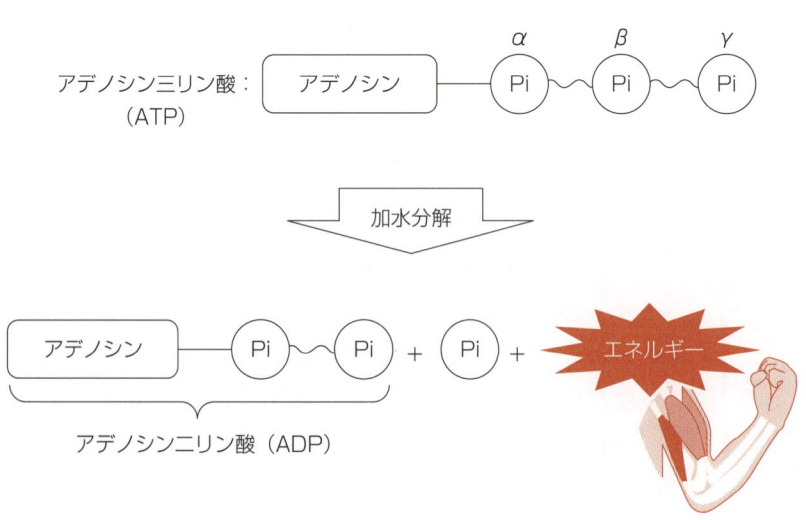

図2.1 アデノシン三リン酸（ATP）の加水分解によるエネルギー生成

学エネルギーを蓄えていることになる.

運動を行う場合,ATP は,アデノシントリホスファターゼ（adenosine triphosphatase, ATP アーゼ）によって反応促進（触媒）される加水分解反応により**アデノシンニリン酸**（adenosine diphosphate, **ADP**）と Pi に分解され,その際に発生するエネルギーが筋収縮のエネルギーとして利用される（図 2.1 参照）.この反応では,ATP 1 mol あたりおよそ 7.3 kcal のエネルギーが発生する.しかしながら,筋に含まれる ATP 濃度は筋 1 kg あたり 5〜8 mmol と限られているので,貯蔵されている ATP だけでは数秒の運動しか行うことができない.したがって,運動を継続するためには ATP を再合成しなければならない.

2　エネルギー供給機構

筋収縮のエネルギー源である ATP を生成する機構としては,大きく分けて以下の三つの系がある（図 2.2）.
① ATP-PCr 系
② 解糖系
③ 有酸素系（酸化系）
以下に,これらのエネルギー供給系について示す.

（1）ATP-PCr 系

陸上競技の 100 m 走のように,短時間で大きなパワーを発揮する運動の際に多く利用されるのが **ATP-クレアチンリン酸**（phosphocreatine, **PCr**）**系**である.ATP-PCr 系は,ATP と同じ高エ

> **知っておくと役に立つ！**
>
> **エネルギー供給系の酵素活性**
> 酵素はからだの中で生じる化学反応を促進させるタンパク質であり,代謝反応の速さの指標として,一定時間にどれだけの反応が生じるのかを示すものが酵素活性である.各エネルギー供給系の指標として,ATP-PCr 系ではクレアチンキナーゼ（CK）,ミオキナーゼ,解糖系ではホスホフルクトキナーゼ（PFK）,乳酸脱水素酵素（LDH）,ホスホリラーゼ,有酸素系ではクエン酸合成酵素（CS）,コハク酸脱水素酵素（SDH）などの活性が多く用いられる.

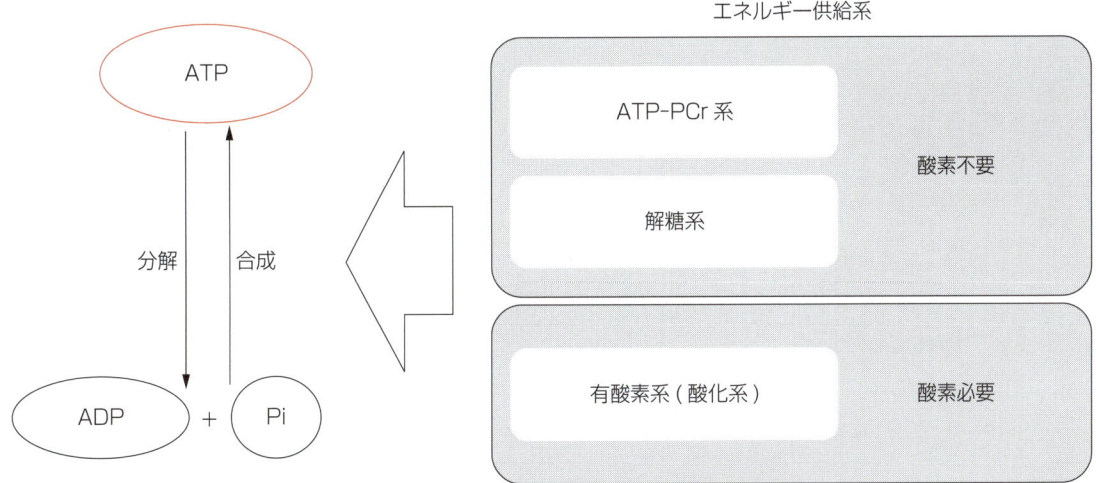

図 2.2　ATP 再合成のための三つのエネルギー供給系

ネルギーリン酸化合物である PCr が**クレアチン**（creatine, Cr）と Pi に分解される際に発生するエネルギーを利用して，ADP と Pi から ATP を生成する系である（図 2.3）．

ATP-PCr 系で最も重要となる反応が，**クレアチンキナーゼ**（creatine kinase, **CK**）によって触媒される CK 反応であり，1 mol の PCr から 1 mol の ATP が生成される．ATP-PCr 系は，酸素を必要としない無酸素的代謝反応であり，ATP 供給系のなかで，単位時間あたりに最も多くの ATP を供給することが可能である．しかしながら，PCr の含有量が限られているため，最大パワーを発揮する運動などでは，この系だけでは 10 秒前後しかエネルギーを供給することができない．

（2）解糖系

グルコースやグリコーゲンといった糖質を用いて ATP を生成する仕組みが**解糖系**であり，陸上競技の 400 m 走や 800 m 走のように数十秒〜数分間高いパワーを持続したり，体操競技や格闘技のように間欠的に高いパワーを発揮するような場合に多く利用される．血中のグルコースは，食事による炭水化物の摂取や肝グリコーゲンの分解によって増加する．一方，グリコーゲンは，グリコーゲン合成過程を通してグルコースから合成されて肝臓や筋に貯蔵される．解糖系とは，エネルギー源となるグルコースやグリコーゲンがグルコース 6 - リン酸に変換されたあと，いくつもの酵素反応を経て最終的にピルビン酸が生成されるまでの一連の過程のことで，この間に ATP が生成される（図 2.4）．グリコーゲン 1 mol からは 3 mol の ATP が生成されるが，グルコースが用いられる場合は，グルコースからグルコース 6 - リン酸へ変換される際に

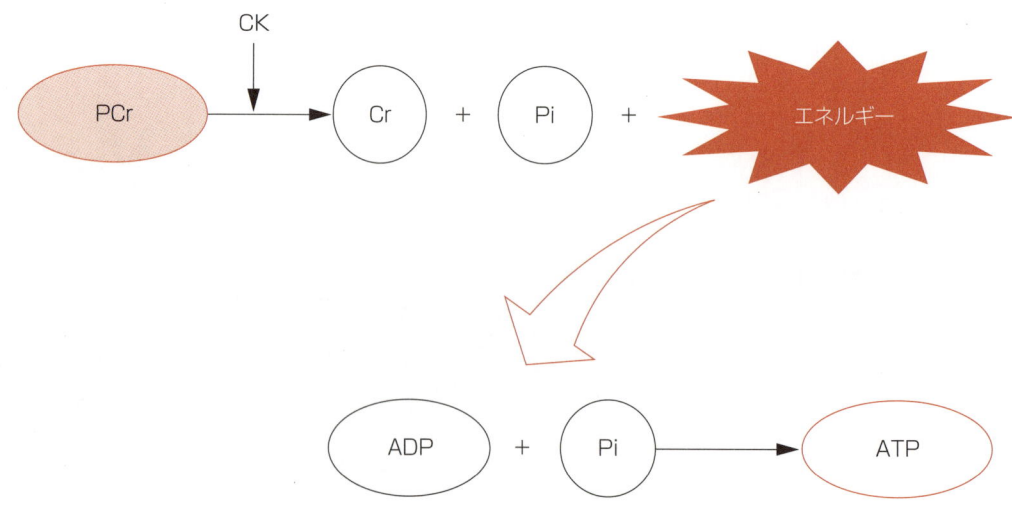

図 2.3 クレアチンキナーゼ（CK）反応による ATP 生成

1 mol の ATP が利用されるため，最終的にはグルコース 1 mol から 2 mol の ATP が生成されることになる．解糖系は，酸素を利用しない無酸素的代謝反応であり，単位時間あたりの ATP 生成量は ATP-PCr 系に次いで多い．

　ピルビン酸生成以降の反応は，運動強度に応じた解糖系の寄与率により異なる．運動強度が相対的に低く，ピルビン酸の生成が緩やかな場合には，ピルビン酸の多くはアセチル CoA に変換されて有酸素系へ進む．一方，最大パワーの発揮を持続するような高強度運動などでは，ピルビン酸からアセチル CoA への変換が間に合わず，ピルビン酸から乳酸が生成される．このように，解糖系では乳酸が生成されることから，乳酸系と称される場合もある．

　解糖系により生成された乳酸の一部は肝臓や筋において糖を新しく生成するための材料として用いられるとともに，相対的に低強度の運動では，その多くは酸化されてピルビン酸に変換され，次に示す有酸素系を通した ATP 生成のためのエネルギー源となる．一方，1〜2 分間で疲労困憊に至るような超最大運動などでは乳酸が蓄積され，安静時の血中乳酸濃度が 1 mmol/L 前後であるのに対し，20 mmol/L 以上に達することもある．このような乳酸の蓄積は筋 pH の低下を引き起こし，それが筋疲労の一要因となることから，乳酸が「疲労物質」であると称されることもあるが，上述したように，乳酸はエネルギーをつくり出すためのエネルギー源でもある．

（3）有酸素系（酸化系）

　細胞内小器官の一つであるミトコンドリアにおいて，酸素を利用した

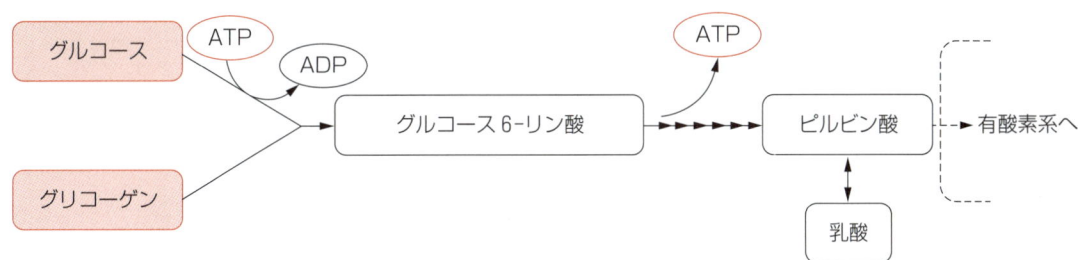

図 2.4　解糖系による ATP 生成

ATP生成を行うのが**有酸素系**であり，マラソンなどの長時間運動や相対的に低強度の運動の際に多く利用される．有酸素系のエネルギー源としておもに用いられるのが糖質と脂肪である（図2.5）．糖質が用いられる場合は，解糖系でピルビン酸が生成されたあと，アセチルCoAに変換されて**トリカルボン酸**（tricarboxylic acid, **TCA**）**回路**へ進む．脂肪が用いられる場合，おもに利用されるのが**トリグリセリド**（triglyceride, **TG**）である．TGは，**遊離脂肪酸**（free fatty acid, **FFA**）に分解され，ミトコンドリア内におけるβ酸化によって最終的にアセチルCoAに変換されてTCA回路へ進む．さらに，タンパク質も有酸素系のエネルギー源として利用されるが，その貢献度は多くても10％前後と小さい．タンパク質が分解されたアミノ酸は，糖新生によるグルコースへの変換や，ピルビン酸やアセチルCoAのような中間代謝産物への変換を通して有酸素的過程に進む．

TCA回路は，アセチルCoAが酸化されて二酸化炭素がつくり出される一連の反応である．この反応においてもATPが生成されるが，この過程で最も重要なことは水素が生成されることである．TCA回路で生成された水素は，電子伝達系へと運ばれ，そこで水素イオンと電子に分かれる．電子伝達系では，これらを利用した酸化還元反応が引き起こされ，その結果，水が生成されるとともにエネルギーが発生する．ここで発生するエネルギーを利用してADPとPiからATPが生成され，これら一連の反応を**酸化的リン酸化**と呼ぶ．

有酸素系では，グリコーゲン1molから39molのATP，グルコース1molから38molのATPが生成される．脂肪酸の一つであるパルミチン酸が利用される場合は，1molのパルミチン酸から129molのATP

> **TCA回路**
> クエン酸回路やクレブス回路と称される場合もある．

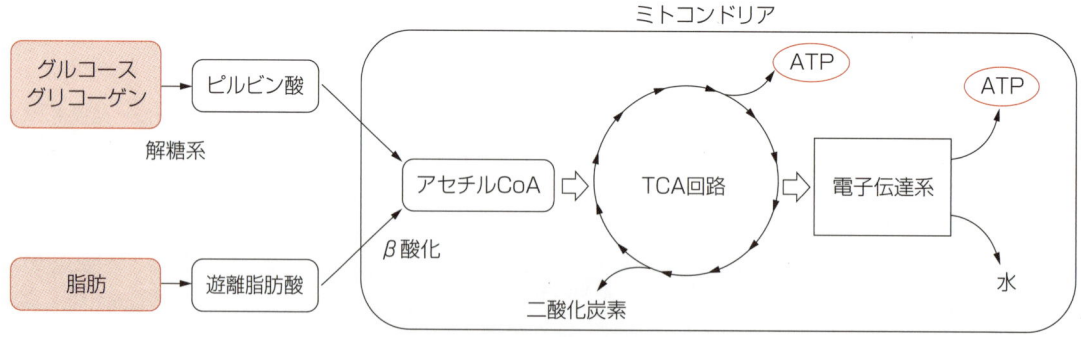

図2.5 有酸素系によるATP生成

が生成される．有酸素系は，三つのエネルギー供給系のなかで，単位時間あたりに生成されるATPは最も少ないが，酸素が十分に利用できる環境であれば最も長い時間のエネルギー供給が可能である．

3 運動強度・運動時間とエネルギー供給系

　実際のスポーツ場面では，上述したATP-PCr系，解糖系，有酸素系の三つのエネルギー供給系が独立して機能することはほとんどなく，協働しながら連続して運動に必要となるエネルギーを供給する．ここで，運動の強度・パワー出力と運動時間および三つのエネルギー供給系との関係を示したのが図2.6である．短時間で大きなパワーを発揮する運動ではATP-PCr系，逆に，長時間の運動では有酸素系の貢献度が大きくなり，その中間に解糖系が位置することになる．

　さらに，実際のスポーツ・運動と各エネルギー供給系の貢献度との関係を理解しやすくするために，便宜的に，運動の強度・パワー出力と運動時間，エネルギー供給系との関係を区分したのが図2.6中の①から④の領域であり，それらの領域にあてはまる具体的なスポーツの例を示したのが表2.1である．①の領域は，ATP-PCr系が多く利用される30秒以内のきわめて激しい運動領域，②はATP-PCr系と解糖系が中心となる30秒から1分30秒継続する激しい運動領域，③は解糖系と有酸素系がおもに機能する1分30秒から3分継続する運動領域，そして，④は3分以上継続する運動で，有酸素系が中心となる領域である．球技種目などでは，長時間にわたり，瞬発的に大きなパワーを発揮する動作と軽い運動を繰り返すことになるが，そのような場合は，これらの供給系の

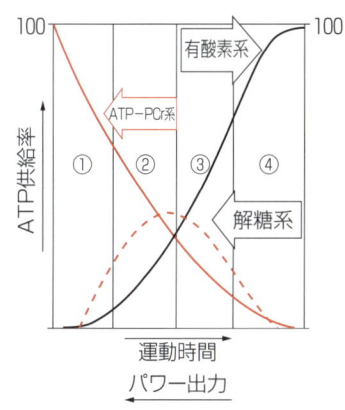

図2.6　運動時間および強度とエネルギー供給系の割合
E. L. Fox,『選手とコーチのためのスポーツ生理学』，朝比奈一男 監訳，大修館書店（1982），p.34．

表2.1　エネルギー供給系とスポーツ種目との関係

領域	運動時間	主たるエネルギー供給系	スポーツ種目の例
①	30秒以内	ATP-PCr系	砲丸投げ，100〜200 m走，盗塁，ゴルフやテニスのスイング，50 m競泳，フットボールのランニングプレイ，サッカーのゴールキーパー
②	30秒〜1分30秒	ATP-PCr系と解糖系	400 m走，500〜1,000 mスピードスケート，100 m競泳
③	1分30秒〜3分	解糖系と有酸素系	800 m走，200 m競泳，体操種目，ボクシング，レスリング
④	3分以上	有酸素系	球技系種目，1,500〜10,000 m走，マラソン，400〜1,500 m競泳，クロスカントリースキー，自転車ロードレース，トライアスロン

和田正信，松永　智，『入門運動生理学（第3版）』，勝田　茂 編，杏林書院（2007），p.10．

貢献度が変わりながら連続して機能し ATP を供給する.

4 運動中の化合物の動きをみる

エネルギー供給のためにからだで生じる化合物の動きを目で直接見ることは不可能であるが，**磁気共鳴分光法**（magnetic resonance spectroscopy, MRS）を用いることによりこの変化を観察することができる．MRS とは，磁気と電磁波を用いて体内にある化合物の量を測定できる方法である（図 2.7）．

図 2.8 に低強度および疲労困憊に至る高強度の膝伸展運動を行わせた際に，大腿前部の筋から得られた MRS データの例を示す．図 2.8（左）で示した，3 分間で疲労困憊に至る高強度運動では，短時間で多量のエネルギーが必要となるため ATP-PCr 系や解糖系がおもに利用される．その結果，運動開始とともに PCr の大きな低下と Pi の増加がみられ，疲労困憊時には PCr もわずかとなっている．さらに，解糖系による乳酸の蓄積が生じ，その結果，筋 pH の低下も観察される（MRS では PCr ピークと Pi ピークの距離から筋 pH の測定も可能である）．

一方，低強度運動を 3 分間継続させた場合（図 2.8, 右）は，多くのエネルギーは有酸素系から供給されるが，同時に ATP-PCr 系によるエネルギー供給も行われるため PCr の低下と Pi の増加が見られる．しかしながら，高強度運動に比べてその変化は小さく，有酸素系のより大きな貢献により，PCr を大きく低下させることなく運動を継続することができている．

運動後には，PCr が急速に回復することになる（図 2.8）．ここでは，

> **知っておくと役に立つ！**
>
> **非侵襲的な骨格筋の分析**
>
> これまでは，骨格筋自身の特性や能力を測定するためには筋を摘出して分析するしかなかったが，最近では，非侵襲的に測定できる方法が開発されている．MRS では，筋の ATP や PCr，グリコーゲンなどの含有量や代謝的能力を測定可能である．近赤外分光法（NIRS）では，筋内の酸素化動態を評価することができる．
>
> 骨格筋については，1 章も参照．

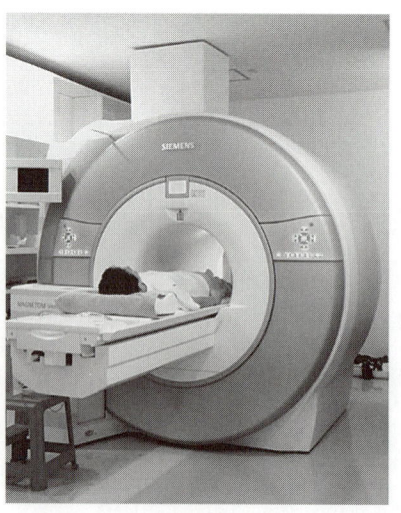
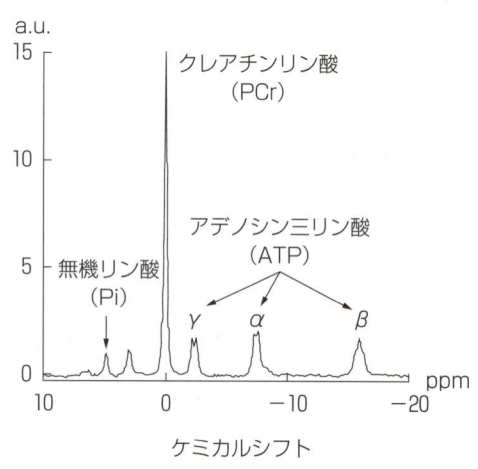

図 2.7 磁気共鳴分光法（MRS）の測定風景（左）と大腿前部の筋から得られたデータ例（右）

有酸素系を通して生成された ATP が PCr を再合成するためのエネルギー源として利用される．これまでの研究によって，運動後の PCr の回復速度と酸化系酵素活性との間には密接な関係があることが示されている．したがって，運動を長時間継続するためには高い有酸素的能力が必要となるが，球技や格闘技種目等で，PCr が大きく低下するような高強度運動を繰り返し行うような場合，次の高強度運動までに PCr をより速く回復させるためにも，より高い有酸素的能力が必要となるのである．

5 トレーニングによるエネルギー供給能力の変化

　この章のはじめで述べたように，エネルギー供給は特定のエネルギー源を利用した化学反応であり，その反応は酵素により調節されている．したがって，エネルギー供給能力の点からトレーニングを考える場合は，各エネルギー供給系で必要となるエネルギー源の含有量と酵素活性，および，関連するその他の環境要因にどのような効果があるのかを念頭に置く必要がある．

　以下に，エネルギー供給能力の視点からみた筋力，スプリント，および，持久性トレーニングのおもな効果を述べる．ただし，トレーニング効果の程度は，トレーニング内容（強度，継続時間，頻度，期間等）や個人の応答性の違いにより異なることに注意しなければならない．

(1) 筋力トレーニング

　筋力・筋パワーの増大や筋肥大をおもな目的とする**筋力トレーニング**

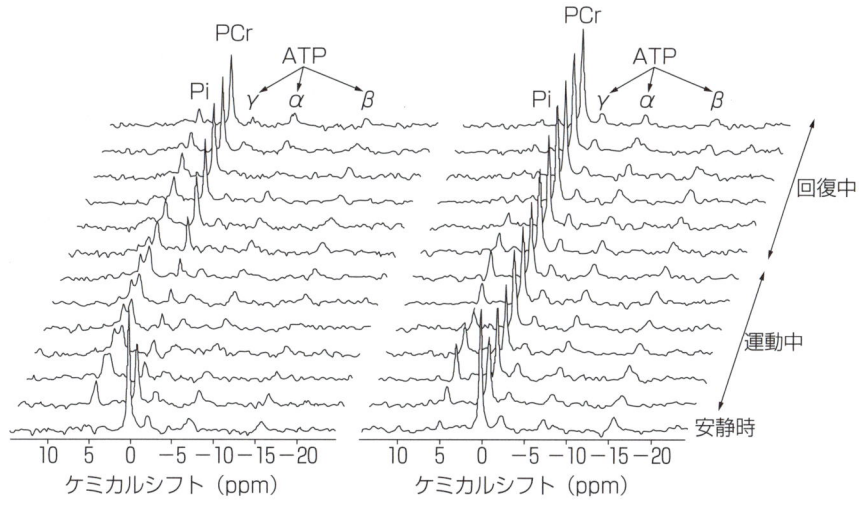

図 2.8　高強度（左）および低強度（右）の膝伸展運動中に大腿部から得られた磁気共鳴分光法（MRS）データ

では，ATP-PCr系，解糖系および有酸素系の各エネルギー供給能力に及ぼす影響は比較的小さく，限定的である．筋力トレーニングによりATPやPCrの濃度はほとんど変化しないが，トレーニングによる筋体積の増加により，筋全体に含まれるATPやPCrの総含有量は増加することになる．酵素活性もほとんど変化しないとする報告が多いが，筋肥大に伴う，より大きな収縮タンパク質の増加によって，相対的に，酸化系酵素活性やミトコンドリア密度の低下が認められる場合もある．

また，数十秒間，高いパワー発揮を持続するような，筋持久力の向上を目的とするトレーニングでは，解糖系酵素活性や酸化系酵素活性が増加する．

（2）スプリントトレーニング

スプリントトレーニングは，スピードやパワーの向上を主目的として，短時間に最大，または最大に近い強度の運動を繰り返して行うトレーニングである．そのおもな効果を図2.9に示す．

このトレーニングでは，より速いATP供給を必要とするため，ATP-PCr系や解糖系からのエネルギー供給の貢献が大きくなる．スプリントトレーニングによりATP，PCr，筋グリコーゲンの濃度などはほとんど変化しないが，1回の運動継続時間が長い場合には筋グリコーゲン濃度が増加する場合もある．酵素活性に対する効果では，ATP-PCr系に関係するCK，そして，解糖系に関与するホスホフルクトキナーゼ（PFK）や乳酸脱水素酵素といった酵素の活性が増加する．

ただし，スプリントトレーニングは，1回の運動継続時間，運動間の休息時間，繰り返し回数などにより効果が異なる．1回の運動継続時間

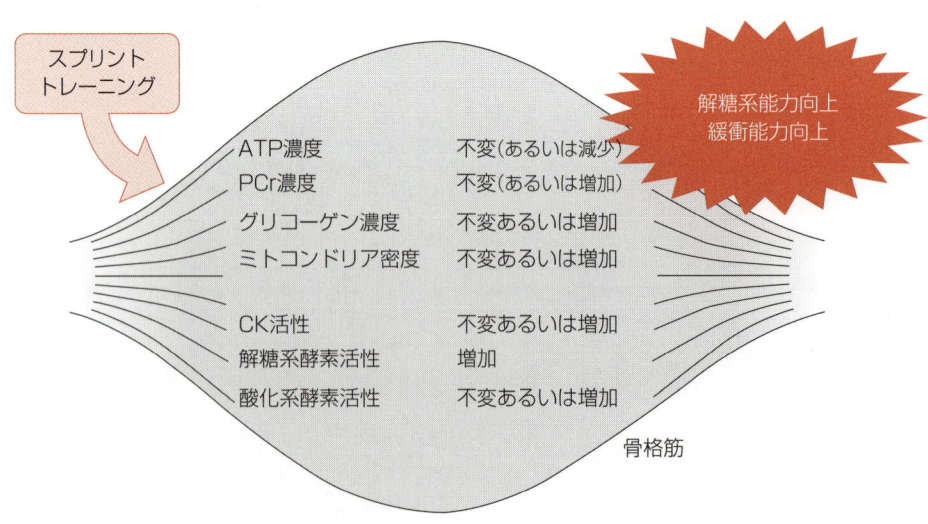

図2.9　エネルギー供給機構に関するスプリントトレーニングによるおもな効果

が10秒以内と短い場合は，解糖系酵素活性とともにCK活性も増加する．一方，継続時間が数十秒と，より長時間継続する場合は，酸化系酵素活性の増加も引き起こされる．

解糖の結果として生じる乳酸の蓄積は，筋pHの低下を引き起こし疲労の一要因となる．からだには，そのような筋pHの低下を抑制する緩衝能力が備わっており，スプリントトレーニングにより，この緩衝能力が向上し，疲労耐性が高められることが明らかになっている．

（3）持久性トレーニング

持久性トレーニングは，有酸素的能力の向上を目的とするものであり，一定強度の運動を長時間継続するトレーニングや，休憩を挟んで高強度の運動を繰り返すインターバルトレーニングなどが代表的なものである．そのおもなトレーニング効果を図2.10に示す．

持久性トレーニングにより，有酸素系の主要なエネルギー源となる筋グリコーゲンやトリグリセリドの濃度が増加する．さらに，有酸素的ATP生成を担うミトコンドリアの大きさや数，密度が増加するとともに，クエン酸合成酵素やコハク酸脱水素酵素といった酸化系酵素の活性が増大する．また，トレーニングにより脂肪の酸化能力が増加するため，糖質と脂肪の利用に関して，相対的に脂肪利用の割合が増加する．

酸素を利用する環境要因の適応として，酸素の運搬・供給能力に影響を及ぼす毛細血管密度やミオグロビン濃度が増加するとともに，TypeⅡb線維の割合の減少と，より有酸素的能力の高いTypeⅡa線維の増加という，TypeⅡ線維サブタイプ間の移行が生じることが報告されている．

筋線維タイプ
1章も参照．

持久性トレーニング → 骨格筋	
ATP濃度	不変あるいは増加
PCr濃度	不変あるいは増加
グリコーゲン濃度	増加
トリグリセリド濃度	増加
ミトコンドリア密度	増加
酸化系酵素活性	増加
毛細血管密度	増加
ミオグロビン濃度	増加
TypeⅡb線維→TypeⅡa線維	移行

有酸素的能力向上

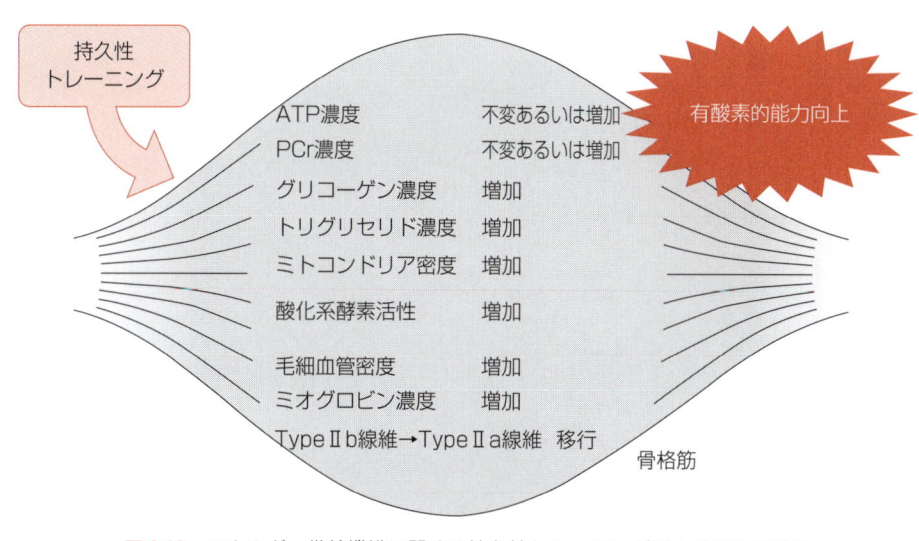

図2.10　エネルギー供給機構に関する持久性トレーニングによるおもな効果

復習トレーニング

次の文章のカッコの部分に適切な言葉を入れなさい．

❶ 運動をもたらす筋収縮のための唯一のエネルギー源となるのが（　　　　）である．

❷ エネルギー供給系の種類としては，（　　　　）系，（　　　　）系，（　　　　）系の3種類があり，前者二つは酸素を必要としない供給系であり，あとの一つは酸素を必要とする供給系である．

❸ 持久性トレーニングでは，酸素を利用してエネルギーをつくり出す小器官である（　　　　）の大きさや数，密度が増加する一方，スプリントトレーニングでは，乳酸の蓄積に伴う筋pHの低下を抑制する（　　　　）能力が向上する．

次の文章で正しいものには○，誤っているものには×を付けなさい．

❹ [　　　]陸上競技100 m走や投擲では酸素を利用するエネルギー供給系の貢献が大きく，マラソンなどでは酸素を利用しないエネルギー供給系の貢献が大きい．

❺ [　　　]解糖系によるエネルギー供給では糖質が，有酸素系によるエネルギー供給では糖質や脂肪がおもに利用される．

3章 スポーツと呼吸

3章のPOINT

- ◆ 運動時の呼吸動態（呼吸の深さ，速さ）の変化を知ろう．
- ◆ 運動時の血液ガスの変化を知ろう．
- ◆ 運動時の呼吸調節メカニズムを理解しよう．
- ◆ 有酸素性運動能力（最大酸素摂取量）を理解し，測定方法を覚えよう．
- ◆ 無酸素性運動能力（最大酸素借）を理解し，測定方法を覚えよう．

3章 スポーツと呼吸

はじめに

呼吸の最も重要な働きは，体内に必要な酸素（O_2）を取り入れ，代謝産物である二酸化炭素（CO_2）を体外に排出し，恒常性を保つことである．運動を行うと，筋活動のためのエネルギーをつくり出すための酸素が必要となり，代謝に見合った酸素供給を行うために，肺に出入りする空気の量（換気量）が増加する．この換気量を増加するために，さまざまな呼吸調節メカニズムが機能している．

運動の強度が増加すると身体に取り込まれる酸素の量が増えるが，取り込むことのできる酸素量には限界がある．これを**最大酸素摂取量**という．最大酸素摂取量は有酸素性の持久的運動能力の指標として国際的に広く採用されている．また，最近では健康づくりのための基準値としても用いられており，健康・スポーツ科学分野において非常に重要なものである．

この章では，運動時における呼吸調節，ガス交換，酸素摂取量などについて解説する．

1　呼吸運動

ヒトは，意識的にも無意識的にも呼吸することができる．呼吸には，ガスを取り込む吸息と，排出する呼息があり，ガス交換に必要な吸息および呼息（呼吸運動）は，吸息筋および呼息筋などの呼吸筋の収縮・弛緩により胸郭が拡大・縮小し，間接的（受動的）に肺を伸縮させることにより行われる．肺にはそれ自体で膨らんだり，縮んだりする能力はな

図3.1 呼吸運動
田中越郎，『イラストで学ぶ生理学』，医学書院（1994）p.76, 77 および http://plaza.umin.ac.jp/physiol/resp/2004-02-17/index.html を参考に著者作図．

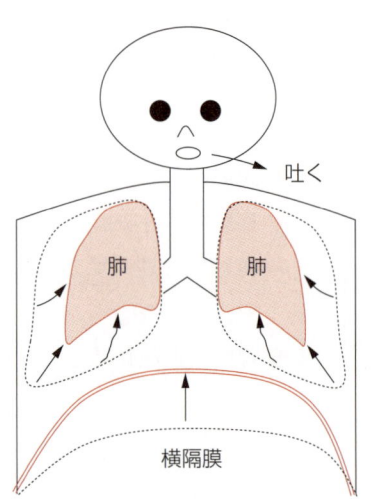

横隔膜が収縮（下がる）し，胸腔容積が増えると，肺が膨らむ

横隔膜が弛緩（上がる）し，胸腔容積が減ると，肺が縮む

い．安静時呼吸においては横隔膜の収縮および弛緩の貢献度が最も大きく，吸息時には横隔膜が収縮することで胸腔容積が大きくなり，呼息時には横隔膜の弛緩により胸腔容積が小さくなる（図3.1）．運動時には換気量が増加するが，吸息時には横隔膜に加えて肋間筋や胸鎖乳突筋など，呼息時には肋間筋や腹直筋などが機能し胸腔容積の拡大や縮小を補助する．このように，ヒトは呼吸運動に関する多くの補助筋をもっているため，安静から最大運動に至る非常に広範囲な換気運動をスムーズに行うことができる．

肺の中に含まれる空気の量はいくつかの種類に分けられる．これを**肺気量**という（図3.2）．呼吸運動によって肺に空気が出入りする1分間の総量を**毎分換気量**（expired minute ventilation, $\dot{V}_E$, L/分）という．毎分換気量は，呼吸の深さ（**1回換気量**，V_T, tidal volume, L）と速さ（**呼吸数**，breathing frequency, f_b, 回/分）によって決定される．成人の安静時における1回換気量は約0.5 L（500 mL），呼吸数は12〜18回/分であることから，毎分換気量は約6〜9 L/分となる．

軽い負荷から徐々に強度を高めたとき（漸増負荷運動時）の1回換気量，呼吸数，毎分換気量の変化を図3.3, Aに示す．運動時には1回換気量と呼吸数の両者が増加するが，運動強度が中強度までは1回換気量の増加のほうが大きい．さらに運動強度が増すと，呼吸数の増加が主体となり，換気量を増加させる．漸増負荷運動中の換気量は，運動強度の増加に比例して増大するが，二つのポイントでその傾きは急峻となる．

一つ目の屈曲ポイントは，**換気性作業閾値**（ventilatory threshold, **VTh**）と呼ばれる（図3.3, A）．この屈曲点は，運動に必要なエネルギーを有酸素性エネルギーのみでまかなうことができないため，無酸素性エ

> **知っておくと役に立つ！**
> $\dot{V}_E$, $\dot{V}_{O_2}$
> Vの上の点"・（ドット）"は，「1分間あたり」という意味である．

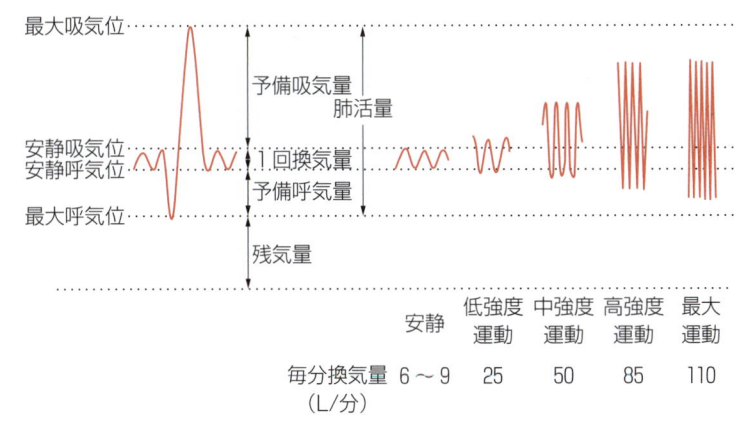

	安静	低強度運動	中強度運動	高強度運動	最大運動
毎分換気量（L/分）	6〜9	25	50	85	110

図3.2 肺気量（安静時および運動時）
M. K. Stickland, M. Amann, K. Katayama, and J. A. Dempsey, "Pulmonary responses to exercise and limitations to human performance, In:Physiological bases of human performance during work and exercise," Eds. N. A. S. Taylor, H. Groeller, Elsevier, p.35 (2008)より一部改変．

3章 スポーツと呼吸

ネルギーが動員され始める点であると考えられている．無酸素性エネルギー供給により生じた水素イオンなどの増加が換気量の急増の要因とされる．

換気性作業閾値と並んでよく用いられるものとして，**乳酸性作業閾値**（lactate threshold, **LT**）がある（図 3.4）．これは，運動強度に対して血中乳酸濃度が曲線的に増加し始めるポイントのことである．

また，血中乳酸濃度が 4 mmol/L のときの運動強度は**血中乳酸蓄積開始点**（onset of blood lactate accumulation, **OBLA**）と呼ばれる（図 3.4）．換気性作業閾値と乳酸性作業閾値での運動強度はほぼ一致することが多いため，**無酸素性作業閾値**（anaerobic threshold, **AT**）として用いられることがあったが，最近では換気性作業閾値と乳酸性作業閾値それぞれが使用される．

さらに運動強度が増すと，換気量の傾きはさらに急峻となる．この二つ目の屈曲ポイントが**呼吸性代償閾値**（respiratory compensation point, **RCP**）である（図 3.3, A 参照）．ただし，非鍛練者の場合にはこの呼吸性代償閾値が見られないことが多い．ちなみに最大毎分換気量は，成人男性で 100～120 L/分，女性では 80～100 L/分である．持久的アスリートでは 200 L/分に達することもある．

固定負荷（中強度まで）運動時の1回換気量，呼吸数，毎分換気量の変化を図 3.3, B に示す．運動を開始すると，運動開始1呼吸目から毎分換気量が急増し，いったんプラトーに達する．その後，指数関数的に増加し3～5分で定常状態に至る．この毎分換気量の変化を3相に分け，最初の急増を第1相（Phase I），指数関数的増加を第2相（Phase II），定常状態を第3相（Phase III）と呼ぶ．

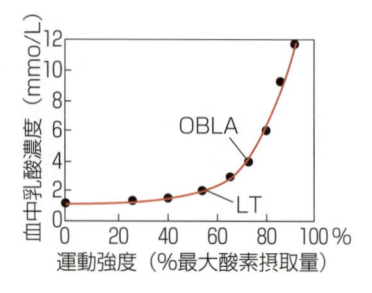

図 3.4 漸増負荷運動時の血中乳酸濃度の変化
征矢秀明，本山 貢，石井好二郎，『これでなっとく使えるスポーツサイエンス』，講談社サイエンティフィク．(2002), p.163 より一部改変．

知っておくと役に立つ！

乳酸と筋疲労
乳酸は，糖をエネルギー源として利用する途中でできるものであるため，乳酸性作業閾値は糖が多く使われ始める運動強度ということになる．乳酸は筋疲労の原因と考えられてきたが，現在では，リン酸の蓄積，筋内からのカリウム流出，筋グリコーゲン濃度の低下，体温上昇などが疲労の原因として考えられている．

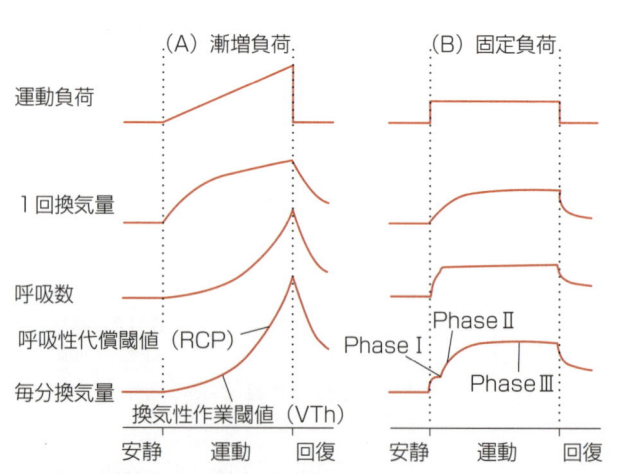

図 3.3 漸増負荷(A)および固定負荷(B)運動時の呼吸パラメータの変化
石田浩司，運動時の換気亢進，『新運動生理学』，宮村実晴 編，真興交易医書出版部（2001）より一部改変．

2 ガス交換

　空気は気道（気管，気管支など）により肺胞まで送られ，肺胞と毛細血管との間で酸素および炭酸ガス（二酸化炭素）が交換される（図 3.5）．これが肺における **ガス交換**（外呼吸）である．

　ガス交換は，肺胞と毛細血管との間のガスの分圧差による拡散によって行われる．毛細血管内に拡散した酸素はその大半がヘモグロビンと結合し，各組織へ酸素が運搬される．

3 血液ガス

　ガス交換は分圧差によって行われるため，濃度ではなく分圧で示す必要がある．海面上の気圧を 1 気圧といい，1 気圧は標準で 760 mmHg（760 torr，1013 hPa）である．空気中に酸素は 20.93 %，二酸化炭素は 0.03 %含まれているため，吸気の酸素分圧は 760 × 0.2093 = 159.068 mmHg（ほぼ 160 mmHg），二酸化炭素は 760 × 0.0003 = 0.228 mmHg（ほぼ 0 mmHg）である．体内の酸素および二酸化炭素分圧を図 3.6 に示す．

　吸気酸素分圧は 160 mmHg であるが，肺に至るまでの気道スペース（解剖学的死腔）にあるガスと混ざるとともに加湿される（水蒸気圧 47 mmHg）ため，肺胞での酸素分圧（partial pressure of alveolar O_2, PA_{O_2}）は約 105 mmHg となる．肺胞からの酸素拡散により動脈血酸素分圧（partial pressure of arterial O_2, Pa_{O_2}）は約 105 mmHg になるはずであるが，一部ガス交換が行われていない循環（シャント）などがあるため，動脈血酸素分圧は約 100 mmHg にとどまる．この

> **知っておくと役に立つ！**
>
> **血液ガス**
> 動脈血中の酸素分圧（Pa_{O_2}），二酸化炭素分圧（Pa_{CO_2}），水素イオン指数（pH），重炭酸イオン濃度（HCO_3^-）などのこと．
> 健常なヒトの安静時における動脈血酸素分圧は約 100 mmHg である．動脈血炭酸ガス（二酸化炭素）分圧は多くのデータから平均値 38.3 mmHg とされているが，便宜的に約 40 mmHg を用いている．動脈血酸素分圧の低下や動脈血炭酸ガス分圧の上昇は呼吸不全を示す．

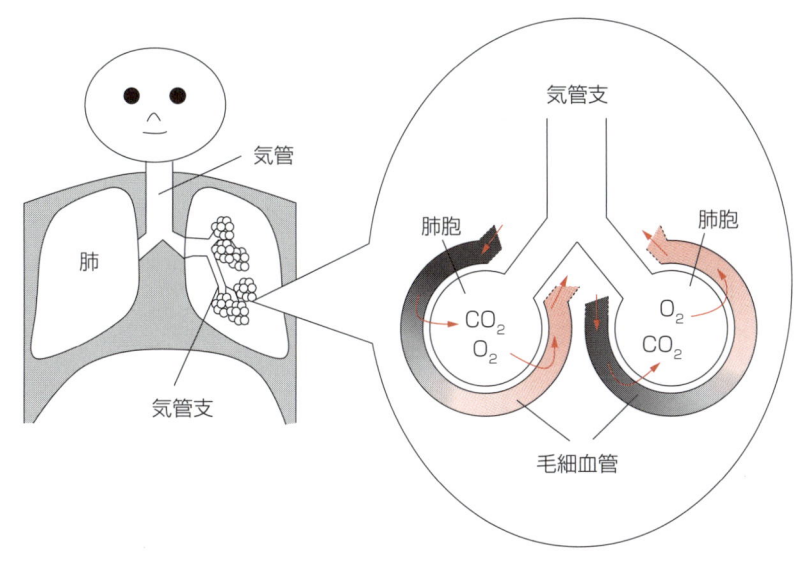

図 3.5　肺胞のしくみと働き

5 mmHg の差（= 105 − 100）を肺胞気-動脈血酸素分圧較差（alveolar-arterial O₂ difference，A-aD$_{O_2}$）という（運動時にはこの較差が大きくなる）．酸素は動脈を流れ，組織で酸素が使われ，酸素分圧 40 mmHg が残って静脈血として肺に戻ってくる．

一方，組織での代謝により産生された二酸化炭素は，約 46 mmHg となり肺へ戻り，肺胞二酸化炭素分圧（約 40 mmHg, partial pressure of alveolar CO_2, PA_{CO_2}）との分圧差により拡散が起こる．静脈血と動脈血間の二酸化炭素分圧差は小さいため，シャントの影響は少なく，動脈血二酸化炭素分圧（partial pressure of arterial CO_2, Pa_{CO_2}）は約 40 mmHg となる．

運動時には活動筋の代謝要求が増加し，それに応じて酸素や二酸化炭素のガス交換や換気量の調節が行われる．表3.1 に運動時の代謝およびガス交換パラメータを示す．一般健常者で運動が軽～中強度の場合には，動脈血の酸素および二酸化炭素分圧，水素イオン指数（pH）は一定に保たれる．運動強度が中強度以上（最大強度の約 60 % 以上）になると，急激な換気量の増加（過換気）が起こるため，肺胞酸素分圧（PA_{O_2}）の増加と動脈二酸化炭素分圧（Pa_{CO_2}）および水素イオン指数（pH）の低下が起こる．また，換気量と肺内を流れる血流量の不均等などにより，肺胞気-動脈血酸素分圧較差（A-aD$_{O_2}$）が大きくなる．

4 呼吸調節

呼吸中枢は脳幹にあり，呼吸の深さや速さがここで決定される．この呼吸中枢で脳や各受容器からの多数の神経入力が統合され，横隔膜など

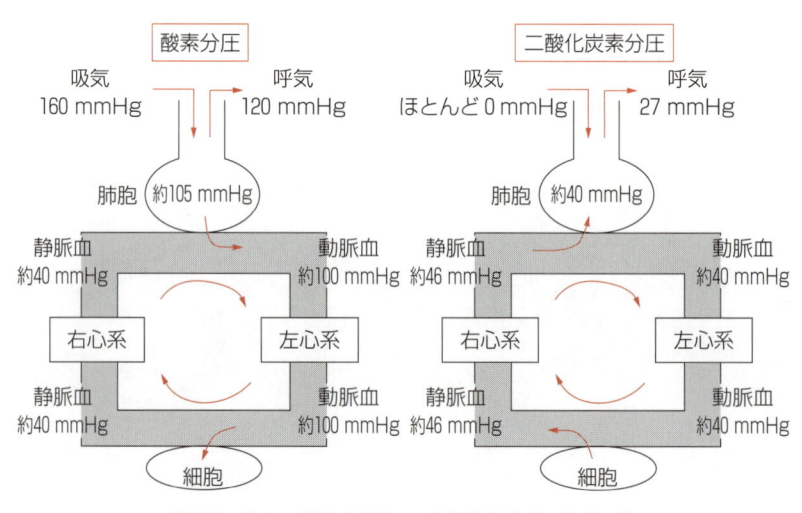

図 3.6 体内の酸素分圧と二酸化炭素分圧（安静時）
田中越郎，『イラストで学ぶ生理学』，医学書院（1994），p.84 より一部改変．

の呼吸筋へ信号が伝達されることで運動時の換気量が調節される（図3.7）．この換気調節は，大脳，視床下部，小脳などの上位中枢からの入力と，筋，関節，肺，呼吸筋，血管などにある受容器からの入力に大別される．上位中枢からの神経入力は，**セントラルコマンド**と呼ばれ，活動筋（骨格筋）への運動指令が，呼吸中枢へ放散することによると考えられている．骨格筋，関節，肺，呼吸筋には，収縮や動きなどの機械的刺激に応答する**機械受容器**や化学刺激に応答する**代謝受容器**があり，運動による動作や代謝産物を感知し，呼吸中枢へ信号を送る．

動脈血中の酸素や二酸化炭素，その他化学物質を感知する受容器は**末梢化学受容器**と呼ばれ，頸動脈小体および大動脈小体の2種類がある（大動脈小体は，ヒトの場合ほとんど貢献していないと考えられている）．

さらに，延髄には水素イオン濃度（$[H^+]$）を感知する中枢化学受容器がある．運動時の換気量増加に対するそれぞれのメカニズムの貢献度は，運動時間や運動強度，運動が行われる環境（平地，高所）などにより変化する．

5　酸素摂取量

肺で拡散によって血液中に取り込まれた酸素は，各組織へ運搬され，栄養素との化学反応によりエネルギーを生成する．1分間あたりに体内で摂取される酸素の量を**酸素摂取量**（oxygen uptake, $\dot{V}_{O_2}$, L/分）という．

酸素摂取量は，**心拍出量**（cardiac output, CO あるいは quantify, $\dot{Q}$, L/分）に，心臓から出ていく動脈血の酸素含量と心臓に戻ってきた静脈血の酸素含量との差（arterial-venous O_2 difference, a-vO_2diff．組

▶ ▶

表3.1　安静および運動時の換気およびガスパラメータ（非鍛練者，体重70 kgの場合）

	安静	相対的運動強度（%最大酸素摂取量）						
		15	30	45	60	75	90	100
$\dot{V}_{O_2}$(L/分)	0.24	0.45	0.90	1.35	1.80	2.25	2.70	3.00
$\dot{V}_{O_2}$(mL/kg/分)	3.4	6.4	12.9	19.3	25.7	32.1	38.6	42.9
$\dot{V}_{CO_2}$(L/分)	0.19	0.40	0.77	1.21	1.71	2.31	3.00	3.30
$\dot{V}_E$(L/分)	6.0	14.0	22.0	35.0	51.0	75.0	100.0	115.0
RER	0.79	0.89	0.86	0.89	0.95	1.03	1.11	1.10
V_T (L)	0.6	0.9	1.2	1.6	2.2	2.5	2.6	2.6
fb（回/分）	10.0	15.0	18.0	22.0	23.0	30.0	38.0	44.0
Pa_{O_2}(mmHg)	95.3	95.3	93.0	92.3	93.8	93.8	93.8	93.8
PA_{O_2}(mmHg)	101.3	101.3	101.3	101.3	107.3	111.8	114.0	117.0
Pa_{CO_2}(mmHg)	41.3	41.3	41.3	41.3	39.0	35.3	33.0	30.8
A-aD_{O_2}(mmHg)	6.0	6.0	8.3	9.0	13.5	18.0	20.2	23.2
pH	7.40	7.40	7.38	7.36	7.34	7.30	7.29	7.28
Sa_{O_2}(%)	97.0	97.0	97.0	97.0	96.0	96.0	95.0	95.0

$\dot{V}_{O_2}$；酸素摂取量，$\dot{V}_{CO_2}$；炭酸ガス排出量，$\dot{V}_E$；毎分換気量，$\dot{V}_A$；肺胞換気量，RER；呼吸交換比，V_T；一回換気量，fb；呼吸数，Pa_{O_2}；動脈血酸素分圧，PA_{O_2}；肺胞酸素分圧，Pa_{CO_2}；動脈血炭酸ガス分圧，A-aD_{O_2}；肺胞気-動脈血酸素分圧較差，pH；水素イオン指数，Sa_{O_2}；動脈血酸素飽和度

M. K. Stickland, M. Amann, K. Katayama, and J. A. Dempsey, "Pulmonary responses to exercise and limitations to human performance, In:Physiological bases of human performance during work and exercise," Eds. N. A. S. Taylor, H. Groeller, Elsevier, p.30 (2008) より改変．

織で抜き取られた酸素の量を示す）を乗ずることによって求められる．これが**フィックの法則**（Fick principle）である．

$$酸素摂取量 = 心拍出量 \times 動静脈酸素較差$$
$$\dot{V}_{O_2} = CO\ (\dot{Q}) \times\ a\text{-}vO_2 diff$$

> 1回拍出量，心拍数
> 4章も参照．

心拍出量（CO, $\dot{Q}$）は，**1回拍出量**（stroke volume, SV, L）と**心拍数**（heart rate, HR, 拍/分）の積であるから，上記の式は以下のようにも書ける．

$$酸素摂取量 = 1回拍出量 \times 心拍数 \times 動静脈酸素較差$$
$$\dot{V}_{O_2} = SV \times HR \times a\text{-}vO_2 diff$$

しかしながら，心拍出量や動静脈酸素較差を測定することは非常に難しいため，通常は，呼気ガスの量，吸気および呼気中の酸素濃度などから，酸素摂取量を算出する方法が用いられる．

酸素摂取量の測定は，
1）一定時間の呼気ガスをダグラスバッグに採集し，ガス量をガスメータにて，酸素および二酸化炭素濃度をガス分析器で求め，1分間あたりの酸素摂取量を計算する方法（**ダグラスバッグ法**）（図3.8）．
2）全自動の呼吸代謝測定システムを用いて1呼吸ごと（breath-by-breath）の酸素摂取量を算出し，1分間あたりの酸素摂取量を平均する方法．

が代表的である．呼吸代謝測定システムでは機械の操作を覚えることで

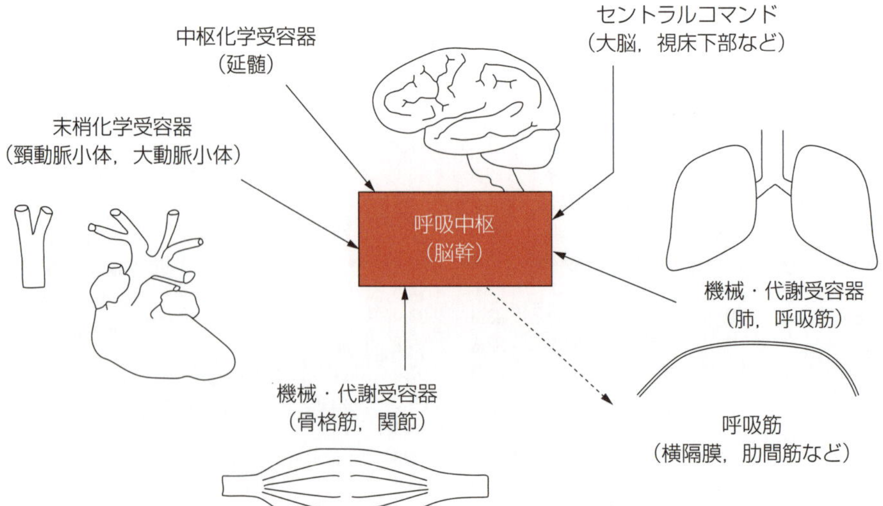

図3.7　呼吸調節メカニズム
代表的なもののみ記載する．

（図中ラベル：中枢化学受容器（延髄），セントラルコマンド（大脳，視床下部など），末梢化学受容器（頸動脈小体，大動脈小体），呼吸中枢（脳幹），機械・代謝受容器（肺，呼吸筋），機械・代謝受容器（骨格筋，関節），呼吸筋（横隔膜，肋間筋など））

自動的に酸素摂取量が得られるので，酸素摂取量の求め方が忘れられがちであるが，算出方法については覚えておく必要がある．

　中強度以下における固定負荷運動時の酸素摂取量の変化を図3.9, A に示す．運動開始とともに酸素摂取量は高まり，その後ほぼ指数関数的に増加し，数分で定常状態に達する．毎分換気量の変化同様，この変化を第1相～第3相（Phase I ～ III）に分けることがある．高強度（換気性閾値以上）の運動の場合には，酸素摂取量は定常状態にはならず，運動の継続に伴って緩やかに増加する（緩成分）（図3.9, B）．

　運動時のエネルギー消費量を直接測定することは困難なため，酸素摂取量（L）からエネルギー消費量（kcal）を換算することがよく行われる．酸素1Lあたりのエネルギー量は，燃焼する糖質および脂質の割合（呼吸商）によって少し異なるが，酸素摂取量1Lあたり5 kcal とされることが多い．

　運動強度を表す指標として **METs（メッツ）** が広く用いられている．これは，運動時や身体活動時の代謝量を，座位安静時の代謝量の何倍であるかを示す指標である（安静時の代謝量は1.0 MET と表し，体重1 kg あたりの酸素摂取量 3.5 mL/kg/分に相当する）．

METs ＝ 運動時の代謝量 ÷ 座位安静時の代謝量
（例：ジョギングは 7.0 メッツ，酸素摂取量約 24.5 mL/kg/分に相当）

　メッツの利点は，酸素摂取量を直接測定することなく，METs，運動時間，体重を用いてエネルギー消費量を推定することができることである．

ダグラスバッグ法による酸素摂取量の求め方
p.39 参照．

METs（メッツ）
metabolic equivalents．METs は MET の複数．

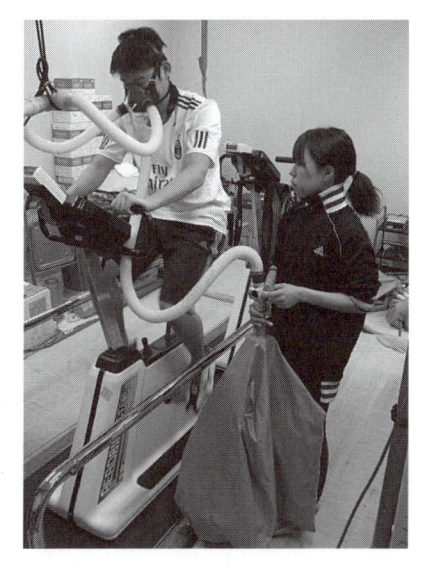

図3.8　ダグラスバッグを用いた呼気ガス採集の様子
写真提供：名古屋大学運動生理学研究室．

エネルギー消費量 ＝ METs × 時間（hour）× 体重（kg）

たとえば，体重 60 kg の人がジョギングを 30 分（0.5 時間）行った場合は，210 kcal の消費と推定できる［210 kcal ＝ 7.0 METs × 0.5 時間 × 60 kg］．

6 最大酸素摂取量

漸増負荷運動中の酸素摂取量の変化を図 3.10 に示す．連続的および間欠的いずれの多段階漸増負荷を用いた場合にも，最終的には最大努力に達し疲労困憊に至る．それぞれの運動負荷において酸素摂取量を測定し，運動負荷に対してプロットすると，負荷の増加に伴う酸素摂取量の直線的な増加が見られる．その後，さらに運動強度を増加させても酸素摂取量が増えなくなる．この現象を**レベリングオフ**（あるいは「**プラトー**」と呼ばれることもある）という．このレベリングオフが得られた酸素摂取量の値を**最大酸素摂取量**（maximal oxygen uptake, $\dot{V}_{O_2}max$）という．しかしながら，連続的多段階漸増負荷法を用いた場合には，レベリングオフが得られずに疲労困憊で運動が継続できなくなることも多い．そのため，以下のような判定基準が用いられる．

- 酸素摂取量のレベリングオフが認められる．
- 年齢から推測される最大心拍数（HRmax ＝ 220 − 年齢）に達している（±10 拍/分）．
- 呼吸交換比（二酸化炭素排出量÷酸素摂取量）が 1.0 〜 1.2 以上である（呼吸交換比については後述する）．

知っておくと役に立つ！

最大心拍数の推定
年齢から推測する最大心拍数は，HRmax ＝ 208 − 0.7 × 年齢が用いられることもある．最大心拍数にはかなりの個人差があること（± 10 拍 / 分）にも注意．

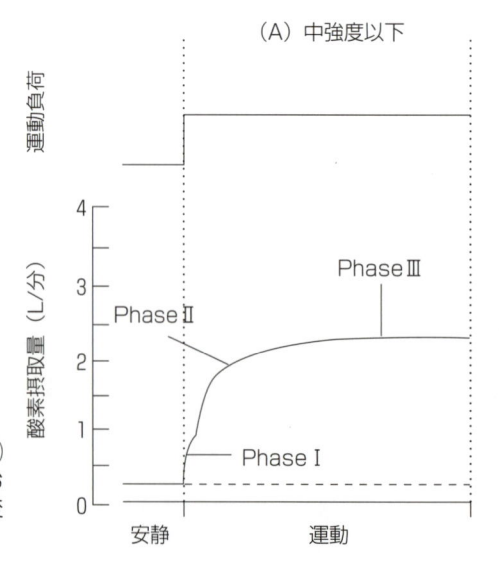

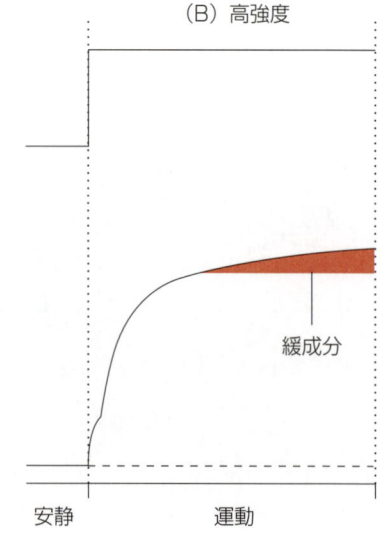

図 3.9 中強度以下(A)および高強度(B)における酸素摂取量の変化

(A) 中強度以下 — Phase I, Phase II, Phase III

(B) 高強度 — 緩成分

・血中乳酸濃度が 10 mmol/L 以上である．

すべての判定基準が満たされることが理想であるが，現実的には，運動様式，運動プロトコール，体力，年齢などによってすべての条件を満たすとは限らない．したがって，これらの基準のうち二つ以上を満たすものを最大酸素摂取量とする場合が多い（レベリングオフを第1条件とする場合が多い）．二つ以上が満たされない場合には，そのときの運動テストの酸素摂取量の最高値，すなわち**最高酸素摂取量**（peak oxygen uptake, $\dot{V}_{O_2}peak$）とする．最大（最高）酸素摂取量は絶対値（L/分）で算出されるが，個人間で比較するため絶対値を体重で除した体重1 kg あたりの相対値（mL/kg/分）で示されることが多い．この最大酸素摂取量は有酸素性の運動能力または全身持久力の指標として国際的にも広く用いられており，運動・スポーツ生理学では非常に重要な意味をもっている．

20歳代男性の最大酸素摂取量は約 40 mL/kg/分，女性では約 33 mL/kg/分である．マラソン選手などの持久的アスリートでは 70 mL/kg/分を超えるものが多い．最大酸素摂取量は，運動負荷法，性別，年齢，トレーニング，遺伝（筋線維組成など），環境などによって影響される．また，最大酸素摂取量は健康づくりのための基準値としても用いられている（表 3.2）．

7 呼吸商，呼吸交換比

各組織において酸素と栄養素（糖質，脂質，タンパク質）の化学反応（燃焼）により，エネルギーが生成される．この糖質，脂質，タンパク

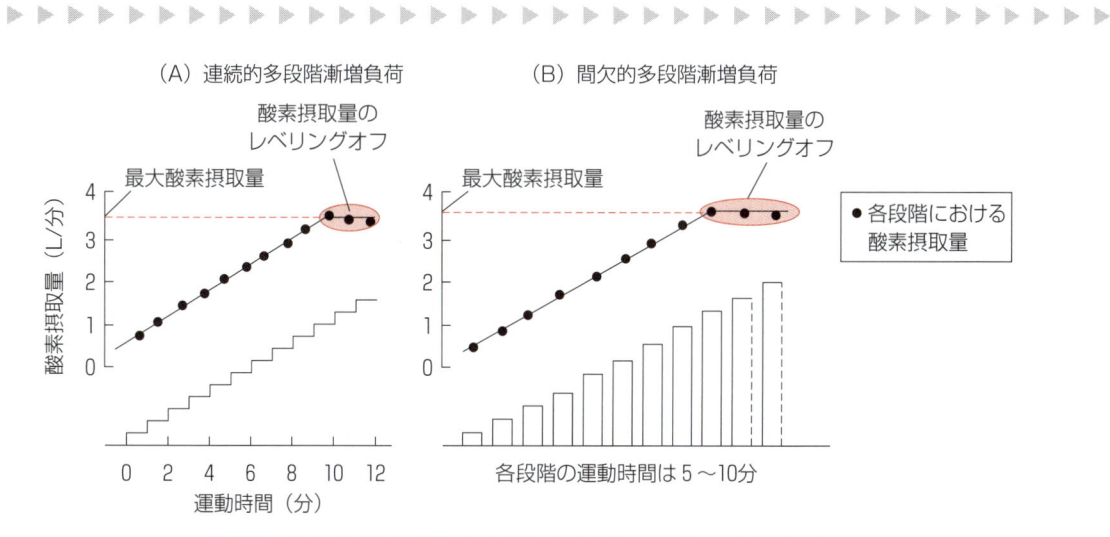

図 3.10 連続的(A)および間欠的(B)漸増負荷運動による酸素摂取量の変化
池上晴男，『運動生理学』，朝倉書店（1987），p.44 を参考に著者作図．

質のうち，どの栄養素がどれだけ燃焼されたかは，1分間あたりの二酸化炭素排出量（$\dot{V}_{CO_2}$）を1分間あたりの酸素摂取量（$\dot{V}_{O_2}$）で除したもの（二酸化炭素排出量÷酸素摂取量）から求めることができる．これを **呼吸商**（respiratory quotient, **RQ**）という．通常の場合，体内で燃焼するのは糖質および脂質が主体である．タンパク質が利用される場合は，絶食や飢餓状態などの場合であるため，通常ではタンパク質はエネルギー源として考慮しない．脂質だけの燃焼であれば0.7であり，糖質のみの燃焼であれば呼吸商は1.0である．したがって，呼吸商の範囲は0.7〜1.0となる．成人では安静時に約250 mLの酸素を摂取し，約200 mLの二酸化炭素を排出するため，呼吸商は0.8（＝0.20÷0.25）となる．

運動強度が高くなると，血中に乳酸と水素イオン（H^+）が放出される．水素イオンの増加によりpHが低下するが，これを緩衝するために重炭酸系が働き，二酸化炭素に変換される．この二酸化炭素が呼気ガスに出てくることになるため（これを二酸化炭素の過剰排出と呼ぶ），二酸化炭素排出量が酸素摂取量を上回り呼吸商は1.0以上の値となる．また，運動直後の回復時には，二酸化炭素排出量が酸素摂取量を大きく上回ることがある．このような現象に対応させるため，現在では呼吸商に代わり，**呼吸交換比**（respiratory exchange ratio, **RER** または **R**）として用いられることが多い．

知っておくと役に立つ！

重炭酸緩衝系
血中に放出された水素イオン（H^+）は重炭酸イオン（HCO_3^-）と反応し，二酸化炭素と水に分かれる（$H^+ + HCO_3^- \rightarrow CO_2 + H_2O$）．これが血液中に含まれる重炭酸緩衝系の働きである．

8 酸素借

有酸素性のエネルギー供給の指標とされる酸素摂取量については前述

表3.2 健康づくりのための最大酸素摂取量の基準値（mL/kg/分）

	20歳代	30歳代	40歳代	50歳代	60歳代
男性	40	38	37	34	33
女性	33	32	31	29	28

「健康づくりのための運動基準2006〜身体活動・運動・体力〜」報告書より．

したが，短時間の運動で大きなパワーを発揮するために重要な役割を果たすのが無酸素性エネルギーである．

前述したように，中強度以下の運動を開始すると酸素摂取量は急増し，その後定常状態に至る（図3.9, A参照，図3.11, A）．この定常状態時の酸素摂取量は，その運動に必要とされる酸素の量（酸素需要量）と等しくなる．しかしながら，運動初期には，図3.11, Aに示すように酸素需要に見合った酸素摂取がなく，エネルギーの一部が無酸素性の供給によりまかなわれていることになる．この運動初期における酸素の不足分を**酸素借**（O_2 deficit）と呼ぶ．酸素借は，定常状態の酸素摂取量（L/分）と運動時間の積により求められた総酸素需要量（図3.11, Aの点線で囲われているところ）から，運動中に測定された総酸素摂取量を引くことで求められる．

一方，運動強度が最大酸素摂取量の得られる負荷を超える場合，すなわち数分以内で疲労困憊に至るような超最大強度では，酸素借を容易に求めることができない（図3.11, B）．なぜならば，酸素需要量が最大酸素摂取量のレベルを超えているため，単純に運動時の酸素摂取量を測るだけでは酸素需要量を知ることができないからである．酸素借は運動強度が高くなるにつれて増大するが，運動時間が2分を超えると酸素借の増加が認められなくなる（酸素借のレベリングオフ）．この最大値を**最大酸素借**と呼び，無酸素性エネルギー供給能の指標とされる．

酸素借の求め方
p.40参照．

9 酸素負債

運動を中止すると酸素摂取量は低下するが，安静状態より高い値がし

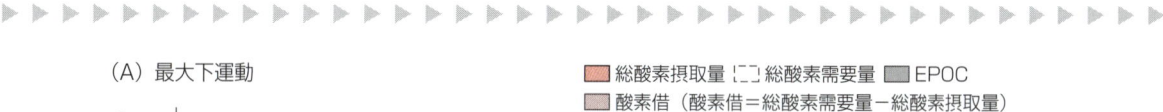

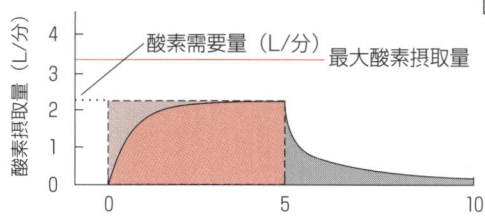

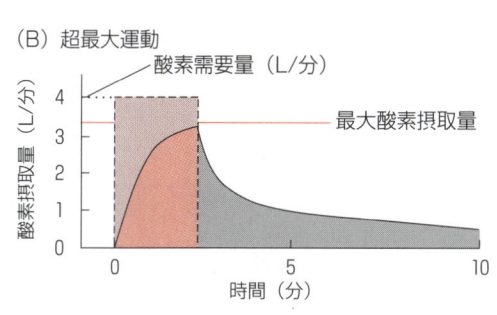

図3.11　最大下(A)および超最大(B)運動時の酸素摂取量，酸素借，EPOCの関係
宮地元彦，荻田 太，運動と呼吸，『運動生理学の基礎と発展』，春日規克，竹倉宏明編，フリースペース（2010），p.93 より一部改変．

ばらく継続する．これを**酸素負債**と呼ぶ．この高い酸素摂取量の状態は，運動初期などに酸素借として供給された無酸素性エネルギーを運動後に返済するための酸素量であり，酸素借と同じ値「酸素借＝酸素負債」と考えられてきた．しかしながら，酸素負債にはこの返済分のほか，体温上昇やホルモン増加などによる代謝亢進などの要因も含まれているため，「酸素借＝酸素負債」ではなく，「酸素借＜酸素負債」となる．このことから，酸素負債は運動後の過剰な酸素摂取量としてEPOC (excess post-exercise oxygen consumption) と呼ばれている．

復習トレーニング

次の文章のカッコの部分に適切な言葉を入れなさい．

❶ 軽い運動から徐々に強度を高めると徐々に毎分換気量が増加するが，強度が中程度までは（　　　　　）の増加が大きく，さらに運動強度が増すと（　　　　　）の増加が主体となる．

❷ 漸増負荷運動中の換気量が急峻となるポイントがある．一つ目の屈曲ポイントを（　　　　　）という．

❸ 中強度までの運動では，動脈血の酸素分圧は約（　　　　）mmHg，動脈血の二酸化炭素分圧は約（　　　　）mmHg に保たれる．

❹ フィックの法則：酸素摂取量 ＝ （　　　　　　　　　）×（　　　　　　　）

❺ 有酸素性運動能力の指標は（　　　　　　），無酸素性運動能力の指標は（　　　　　　）である．

ダグラスバッグ法による酸素摂取量の求め方

【換気量（呼気）の算出】
　呼気ガスをダグラスバッグを用いて採集（採気）（安静：5分，運動：0.5～1分）し，バッグ内の呼気ガスをガスメータで測量する．ガスメータで測量された呼気ガスは，その時の温度と大気圧で水蒸気を含んだ状態（ATPS）である．酸素摂取量および二酸化炭素排出量の算出のために，標準値（STPD，温度：0℃，気圧：760 mmHg，水蒸気圧：0 mmHg）に換算する必要がある．

$$換気量（STPD）= 換気量（ATPS）\times \left(\frac{気圧 - 水蒸気圧}{760} \times \frac{273}{273 + 温度} \times \frac{60}{採気時間} \right)$$

例）気圧：749.2 mmHg，ガス温：29.1℃，採気時間：60秒，ガスメータで測量された呼気ガス量：106.0（L/分），ガス温が 29.1℃の時の飽和水蒸気圧：30 mmHg

　飽和水蒸気圧 $= 0.00051 \times$ ガス温$^3 + 0.00064 \times$ ガス温$^2 + 0.435 \times$ ガス温 $+ 4.375$

$$90.6 = 106.0 \times \left(\frac{749.2 - 30}{760} \times \frac{273}{273 + 29.1} \times \frac{60}{60} \right)$$

毎分換気量（STPD）は 90.6 L/分となる．酸素摂取量，二酸化炭素排出量の算出には，この STPD の毎分換気量を用いる．一方，毎分換気量は，生体内の状態（BTPS，体温 37℃，気圧：大気圧，水蒸気圧：47 mmHg）で表記するため，以下の計算が必要である．

$$毎分換気量（BTPS）= 換気量（ATPS）\times \left(\frac{気圧 - 水蒸気圧}{760 - 47} \times \frac{273 + 37}{273 + 温度} \times \frac{60}{採気時間} \right)$$

$$109.7 = 106.0 \times \left(\frac{749.2 - 30}{760 - 47} \times \frac{273 + 37}{273 + 29.1} \times \frac{60}{60} \right)$$

毎分換気量（BTPS）は 109.7 L/分となる．

【ガス濃度の測定】
　呼気のガス濃度は，ダグラスバッグ内のガスをガス分析器で測定する．
例）呼気ガス・・酸素濃度：17.18 %，二酸化炭素濃度：4.20 %，窒素濃度：78.62 %
吸気のガス濃度は，空気中の濃度である（低酸素環境の場合には値を変える必要がある）
　吸気ガス・・酸素濃度：20.93 %，二酸化炭素濃度：0.03 %，窒素濃度：79.04 %

【酸素摂取量の算出】
　酸素摂取量は，1分間あたりに酸素がどれだけ体内に取り入れられたかを表す値であるため，吸気の酸素量から呼気の酸素量を引いた値となる．すなわち，

　酸素摂取量 ＝ 吸気酸素量 − 呼気酸素量である．
それぞれの酸素量は，換気量と酸素濃度より算出されるため，

　酸素摂取量 ＝ 吸気換気量 × 吸気酸素濃度 − 呼気換気量 × 呼気酸素濃度 ……………………………（式1）

しかしながら，ダグラスバッグでは吸気換気量はわからない（吸気換気量と呼気換気量は等量ではない）．そこで，窒素が体内に取り込まれないことを利用して，吸気換気量を求める式をつくる（窒素補正）．

　吸気窒素量 ＝ 呼気窒素量　であるので，
　吸気換気量 × 吸気窒素濃度 ＝ 呼気換気量 × 呼気窒素濃度　となり，この式を変形すると，

$$吸気換気量 ＝ 呼気換気量 \times \left(\frac{呼気窒素濃度}{吸気窒素濃度} \right) \quad \cdots\cdots\cdots\cdots\cdots\cdots（式2）$$

（式2）は，窒素補正と呼ばれるものである．式2を式1に代入すると，

$$酸素摂取量 ＝ \left[呼気換気量 \times \left(\frac{呼気窒素濃度}{吸気窒素濃度} \right) \times 吸気酸素濃度 \right] - 呼気換気量 \times 呼気酸素濃度 \quad \cdots\cdots（式3）$$

（式3）で呼気換気量を前に変形すると，

$$酸素摂取量 ＝ 呼気換気量 \times \left[\left(\frac{呼気窒素濃度}{吸気窒素濃度} \right) \times 吸気酸素濃度 - 呼気酸素濃度 \right] \quad \cdots\cdots\cdots\cdots（式4）$$

（式4）は呼気換気量のみを使用して（吸気換気量を使用しない）酸素摂取量を算出できる式である．
（式4）の各変数に求めた数値をいれると（濃度%はすべて 100 で除す），

$$3.30 = 90.6 \times \left[\left(\frac{78.62/100}{79.04/100} \right) \times 20.93/100 - 17.18/100 \right]$$

酸素摂取量（絶対値）は 3.30 L/分となる．
体重が 66 kg であるとすると，$3.30 \div 66 = 0.05$（L/kg/分），0.05（L/kg/分）＝ 50（mL/kg/分）
体重あたりの酸素摂取量（相対値）は 50 mL/kg/分となる．

【二酸化炭素排出量の算出】
　二酸化炭素排出量は，1分間あたりに二酸化炭素がどれだけ排出されたかを表す値であり，呼気の二酸化炭素量から吸気の二酸化炭素量を引いた値となる．すなわち，

　二酸化炭素排出量 ＝ 呼気二酸化炭素量 − 吸気二酸化炭素量

それぞれの二酸化炭素量は，換気量と二酸化炭素濃度により算出されるため，

二酸化炭素排出量 ＝ 呼気換気量 × 呼気二酸化炭素濃度 − 吸気換気量 × 吸気二酸化炭素濃度 ……………（式 5）

酸素摂取量の算出同様，窒素補正が必要となるので，式 2 を式 5 に代入すると，

二酸化炭素排出量 ＝ 呼気換気量 × 呼気二酸化炭素濃度 − 呼気換気量 × $\left(\dfrac{呼気窒素濃度}{吸気窒素濃度}\right)$ × 吸気二酸化炭素濃度 （式 6）

（式 6）で呼気換気量を前に変形すると，

二酸化炭素排出量 ＝ 呼気換気量 × $\left[呼気二酸化炭素濃度 − \left(\dfrac{呼気窒素濃度}{吸気窒素濃度} × 吸気二酸化炭素濃度\right)\right]$ ……………（式 7）

（式 7）は呼気換気量のみを使用して（吸気換気量を使用しない）二酸化炭素排出量を算出できる式である．
（式 7）の各変数に求めた数値を入れると（濃度％はすべて 100 で除す），

$$3.78 = 90.6 \times \left[4.20/100 − \left(\dfrac{78.62/100}{79.04/100} \times 0.03/100\right)\right]$$

二酸化炭素排出量は 3.79 L/分となる．しかし，（式 7）の $\left(\dfrac{呼気窒素濃度}{吸気窒素濃度} \times 吸気二酸化炭素濃度\right)$ は，ほぼ 0 に近い値となる．そのため，（式 7）を簡便にした，

二酸化炭素排出量 ＝ 呼気換気量 × 呼気二酸化炭素濃度　を用いることもある．

【呼吸交換比の算出】
呼吸交換比 ＝ 二酸化炭素排出量 ÷ 酸素摂取量
　　1.15　＝　　　3.78　　　÷　　3.30

呼吸交換比は 1.15 となる．

【酸素借の求め方】
酸素摂取量の測定：異なる最大下強度（8 強度以上が望ましい）における定常状態時の酸素摂取量を測定し，運動強度と酸素摂取量の回帰式（$y = ax + b$）を求める．続けて，最大酸素摂取量を測定する（最大酸素摂取量は 3.5 L/分であるとする）．

酸素需要量および運動強度の算出：120 ％最大酸素摂取量の運動を行うとする．
120 ％最大酸素摂取量の酸素需要量は，3.5（L/分）× 1.2（120％）＝ 4.2（L/分）である．
求めた酸素需要量 4.2（L/分）を回帰式（$y = ax + b$）の y に代入し，運動強度を求める．

超最大運動の実施：求めた運動強度で運動テストを実施し，運動中の酸素摂取量および運動時間を測定する〔酸素摂取量は 6.5（L），運動時間は 2 分 30 秒（2.5 分）であったとする〕．

総酸素需要量の算出：4.2 × 2.5 ＝ 10.5 L

酸素借の算出：総酸素需要量から測定した総酸素摂取量を引くことで酸素借を求めるので，10.5 − 6.5 ＝ 4.0 L となる．酸素借は 2 〜 3 分で疲労困憊にいたる運動でピークになることがわかっているので，この時間内に疲労困憊に達したときの酸素借を最大酸素借とする（運動時間が 2 分未満や 3 分を超えた場合には，運動強度を増加して再度測定するとよい）．

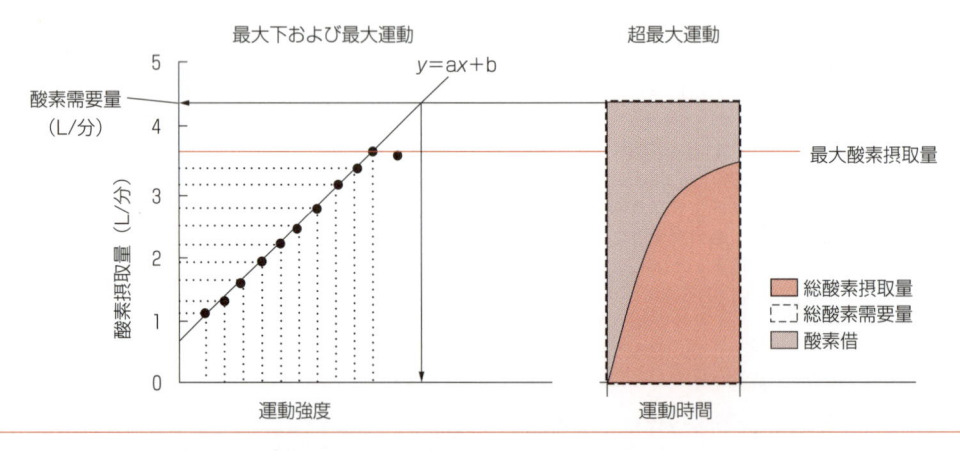

ATPS：ambient temperature and pressure, saturated with water vapor
STPD：standard temperature and pressure, dry
BTPS：body temperature, ambient pressure, saturated with water vapor
上記の例は山地啓司，『最大酸素摂取量の科学』，杏林書院（2001），p.14 〜 15 から．

4章

スポーツと循環

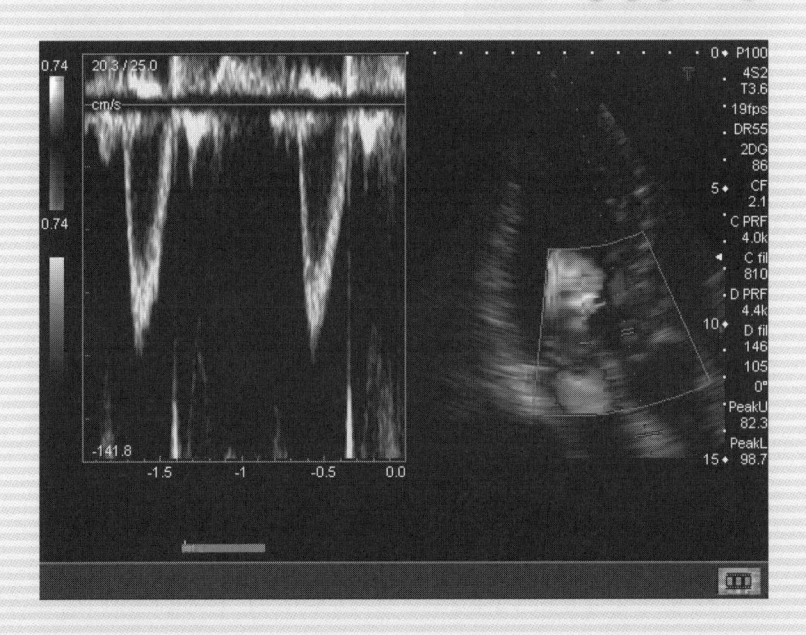

4章のPOINT

◆ 心臓と血管で構成されており，身体各部位に血液を運搬して，酸素と二酸化炭素の交換，栄養素と老廃物の交換などを行う循環器系（心血管系）の仕組みについて理解しよう．

◆ スポーツ中には，活動筋で多くの酸素が必要になるので，心臓が活発に働いて血液循環量を増加させたり，血管が身体各部位の血液配分を調節して，活動筋の血流量を増加させることを学ぼう．

◆ トレーニングを継続すると，スポーツ中の循環調節を円滑にするため，スポーツ心臓の形成，大動脈の拡大，毛細血管網の発達などの変化（適応）が起こることを理解しよう．

4章 スポーツと循環

扉ページの写真
超音波ドップラー法による左心室
1回拍出量の測定

はじめに：あらゆる生命活動を支える循環器系

　出生前から生涯を終えるまで，心臓は休むことなく働き続ける．平均寿命まで生きるとすると，心臓の拍動回数は数十億回になる．その目的は，トータルでおよそ地球 2.5 周分以上の長さ（約 10 万 km）を誇る血管網に血液を循環させ，酸素，栄養素，ホルモン，電解質，熱，免疫関連物質などを身体各部位に運搬することである．この機能が正しく働くことにより，生体は活動エネルギーを獲得し，筋肉や骨などを発達させ，体温を調整し，ウイルスなどから身を守ることができる．

　スポーツ中は，安静時よりもエネルギーの必要量，体温などが上昇し，生体内では，これらに対応するための巧みな循環調節が行われる．また，習慣的にスポーツを行うと，スポーツ中の循環調節をより円滑にするために，循環器系（心血管系）にさまざまな変化（適応）が起こる．

　4章では，スポーツ中の循環調節とスポーツに対する循環器系の適応について解説する．

1 循環器系の基礎

（1）体循環と肺循環：2種類の血液循環ルート

　血液の循環経路は，体循環と肺循環に大別できる（図 4.1）．

　体循環は左心室に始まり，大動脈から細動脈へと細く枝分かれしながら身体各部位（脳，腹部臓器，筋，皮膚など）に到達し，毛細血管網として広がったあとに，合流を繰り返して静脈を形成し，最終的に大静脈

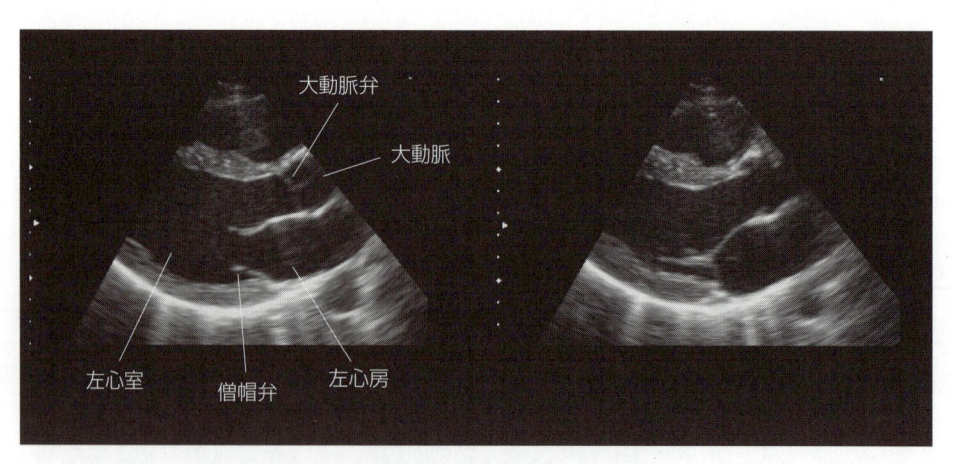

図 4.2　心臓左心室の超音波エコー画像
左：左心室拡張期　僧帽弁は開き，大動脈弁は閉じる．血液が左心房から左心室に流入し，左心室は拡張する．
右：左心室収縮期　僧帽弁は閉じ，大動脈弁は開く．左心室は収縮して，血液を大動脈へ駆出する．

1 循環器系の基礎

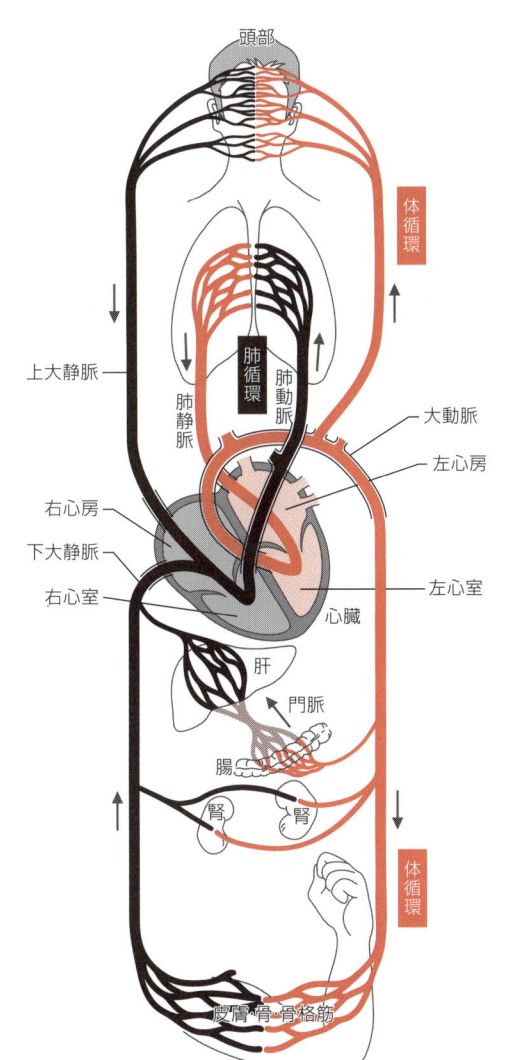

図 4.1　体循環と肺循環
赤色は酸素を多く含む血液が流れる血管，黒色は酸素濃度が低い血液が流れる血管を示している．

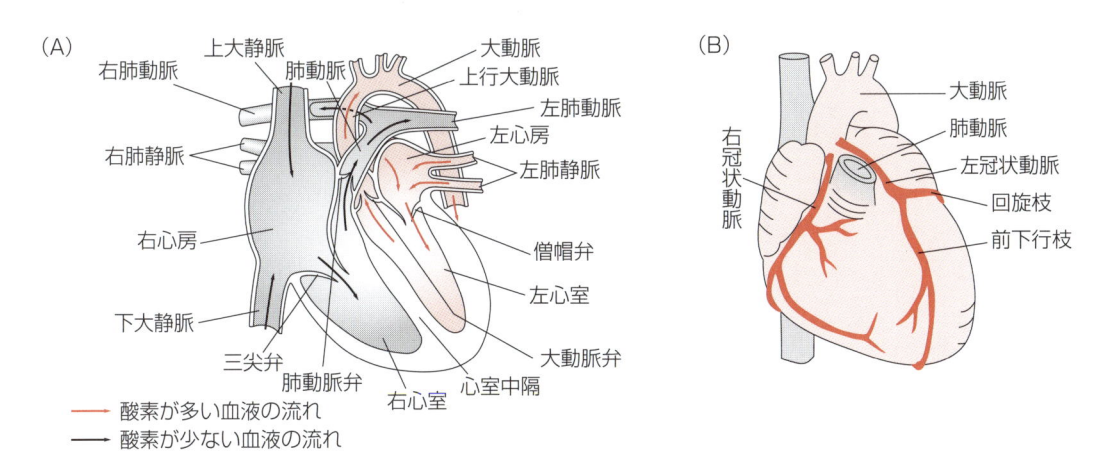

図 4.3　心臓の構造
(A)　心臓の内部は左右の心房と心室に4分割されており，それぞれが血管に連結している．
(B)　大動脈の起始部に連結する冠状動脈は心臓を取り囲み，心筋に酸素などを供給する．

となって右心房に戻ってくる．この間に，毛細血管を介して組織へ酸素，栄養素などを供給し，組織から二酸化炭素と老廃物を回収する．

肺循環においては，右心室に始まる肺動脈が枝分かれしながら肺へと伸びる．肺では，毛細血管が肺胞を取り囲み，二酸化炭素を血液中から肺胞へ放出し，肺胞から血液中に酸素を取り込む．肺を通過して酸素を豊富に取り込んだ血液は，肺静脈に合流して左心房に戻り，その後，体循環に入って身体各部位へ送り届けられる．

とくに記述がない場合，この章では体循環について述べており，肺循環には必ずしも当てはまらないことがあるので，注意すること．

（2）心臓：ひと時も休まない働き者

心臓は，血管系へ血液を送り出すポンプとして働く臓器である．わずか握りこぶし大の小さな臓器が，成人においては安静時で1分間に4〜6L，運動時にはその数倍もの血液を，生涯にわたって絶え間なく送り出し続け，生命活動の根幹を担っている．

① 心臓はどんな形をしているか？

心臓は筋（心筋）でできており，胸郭内の中央よりもやや左側に，肺に挟まれ，横隔膜上に乗るように位置している．その内部は，2房（左心房，右心房）と2室（左心室，右心室）の四つに分かれている（図4.2，4.3）．心房と心室との間，心室と動脈との間には弁が備えられていて，血液の逆流を防いでいる．

② 心臓のポンプ機能を示す三つの指標

1分間あたりの心臓の拍動回数を**心拍数**（heart rate）といい，左心室が1回の拍動で動脈に送り出す血液量を**1回拍出量**（stroke

---

> 🔴 **知っておくと役に立つ！**
>
> **刺激伝達系と心電図**
>
> 心臓は，自律神経系から切り離されても，一定のリズムで拍動を続けることができる．これは心臓のペースメーカーである洞房結節が自発的に興奮し，その刺激が左右の心房全体に広がりながら房室結節，ヒス束，プルキンエ線維に伝わり，刺激を受けた心筋が収縮するためである．この刺激伝達路を刺激伝達系という．この刺激伝達と心収縮に伴う心臓の電位変化を皮膚表面から記録したものが心電図である．
>
> **心拍数と1回拍出量**
> 3章も参照．

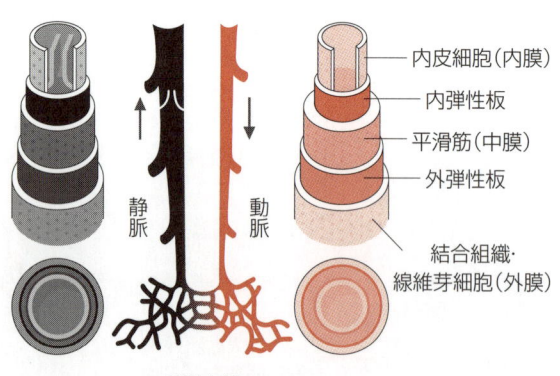

毛細血管

図4.4 血管の構造
心臓の近位に位置する弾性動脈の中膜では，弾性線維（エラスチン）と平滑筋が交互に重なっているが，遠位に位置する筋性動脈の中膜はおもに平滑筋により構成されている．外膜はコラーゲンを主体とする結合組織，線維芽細胞などで構成されており，その中に神経，血管などが存在する．毛細血管は1層の内皮細胞と基底膜で構成されている．

volume）という．心拍数と1回拍出量をかけたものが**心拍出量**（cardiac output）であり（下記式参照），心臓が1分間に拍出する血液量を意味する．

成人男性における安静時の標準値は，心拍数60〜80拍/分程度，1回拍出量60〜80 mL程度，心拍出量4〜6 L/分程度である．

心拍出量（L/分）＝心拍数（拍/分）×1回拍出量（mL）

③ 心臓を支配する二つの神経

延髄にある循環中枢は，自律神経を通じて心機能を調節する．自律神経には交感神経と副交感神経（迷走神経）の2種がある．**交感神経**には心臓を興奮させる作用があり，心筋の収縮頻度（心拍数）と収縮力の増大により，心ポンプ機能を増強する．一方，**副交感神経**の役割は心臓の働きを抑えることであり，心筋の収縮頻度と収縮力の低下により心ポンプ機能を抑制する．

④ フランク-スターリングの法則

心臓の収縮後，次の収縮が始まるまでの間（拡張期）に，心臓に流入する血液量を**静脈還流量**（venous return）という．大静脈から右心房への還流量が増加し，それに伴って肺静脈から左心室への還流量が増加して左心室の充満度が上がると，心筋は大きく伸展し，それが刺激となって次の収縮期に心筋が強く収縮し，1回拍出量が増加する．この法則が，有名な**フランク-スターリングの法則**である．

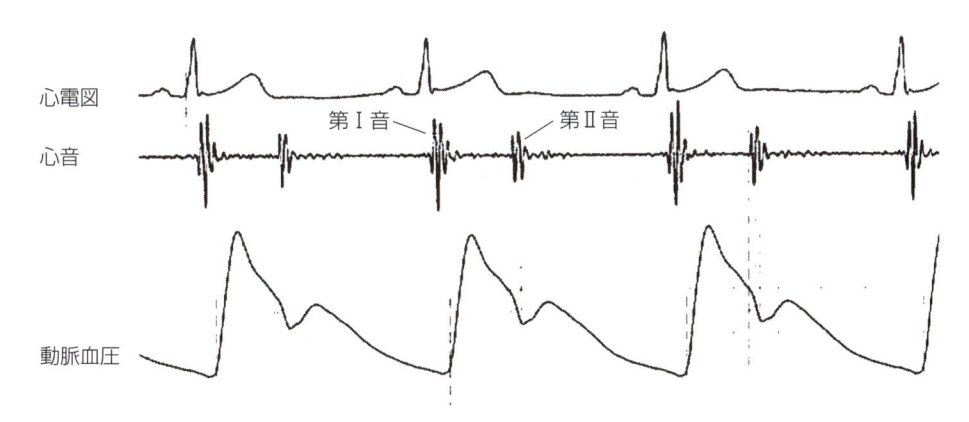

図 4.5　心電図，心音，血圧の記録例

洞房結節に始まった興奮が左心室に伝導して心筋の収縮が始まり（心音第Ⅰ音の発生），大動脈弁が開いて，左心室が血液を動脈に駆出すると，動脈血圧が上昇する．左心室の内圧が動脈血圧を下回ると，大動脈弁が閉じて（心音第Ⅱ音の発生），動脈血圧は下降する．

（3）血管：血液を通過させるだけではない臓器

① 動脈は血圧と血流を調整するマルチタレント

動脈は内膜，中膜，外膜の三層構造になっている（図 4.4）．

弾性動脈と呼ばれる大動脈および中型動脈の一部（頸動脈など）は，中膜に弾性線維（エラスチン）を多く含み，ゴムチューブのように弾力性がある．そのため，血圧の上昇に応じて伸展し，クッションのように働いて過度な血圧の上昇を防ぐ．

中型動脈の一部と小動脈および細動脈は中膜に多くの血管平滑筋を含んでおり，**筋性動脈**ないし**抵抗血管**と呼ばれている．筋性動脈は，平滑筋を収縮したり弛緩させたりして，自律的に動脈の内径を調整する．筋性動脈が弛緩して内径が大きくなり，その部位で血液が流れやすくなることを，**血管コンダクタンス**（vascular conductance）が大きくなる，あるいは**血管抵抗**（vascular resistance）が小さくなるという．

② 毛細血管はガス交換・物質交換の主役

毛細血管は基底膜と一層の内皮細胞で構成されている．その血管壁は 1 mm の約 1,000 分の 1 と非常に薄く，内皮細胞を通して酸素と二酸化炭素の交換，栄養素と老廃物の交換などが行われる．これらの働きから，毛細血管は交換血管とも呼ばれている．

③ 静脈は大きな血液貯蔵プール

静脈は動脈と同様の三層構造をなしているが，動脈に比べると平滑筋の発達が小さく，血管壁は薄い（図 4.4 参照）．静脈は動脈よりも血圧が低く（平均血圧は動脈の約 90 mmHg に対して大静脈では約 5 mmHg），血流も緩やかであるが，弁が備えられているので，血液を

> **知っておくと役に立つ！**
>
> **血流のしくみ**
>
> 単純な管を例にとると，おもに入口と出口の圧力差と管の太さによって，液体の流量が変わる．動脈の場合，動脈と静脈の血圧差が血液を静脈方向に移動させる推進力であり，この圧力差と動脈の内径が大きいほど，血流量は多い．静脈は血圧が低く，圧力差による血圧運搬能は低いが，血液の逆流を防ぐ弁が備えられていて，筋・呼吸・腹腔ポンプ作用と心臓の吸引作用などにより，血液を心臓方向へ運搬する．

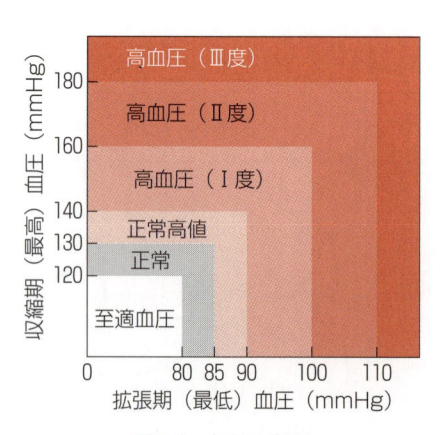

図 4.6　血圧の分類

高血圧（Ⅲ度）：180 〜または 110 〜．高血圧（Ⅱ度）：160 〜 179 または 100 〜 109．高血圧（Ⅰ度）：140 〜 159 または 90 〜 99．正常高値 130 〜 139 または 85 〜 89．正常：〜 129 かつ〜 84．至適血圧：〜 119 かつ〜 79．

「高血圧治療ガイドライン」，日本高血圧学会（2009 年）．

逆流させずに心臓へ送り返すことができる．

安静時においては，血液量全体の約70％が静脈内に貯留されており，静脈は**容量血管**とも呼ばれる．運動時には，静脈に貯留されていた血液が**筋ポンプ作用**などにより心臓へ還流し，血液循環量が増加する．

④ **血圧とは**

血液が血管壁に加える**圧力**を**血圧**という．動脈血圧は心臓の拍動に伴って変化し，左心室収縮期の最高値を**最高血圧**または**収縮期血圧**（systolic blood pressure），左心室拡張期の最低値を**最低血圧**または**拡張期血圧**（diastolic blood pressure）という（図4.5）．血圧は部位によって異なり，動脈，毛細血管，静脈の順に低下する．

健康診断などでいう血圧とは，動脈血圧のことである（図4.6）．

> 筋ポンプ作用
> p.50参照．

2　スポーツ中の循環調節

生命活動のエネルギー源であるアデノシン三リン酸は，生体内で，常に分解（エネルギー利用）と再合成が行われている．より多くのアデノシン三リン酸を再合成するために，スポーツ中の活動筋では運動強度に比例して血流量が増加し，筋はより多くの酸素を血液から受け取る．

活動筋の血流量を増やす方法には，心拍数と1回拍出量を増やして心拍出量を増やす方法と，運動に直接関連しない臓器（たとえば腎臓など）の血流量を減らして活動筋に血液を優先配分する方法の二つがある．

（1）スポーツ中の心拍数：心拍数はどこまで上がるか

スポーツ中には，安静時から**最大酸素摂取量**（maximal oxygen

> 最大酸素摂取量
> 3章も参照．

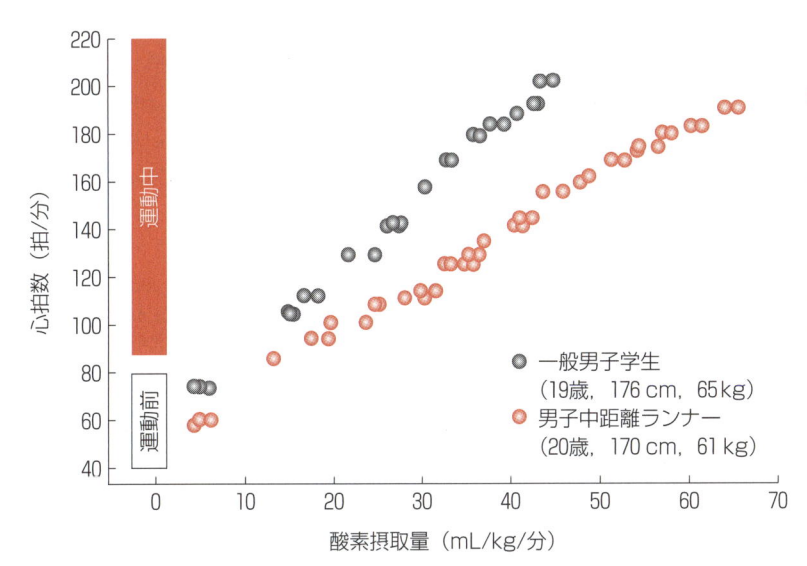

図4.7　自転車ペダリング運動中の酸素摂取量と心拍数との関係

実験対象者は，3分ごとに負荷が増大するように設定された自転車エルゴメータを，ペダルの回転数を維持できなくなるまでこぎ続けた．心拍数は，運動強度（酸素摂取量）に比例して上昇している．酸素摂取量が同じでもランナーの心拍数が一般学生に比べて低いのは，ランナーの1回拍出量および筋における酸素の取り込み・利用能が優れているからである．ランナーの最大心拍数は，同年代の一般学生よりもやや低い．

uptake, $\dot{V}_{O_2}$max）が出現する強度（最大運動強度）まで，運動強度に比例して心拍数が増加する（図 4.7）．心拍数は，$\dot{V}_{O_2}$max の 50 ％程度まではおもに副交感神経活動の抑制により，それ以上の強度ではおもに交感神経活動の亢進により増加する．心拍数は，最大運動強度で，ほぼ上限（最大心拍数）に到達する．最大心拍数は年齢との関係が強く，下記の式で年齢から予測することができる．

予測最大心拍数（拍／分）＝ 220 － 年齢（歳）

（2）スポーツ中の1回拍出量

スポーツ中の1回拍出量は，安静時に比べて 1.5 倍程度（一般成人男性で 100 mL 程度）に増加する．これは，副交感神経活動の抑制および交感神経活動の亢進による心筋収縮力の増大と，筋ポンプ作用と心筋の拡張能増大などによる静脈還流量の増加によるものである．運動強度別にみると，低強度運動中よりも中強度運動中のほうが1回拍出量はやや高いが，高強度運動中の値は中強度運動中と同じか，やや低い（図 4.8）．

心拍数が増加すると左心室の拡張時間が短くなり，静脈還流が制限されてしまうことが，高強度運動で1回拍出量が増加しにくい原因である．アスリートでは，高強度運動中の1回拍出量が中強度運動中と同じか，やや高いが，これはアスリートの心拍数が一般健常者よりも少なく（心臓の拡張時間が長く），また，心筋の収縮力と拡張能が高いためである．

図 4.8　自転車ペダリング運動中の1回拍出量
一般学生と中・長距離ランナーが，40，60，80 ％最大酸素摂取量（$\dot{V}_{O_2}$max）レベルで，各 8 分間の自転車ペダリング運動を行った．安静時に比べて，運動中に1回拍出量は増加した．運動強度が変わっても1回拍出量はほとんど変わらなかったが，一般学生では 60 ％で，ランナーでは 80 ％で，最も高い値を示した．一般学生に比べて，ランナーの1回拍出量は高かった．
T. Otsuki et al., *Am. J. Physiol. Regul. Integr. Comp. Physiol.*, **295**, R228-R235（2008）をもとに作成．

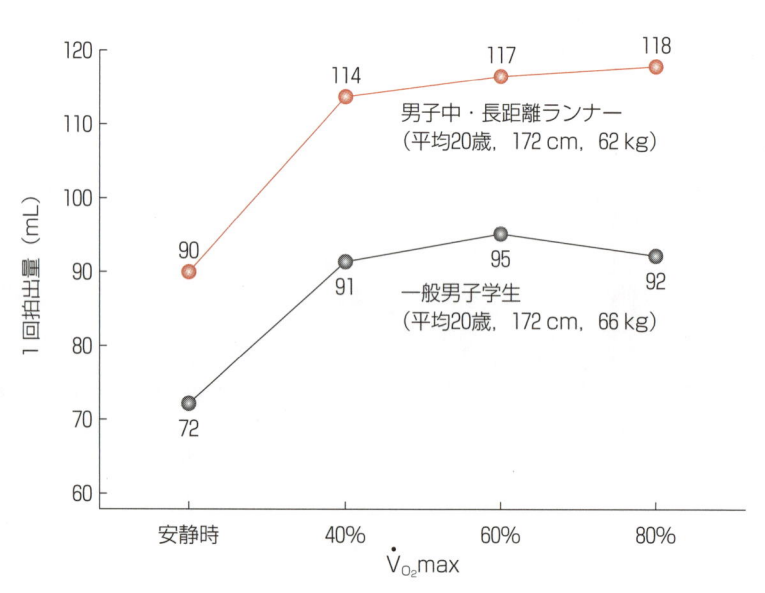

（3）スポーツ中の心拍出量：エネルギー合成のキーファクター

スポーツ中の心拍出量は，安静時から最大強度まで，運動強度に比例して増加し，酸素の利用能を高めて筋収縮のエネルギー源であるアデノシン三リン酸の合成を促進する．低〜中強度運動中は心拍数および1回拍出量の増加によって，また，中〜高強度運動中はおもに心拍数の増加によって心拍出量が増加する．一般成人男性における最大運動時の心拍出量は 20 L/分程度（安静時の4倍程度）である．

（4）スポーツ中の血圧：スポーツの種類で異なる血圧の上昇

ランニングや自転車ペダリング運動などの有酸素性運動中には，運動強度および心拍出量の増加に比例して収縮期血圧が上昇する（図 4.9, A）．一方，活動筋の細動脈が拡張し，血管抵抗が低下するために，拡張期血圧は安静時と同じか，やや低下する傾向にある（図 4.9, A）．

ウエイトトレーニングなどのレジスタンス運動中には，収縮期血圧も拡張期血圧も上昇する（図 4.9, B）．とくに高強度のレジスタンス運動では，血圧上昇の程度が有酸素性運動よりも大きい．中・長距離ランナーに自転車ペダリング運動を行わせた研究では，運動中における収縮期血圧の最高値は 200 mmHg 程度であったのに対し，ボディビルダーおよびフットボール選手にウエイトトレーニングを行わせた研究では収縮期血圧が 300〜400 mmHg まで上昇したことが示されている．レジスタンス運動は有酸素性運動よりも筋の出力が大きいために，筋による血管圧迫が大きく，また，呼吸を止めがちになることが，血圧上昇が大きいことの原因だと考えられる．

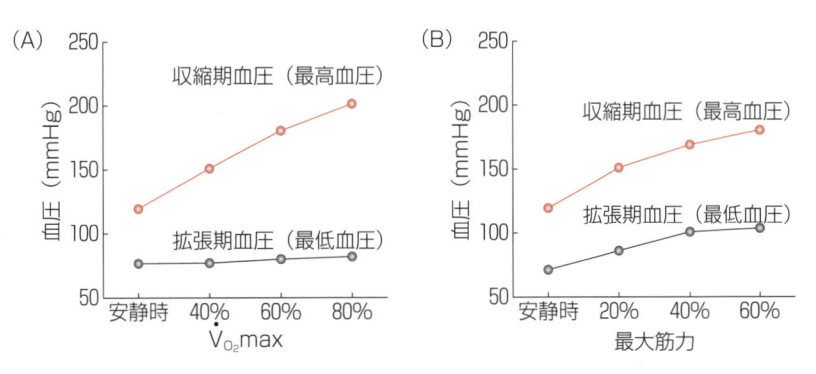

図 4.9　有酸素性運動中と抵抗性運動中の血圧

(A) 40，60，80％最大酸素摂取量（$\dot{V}_{O_2}$max）レベルで，各8分間の自転車ペダリング運動を行った．収縮期血圧（最高血圧）は強度に比例して上昇したが，拡張期血圧（最低血圧）はほとんど変化しなかった．
T. Otsuki et al., *Acta. Physiol.*, **188**, 15-20 (2006) をもとに作成．

(B) 最大筋力の 20％，40％，60％で 10回×2セットのレッグプレス（下肢のウエイトトレーニング）を行ったところ，収縮期血圧も拡張期血圧も，強度に比例して上昇した．

（5）筋ポンプ作用：下肢の筋は第二の心臓

心臓は，心室の収縮によって圧力を生み出し，血液を心室から動脈，毛細血管，静脈へ運搬する．しかし，血液は静脈に到達した時点で圧力をかなり消失しており，筋収縮や呼吸によるポンプ作用などを受けなければ，心臓に戻ることができない．とくに立位で行うスポーツでは，心臓より下部に位置する静脈から，いかにして血液を心臓に回収するかが，血液循環量を増加させるうえで重要になる．

多くのスポーツでは，スポーツ中に下肢の筋が収縮し，静脈はそれらの圧迫を受ける．静脈には一方通行の弁があり，圧迫を受けると，静脈内の血液を心臓方向へ送り出す．この作用が**筋ポンプ作用**である（図4.10）．各種ポンプ作用のなかでも，筋ポンプ作用は運動においてとくに重要であり，立位の運動中における血液循環の70％を心臓が，残りの30％を下肢の筋ポンプ作用が担っているとする研究もある．このため，筋ポンプ作用は**セカンドハート**（第二の心臓）と呼ばれている．

（6）血流再配分：スポーツ中における血液の有効活用

身体各部位への血流配分量は，細動脈の収縮状態，すなわち血管抵抗により決まる．細動脈が収縮して血管抵抗が増大した部位では血流量が減少し，細動脈が拡張して血管抵抗が低下した部位では血流量が増加する．

運動中には交感神経刺激により多くの組織で細動脈が収縮して血管抵抗が増大する．しかし，活動筋においては，血管内皮細胞が分泌する局所性因子やエネルギー代謝の過程で筋が分泌する局所性因子などによる

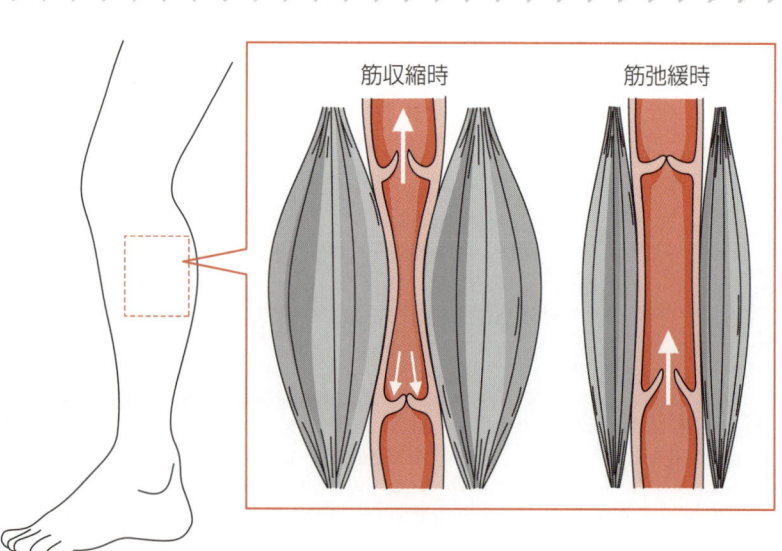

図4.10 筋ポンプ作用
下肢における筋の収縮は，静脈を圧迫して血圧を上昇させ，弁の協力を得て，心臓方向へ血液を送り出す．この作用によって静脈の血液量が減少すると，静脈の血圧が低下し，筋の弛緩時により多くの血液が動脈から静脈に流入する．

血管拡張作用が血管収縮作用を上回り，細動脈が拡張して血管抵抗が低下する．その結果，運動中は，血液の必要量が少ない臓器（腎臓，肝臓など）の血流量が減少し，必要量が多い活動筋に血液が優先配分される．このことを，**血流再配分**という（図4.11）．

（7）心拍数を用いたトレーニング

心拍数は運動強度にほぼ比例するので，運動中の心拍数をリアルタイムでモニターし，最大心拍数と照らし合わせることなどで，心拍数をトレーニングに用いることができる．その際には，**心電図**（electrocardiogram）から心拍数を算出することが望ましいが，耳または指におけるパルスオキシメーターや上腕などにおける血圧計で測定した**脈拍数**（pulse rate）で代用することもできる．

適切な心拍数は，対象者（年齢，体力水準など）や目的（パフォーマンス向上，健康づくりなど）により異なる．たとえば，動脈硬化の改善を認めた研究では65〜75％最大心拍数レベルで運動を行っている例が多いが，パフォーマンスの改善を目的とするアスリートのトレーニングでは，これ以上の強度が必要である．

年齢による**予測最大心拍数**を用いてトレーニングを実施する際には，推定値の誤差に注意が必要である．たとえば，中高齢の肥満者においては，予測値よりも実際の最大心拍数のほうが高い傾向にある．また，持久系アスリートにおいては，推定値よりも実際の値のほうが低い傾向にある（図4.7参照）．心拍数が増加すると左心室の拡張時間が短くなり，静脈還流量の増加にとってマイナスなので，アスリートにおけるこの適応は，心臓の作業効率を保つために理にかなったものである．

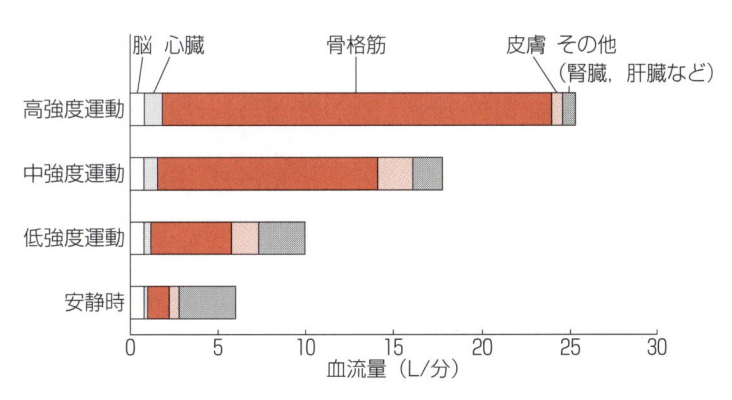

図4.11 血流再配分

高強度運動時には，全血流量（心拍出量）が安静時の約4倍に増加する．活動筋および心筋では，細動脈が拡張し，優先的に血液が流入する．一方，運動に直接関連しない腹部臓器などでは，動脈が収縮して，血流が減少する．皮膚の血流は，中強度運動までは増加するが，より多くの筋血流を確保するために，高強度運動では減少する．

K. Andersen, "Exercise Physiology", H. Falls ed., Academic Press (1978), p.102 を改変．

3 トレーニングに対する循環器系の適応

(1) スポーツ心臓：持久系タイプとパワー系タイプの心臓

アスリートにおける肥大した心臓を**スポーツ心臓**（athlete's heart）という．その特徴は，左心室内腔の拡大と心筋の肥厚であるが，スポーツの種類により，二つのタイプに大きく分けられる．

一つはマラソンランナーのような持久系アスリートにみられる**遠心性心肥大**である（図4.12, A）．このタイプでは，左心室内腔の拡大が顕著である．内腔拡大による容量の増加と心筋肥厚による収縮力の増加に加えて，左心室の伸展性が増大して，静脈還流量も大きくなる．これらの結果として，運動中の1回拍出量と最大心拍出量が増大し，最大酸素摂取量が増大する（図4.7, 4.8参照）．安静時においては，心拍数が低下するが（徐脈），1回拍出量が増大するので，心拍出量は一般健常者とほぼ同等である．

二つ目はパワーリフターのようなパワー系アスリートに見られる**求心性心肥大**である（図4.12, C）．このタイプでは，心筋の肥厚が顕著なことに特徴がある．これは，パワー系スポーツ中の高い血圧に対抗して必要量の血液を動脈系に送り出すための適応である．

以前は，遠心性心肥大では心筋の肥厚は生じず，また，求心性心肥大では内腔の拡大は生じないとされてきたが，最近になり，程度の差はあるにしても，いずれのタイプでも肥厚と拡大の両方が生じると考えられるようになってきた．

図4.12 スポーツ心臓
(A) マラソンランナーのような持久系アスリートでは，左心室内腔の拡大が顕著であり，安静時および運動中の1回拍出量と最大心拍出量が多い（遠心性肥大）．(B) 一般健常者．(C) パワーリフターのようなパワー系アスリートでは，スポーツ中の高い血圧に適応するため，心筋が顕著に肥厚する（求心性肥大）．

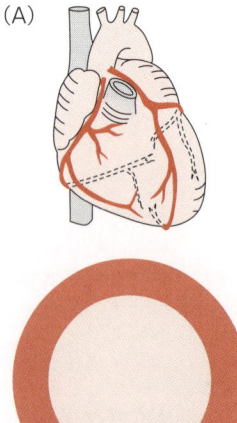

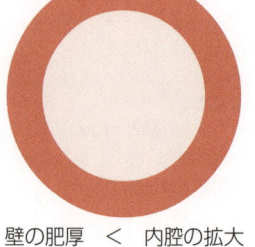

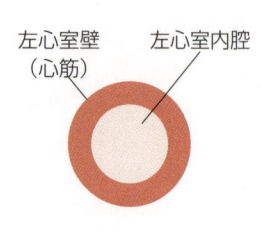

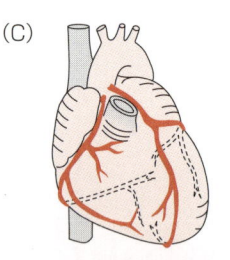

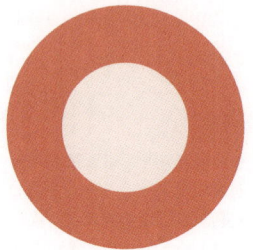

(A) 壁の肥厚 ＜ 内腔の拡大
(B) 左心室壁（心筋）／左心室内腔
(C) 壁の肥厚 ＞ 内腔の拡大

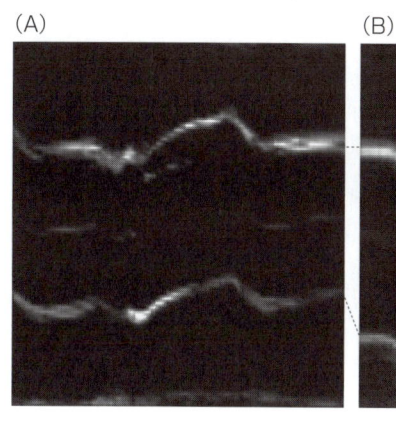

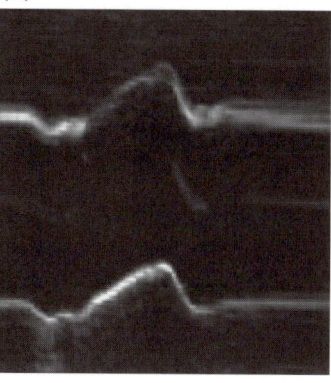

図 4.13 持久的トレーニングによる大動脈の拡大
上行大動脈の超音波画像を比較すると，身長と体重がほぼ同じであっても，一般人（A，174 cm，67.9 kg）に比べて中距離ランナー（B，175 cm，69.2 kg）の動脈径は大きい．

（2）動脈の適応：内径が大きくなり伸展性が増す

　持久系アスリートでは，大動脈の内径が非トレーニング者に比べて大きい（図 4.13）．これは，1 回拍出量および心拍出量の増大に対応するための適応の一つであり，最大酸素摂取量の改善に貢献する．また，有酸素性運動を行うことにより，弾性動脈の伸展性が増大し，血圧の上昇を緩衝する**クッション機能（動脈コンプライアンス）**が改善する（図4.14）．加齢によるこの機能の低下は動脈硬化の進行を意味し，健康づくり運動においては，この機能の改善が重要な目標の一つである（図4.15）．ウエイトトレーニングなどのレジスタンス運動では，逆に動脈の伸展性が低下し，この機能が低下するとされている（図 4.14 参照）．

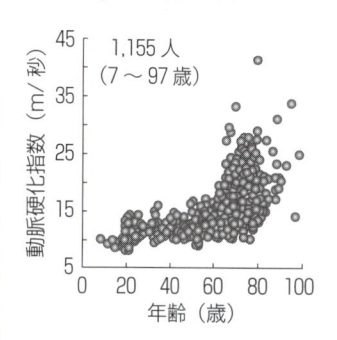

図 4.15 加齢と動脈硬化
動脈硬化は，比較的若い年代から少しずつ進行するが，その進行は 60 歳前後から急峻になる．ただし，動脈硬化の進行には個人差があり，ウォーキングなどの有酸素性運動を習慣的に行ったり，日常生活中によく体を動かすことで，動脈硬化の進行にブレーキをかけることができる．

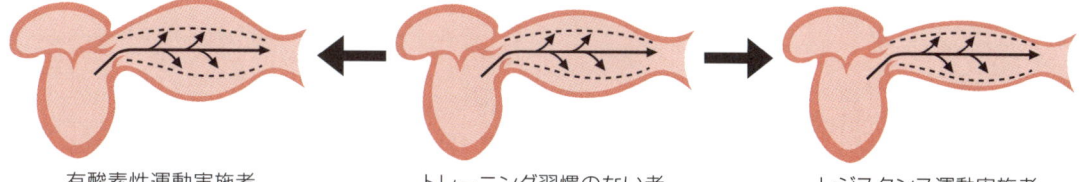

有酸素性運動実施者　　　トレーニング習慣のない者　　　レジスタンス運動実施者

図 4.14 運動と動脈のクッション機能（コンプライアンス）
加齢や喫煙などにより大動脈や頸動脈が硬化すると，動脈のクッション機能（コンプライアンス）が低下し，収縮期血圧（最高血圧）が上昇する．有酸素性運動は，動脈コンプライアンスの加齢に伴う低下を防いだり，動脈コンプライアンスを増大させたりする．一方で，高強度のレジスタンス運動は，動脈コンプライアンスを低下させる可能性がある．

（3）毛細血管の適応：トレーニングにより発達する血管網

　有酸素性運動を行うと，活動筋で枝が伸びるように毛細血管が新生するなどして，毛細血管網が発達する（図 4.16）．その結果として，筋への血液供給，すなわち酸素供給が増大し，酸素を利用したエネルギーの合成能力が改善する．これは，高い最大酸素摂取量が必要な持久系アスリートにとっても，加齢あるいは身体活動量の低下によって毛細血管網が減衰した中高齢者においても，重要な現象である．

復習トレーニング

次の文章のカッコの部分に適切な言葉を入れなさい．

❶ スポーツ中は安静時に比べて（　　　　　　）が増加すること，運動強度に比例して（　　　　　　）が増加することにより，心拍出量と酸素摂取量が増加する．19歳であれば，運動中における（　　　）の最大値は（　　　　　　）と予測できる．

❷ スポーツ中は，（　　　　　　）の収縮により腹部臓器などの血流量が低下する一方で，活動筋では（　　　　）が弛緩して血液が優先的に流入する．このことを（　　　　　　）という．

❸ 持久系アスリートでは，スポーツ中の血液需要に対応するため左心室の（　　　　　　）が拡大し，パワー系アスリートでは，スポーツ中の高い血圧に対応するために（　　　　　　）が肥厚する．

❹ 持久系アスリートの血管系では，一般健常者に比べて（　　　　　　）の内径が大きく，また，筋における（　　　　　　）の発達が顕著である．

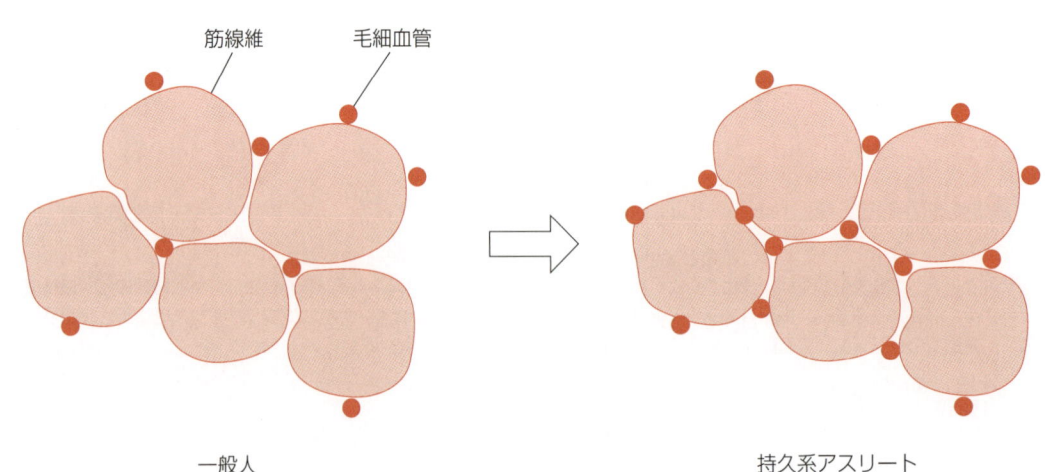

図 4.16　持久的トレーニングに対する毛細血管の適応

5章

スポーツと代謝

5章のPOINT

- ◆ 代謝とは「生物が体内で行う化学反応」のことであり，異化と同化に大きく分けられることを理解しよう．
- ◆ 生体の恒常性を維持するために，代謝はさまざまなホルモンや酵素などによって調節されていることを理解しよう．
- ◆ 摂取した栄養素が体内で変化していく過程を中間代謝といい，吸収期と空腹期で大きく変化することを学ぼう．
- ◆ 運動時では安静時と異なる方法で糖が骨格筋に取り込まれることを理解しよう．
- ◆ 運動時にエネルギー源となる糖質と脂質の利用割合は，強度や継続時間によって変化することを学ぼう．

はじめに

「代謝」という言葉は，「肌の新陳代謝」や「代謝がよいと太りにくい」というように一般によく使われている．それらの言葉の使い方も間違いではないが，生物学や生理学的な観点から，もう少し正確に理解する必要がある．**代謝**（metabolism）とは，ひと言でいうと「生物が体内で行う化学反応」のことである．動物も植物も生命の維持に必要な物質とエネルギーを得るために，体内で物質をさまざまに化学変化させている．

この章では，代謝への理解を深めるとともに，体内で利用されるエネルギー源である糖質，脂質，タンパク質の代謝について，とくに運動との関わりに焦点をあてながら解説する．

1 異化反応と同化反応

私たちは食事で体内に取り込んだ糖質，脂質，タンパク質といった三大栄養素を単純な分子に分解することで生命活動に必要なエネルギーを取り出し，体に必要な物質の合成に利用している．前者のように「複雑な分子を単純な分子に分解する化学反応」を**異化**（catabolism），後者のように「単純な分子から複雑な分子を合成する化学反応」を**同化**（anabolism）という．

一般に，エネルギーは異化で産生され，同化で消費される．すなわち，異化反応によって生み出されたエネルギーを用いてATPが合成され，逆に，ATPの分解によって放出されたエネルギーを用いて生体に

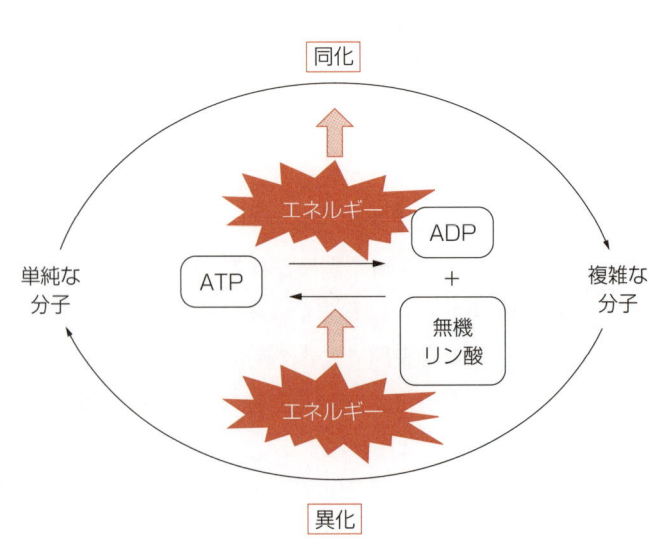

図5.1 代謝とエネルギー産生
ATP：アデノシン三リン酸（adenosine triphosphate）．
ADP：アデノシン二リン酸（adenosine diphosphate）．

必要な複雑な分子を合成する同化反応がなされる（図 5.1）.

2　代謝と酵素

　細胞内では物質を合成・分解するための化学反応が絶え間なく起こっている．化学反応の速度を上げるには温度を高くしなくてはならない．しかしながら，ヒトの体温は 37°C 程度しかないので，そのままでは生命を維持するのに十分な化学反応を行うことができない．そこで，生体は**酵素**（enzyme）とよばれるタンパク質でできた触媒（生体触媒）を用いて，穏やかな温度でも効率よく化学反応を進めている（図 5.2）．**触媒**とは，自分自身は化学反応の前後で変化せずに，特定の反応速度を速める物質のことである（図 5.3, p.58 参照）．一般に，酵素は脂質分解に関わるリパーゼ（lipase），タンパク質分解に関わるプロテアーゼ（protease），リン酸化に関わるキナーゼ（kinase）など，語尾に –ase が付くことが多い．

　酵素が結合して反応を触媒する相手の物質を**基質**という．酵素は特定の基質としか反応しないという基質特異性をもつので，酵素と基質の関係は「鍵と鍵穴」に例えられる．また，酵素のなかには，補酵素（coenzyme）など，タンパク質以外の物質（補助因子）の力を借りて触媒としての機能を発揮するものもある（図 5.4）．運動時には骨格筋の温度（筋温）や乳酸の蓄積による pH，基質の量など，体内環境のさまざまな変化が起こるが，それらに伴い酵素の量や活性も大きく変化する．

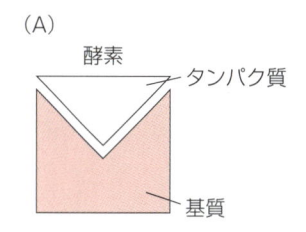

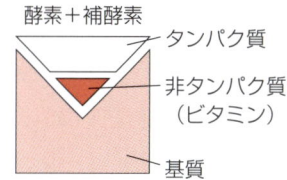

図 5.4　酵素と補酵素
（A）タンパク質だけで触媒作用を発揮．（B）非タンパク質物質の助けを借りて触媒作用を発揮．
田中越郎,『生化学がわかる：基礎の基礎からしっかり理解できる！』, 技術評論社（2011), p.138, 図 3-6-3 を参考に作成．

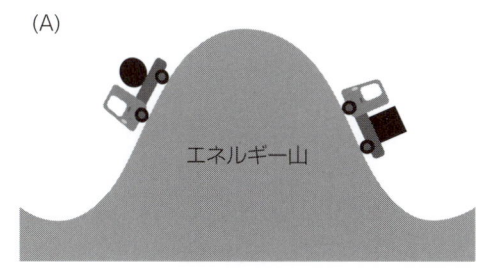

図 5.2　酵素の触媒作用
（A）酵素がないと「エネルギー山」を登らなくてはならない，つまり，化学反応に大きなエネルギーが必要となる．
（B）「トンネル」の役割を果たす酵素があることで，「エネルギー山」を登らなくても少ないエネルギーで化学反応を起こすことができる．
石川　統 編,『生物学』, 東京化学同人（1994), p.35, 図 3.1 を改変し作成．

3 中間代謝

　私たちが食物から摂取した栄養素が体内でどう変化していくかを考えてみると，肉の赤身や魚などのタンパク質から筋肉を合成し，バターや脂身などの脂質を体脂肪として蓄えていることは容易に理解できる．一方で，たとえ脂身を食べなくとも，白米やパンを大量に摂取して運動不足の生活をしていれば脂肪が付いて太ることも容易に想像できる．つまり，摂取した糖質が体の中で脂質・脂肪となるということである．このように，栄養素が生体内で変化する過程を**中間代謝**という．

　中間代謝は，食べた栄養素が体内に蓄えられる「吸収期」と，蓄えられた栄養素が利用される「空腹期」で大きく変化する．朝，昼，夜と1日に3回食事を摂ると，毎食後の約3時間程度は消化管から血液中へ栄養素が入る吸収期，そして吸収を終えて次の食事まで消化管が空になる空腹期が交互に訪れる．吸収期では筋や脂肪細胞へ糖を取り込む働き（同化作用）のあるインスリンを，空腹期では糖を放出（異化作用）するグルカゴンなどのホルモンを分泌することで中間代謝を調節している（図5.5）．

　また，運動時は安静時よりも多量のエネルギーが必要であるため，運動の強度や継続時間に応じて中間代謝は大きく変動する．

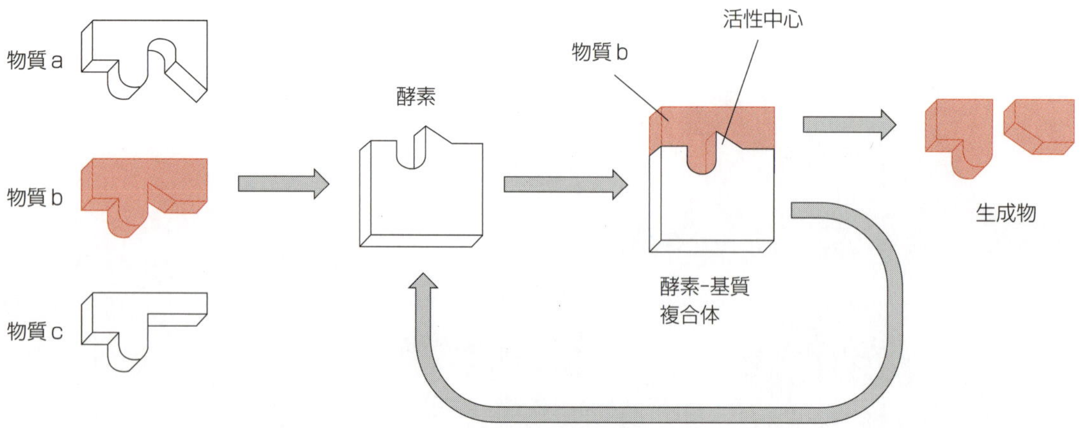

図5.3　酵素の基質特異性
前野正夫ほか，『はじめの一歩のイラスト生化学・分子生物学：生物学を学んでいない人でもわかる目で見る教科書』，羊土社（2008），p.51，図A-1．

4 糖質・脂質・タンパク質の中間代謝

（1）糖質と脂質の貯蔵

　私たちはエネルギー源として，おもに糖質と脂質を利用している．グルコース（ブドウ糖）やフルクトース（果糖）に代表される糖質は**グリコーゲン**という形で肝臓や骨格筋に貯蔵され，脂質は**中性脂肪（トリグリセリド）**として脂肪組織に貯蔵されている．エネルギー産生に関して，糖質は有酸素系（好気的代謝）と無酸素系（嫌気的代謝）の両方で利用できるのに対し，脂質は有酸素系でしか利用できないこと，脳は絶食時以外には糖質しか利用しないこと，さらに，グリコーゲンはエネルギー源に変換しやすいのに対して中性脂肪は利用するのに手間がかかることを考えると，エネルギー源はすべてグリコーゲンの形で貯蔵するほうがよいように思われる．

　しかしながら，体内の貯蔵量を見ると，体重60 kg，体脂肪率15 %の人の場合，グリコーゲンが約0.5 kg（2,000 kcal分）に対して中性脂肪は約9 kg（81,000 kcal分）であり，脂質の貯蔵量のほうが圧倒的に多い．実は，1 gあたり糖質は約4 kcal，脂質は約9 kcalのエネルギーを貯蔵できるので，同じ量のエネルギーを貯蔵する場合，糖質の形では脂質の倍以上重くなってしまう．したがって，激しい運動時のような早急にエネルギーが必要な分のみ糖質として貯蔵し，残りは貯蔵に適した脂肪の形で蓄えることで，効率よくエネルギーを体内に保存するとともに，必要に応じて糖質と脂質の利用を使い分けているのである．

栄養について
9章も参照．

● 知っておくと役に立つ！

脂肪細胞
脂肪細胞には白色脂肪細胞と褐色脂肪細胞の二つがある．体脂肪・脂肪組織をつくる白色脂肪細胞は中性脂肪でできた大きな脂肪滴（→白色）を一つ含み，エネルギー貯蔵とアディポサイトカイン分泌に働く．一方，褐色脂肪細胞は小さな脂肪滴と熱をつくる特別なミトコンドリア（→褐色）を多数含み，新生児の熱産生に重要である．成人では退縮して体の一部に残るのみだが，過剰の脂肪を燃やす細胞としての可能性が近年注目されている．

エネルギー産生
2章も参照．

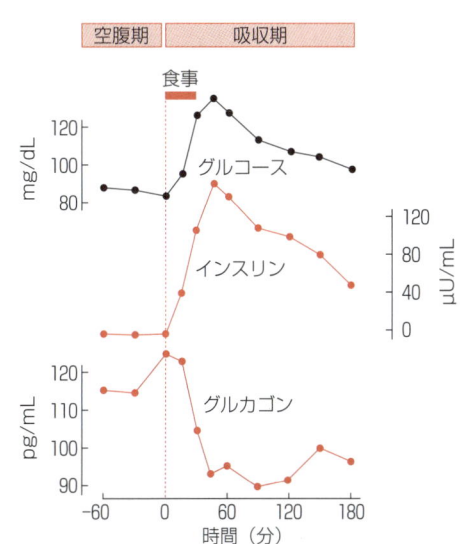

図5.5 空腹期から吸収期にかけてのインスリン，グルカゴン分泌の変化

貴邑冨久子・根来英雄 共著，『シンプル生理学（改訂第4版）』，南江堂（1999），図7-6を改変．

（2）吸収期の中間代謝

　摂取した食物は，まず，口の中で咀嚼される．その際に唾液中の糖質分解酵素アミラーゼにより，デンプンが若干消化される．次に，胃でタンパク質分解酵素ペプシンや脂肪分解酵素リパーゼなどが含まれた強酸性の消化液（胃液）によって糜粥（どろどろの状態）になり，十二指腸に到達する．十二指腸では脂質が胆汁によってミセル化（水分と脂肪分が混ざり合った状態）されるとともに，アミラーゼやリパーゼ，さまざまなタンパク質分解酵素が含まれた弱アルカリ性の消化液（膵液）によって糜粥の中和と消化が進みつつ，小腸（空腸，回腸）にたどり着く．そして最終的には小腸の上皮細胞で，糖質は単糖類であるグルコースやフルクトースなど，脂質は脂肪酸とグリセロール，タンパク質はアミノ酸にまでそれぞれ消化されたあと，吸収される．

　さて，摂取した食物はこの先どのように体内で貯蔵されていくのであろうか．ここからは糖質，脂質，タンパク質の中間代謝について個別に見てゆくことにする（図 5.6）．

① 糖質の中間代謝

　小腸で吸収されたグルコースやその他の単糖類は血液によって門脈から肝臓へ運ばれる．肝細胞内に取り込まれた単糖類は，それぞれ酵素によってリン酸化されたあと，グリコーゲンに変換されて肝臓や骨格筋に，あるいは脂肪酸や中性脂肪に変換されて脂肪組織でそれぞれ貯蔵される．また，肝臓から放出された血糖（グルコース）は，脳や筋肉，脂肪組織で ATP 再合成のためのエネルギー源として解糖系の経路や，あるいはミトコンドリア内でアセチル CoA（アセチル補酵素 A）に変換

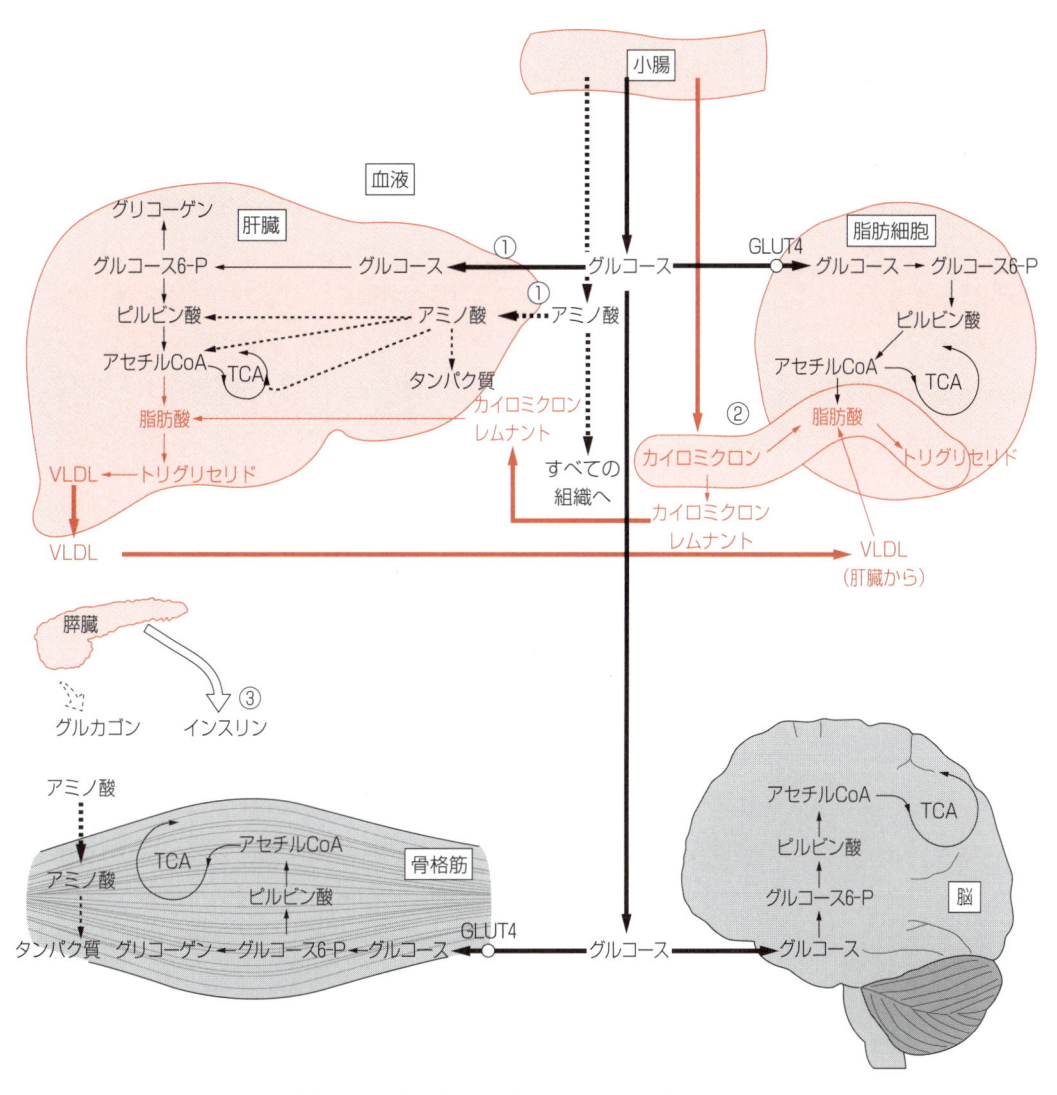

図 5.6 吸収期の糖質・脂質・タンパク質代謝の概要

①食事の糖質とタンパク質は体脂肪に変換されうる：カロリー供給がエネルギー消費よりも大きい場合には，摂取された糖質とタンパク質は肝臓でグリセロールに変換され，最終的には脂肪組織に貯蔵することができる．
②食事の脂肪は体脂肪に変換されうる：カロリー供給がエネルギー消費よりも大きい場合には，摂食された脂質は脂肪組織でグリセロールに変換される．
③インスリンはグリコーゲン，タンパク質，グリセロールの合成を促進する同化シグナルである．
グルコース 6 -P：グルコース 6 - リン酸（glucose 6 -phosphate）
VLDL：超低比重リポタンパク質（very low density lipoprotein）
A. Richard ほか，石崎泰樹，丸山 敬 監訳，『イラストレイテッド生化学』，〈リッピンコットシリーズ〉，丸善出版（2011）p.406 を改変．

TCA回路
2章も参照.

インスリンの分泌
6章も参照.

● 知っておくと役に立つ！

GLUT 4
GLUT 4は，運動すればするほどいくらでも増えるものではなく，あるところで頭打ちとなる．また，GLUT 4は比較的短期間のトレーニングで増えるが，しばらく不活動でいるともとのレベルまで戻ってしまう．したがって，インスリン感受性を高いレベルで維持するためには，運動をできるだけ毎日継続することが大切だといえる．

されて有酸素系（TCA回路）の経路で利用される．

ここで，筋肉（骨格筋や内臓）の細胞内へグルコースを取り込む（移動させる）方法が問題となる．細胞膜は脂質でできているため，水に溶けるが脂質に溶けない性質をもつグルコースはそのままでは細胞の中へ移動することができない．そこでグルコースを細胞内に取り込む装置である**グルコーストランスポーター**（glucose transporter，**GLUT**）といわれる糖輸送体タンパク質群が活躍する．門脈から肝臓へ糖が運ばれると，肝臓では細胞膜にあるGLUT 2が糖を取り込む．一方，骨格筋や脂肪組織にはGLUT 4が通常，細胞膜ではなく細胞内に存在する．食事などによって血糖値が上がると膵臓からインスリンが血液中に分泌され，肝臓や骨格筋，脂肪組織の細胞膜にあるインスリン受容体に結合する．すると骨格筋や脂肪組織ではGLUT 4が細胞内から細胞膜へ移動して糖が取り込まれるとともに，肝臓では糖の放出が抑えられる．このような代謝メカニズムによって，食事を摂っても血糖値が上がり過ぎないようにコントロールされているのである（図5.7）．

② **脂質の中間代謝**

小腸で消化された脂肪酸とグリセロールは，再び腸管細胞内で中性脂肪に合成されたあと，そのままでは血液中に溶けないため，**カイロミクロン**という水に溶ける**リポタンパク**になる（図5.8）．カイロミクロンは大きな球状の粒子なので小腸の毛細血管壁を通過できないため，小腸リンパ管を経て血液中へ入る．ほんのわずか骨格筋でも貯蔵されるが，大部分は肝臓由来の中性脂肪とともに脂肪酸とグリセロールに分解され，脂肪細胞内に取り込まれて中性脂肪に再合成され貯蔵される．

また，一部はミトコンドリアにおいて有酸素系の経路で分解（β酸

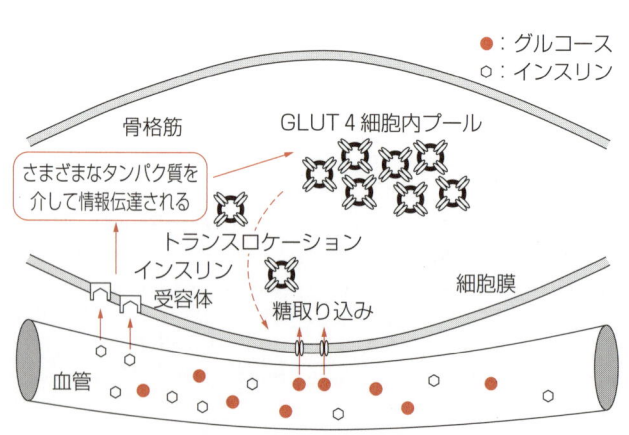

図5.7 インスリンによる糖取り込みのメカニズム
インスリンが受容体に結合するとその情報がさまざまなタンパク質を介してGLUT（グルコーストランスポーター，p.62参照）4まで伝わり，その結果GLUT 4が細胞膜へトランスロケーションされて糖が取り込まれる．

化）することでアセチル CoA に変換されて，TCA 回路にて ATP 再合成のためのエネルギーとなる．

③ タンパク質の中間代謝

　タンパク質はアミノ酸の形で小腸から吸収されたのち，門脈から肝臓，そしてさらに他の臓器へ運ばれて，多くは各組織で必要なタンパク質（空腹期に分解されたタンパク質の補充を含む）に合成される．

　一方，残りのアミノ酸は，肝臓でアミノ基が外されたのちにエネルギー産生や脂肪酸合成にも用いられるが，非必須アミノ酸のアスパラギン酸，アラニン，グルタミン酸，および**分岐鎖アミノ酸**（BCAA, branched chain amino acid）と呼ばれるバリン，ロイシン，イソロイシンの三つは骨格筋に取り込まれて分解される．

> BCAA
> 9 章も参照．

（3）空腹期の中間代謝

　食物の吸収が終わり，三大栄養素が補給されない時間が続いて空腹期に入ると，今度は体内で利用する，つまり ATP を再合成するためのエネルギーをいかにつくり出すかが重要となる．とくに，脳はエネルギー源として普段はグルコースしか使えないため，血糖値の維持が不可欠となり，吸収とは逆方向の中間代謝が促進されるようになる．

　空腹期には血液中のアミノ酸や中性脂肪とともに血糖値が低下するため，インスリンの分泌が抑えられる一方で，グルカゴンが膵臓から分泌される．これにより，肝臓でグリコーゲンが分解されてグルコースが放出されるため，グルコースが必須の脳などの組織には常にグルコースが供給される．さらに就寝時など長時間空腹期が続く際には，骨格筋のタンパク質を分解してできたアミノ酸，あるいは乳酸，脂肪組織からのグ

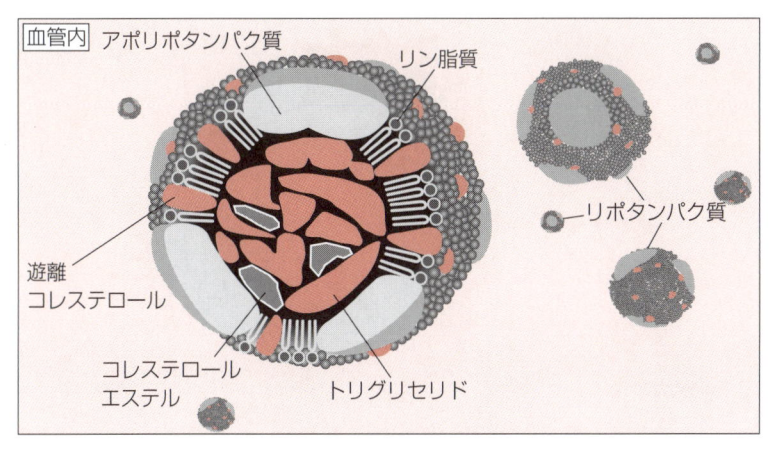

図 5.8　リポタンパクの構造

リン脂質は一方の端に脂溶性，もう一方の端に水溶性の構造をもつので，水にも油にも溶けやすい（両親媒性）．
中屋　豊，『よくわかる栄養学の基本としくみ』，秀和システム（2009），p.250 を参考に作成．

リセロールなどを肝臓に取り込んでグルコースに変換する**糖新生**を行い，グリコーゲンの枯渇に備える．

一方，グルコースの消費をなるべく抑えるために，脂肪酸をエネルギー源として利用できる骨格筋を含めたほとんどの組織に対しては，脂肪組織の中性脂肪を分解してエネルギー源として供給するようになる．さらに，絶食の期間が長期になると肝臓でのケトン体生成が急増し，脳を含めたほとんどの組織のエネルギー源として用いるようになる．また，ケトン体の利用により糖新生の必要がなくなるため，骨格筋のタンパク質分解が抑えられる（図5.9）．

5　糖質・脂質・タンパク質代謝と運動

（1）糖質代謝と運動

安静時では，食事によって血糖値が高まるとインスリン分泌によって筋の細胞内にある GLUT 4 が細胞膜に移動し，グルコースを取り込むことはすでに述べた．一方，運動時にはグルカゴンやアドレナリン，ノルアドレナリンなどの血糖を増加させるホルモンの分泌が増え，インスリン分泌が減るにもかかわらず，筋では GLUT 4 による糖取り込みが促進される．これは，インスリン刺激とは別の方法によって GLUT 4 が細胞膜上に移動するからである．この運動時におけるインスリンによらない糖取り込みのメカニズムについては未解明な点も多いが，**AMPK**（アデノシン一リン酸活性化タンパクキナーゼ）という酵素が大きな役割を担っていると考えられている．AMPK は筋の中で細胞内のエネルギー

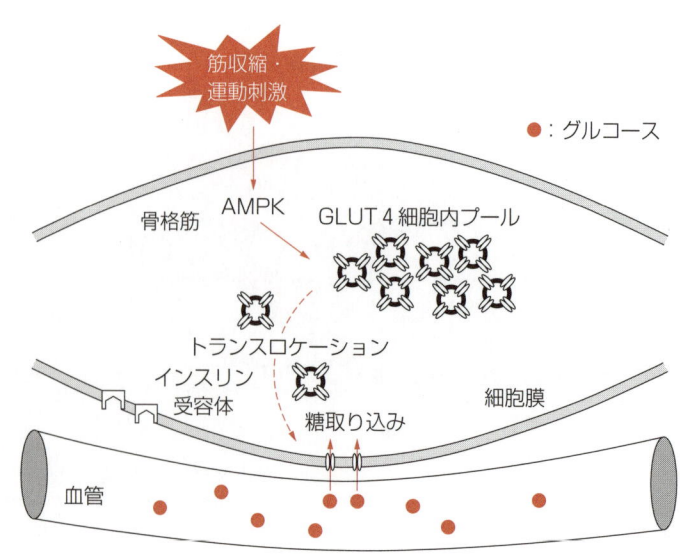

図 5.10　運動による糖取り込みのメカニズム

運動刺激によって AMPK が活性化され，その情報が GLUT 4 まで伝わることで，GLUT 4 が細胞膜へトランスロケーションされて糖が取り込まれる．

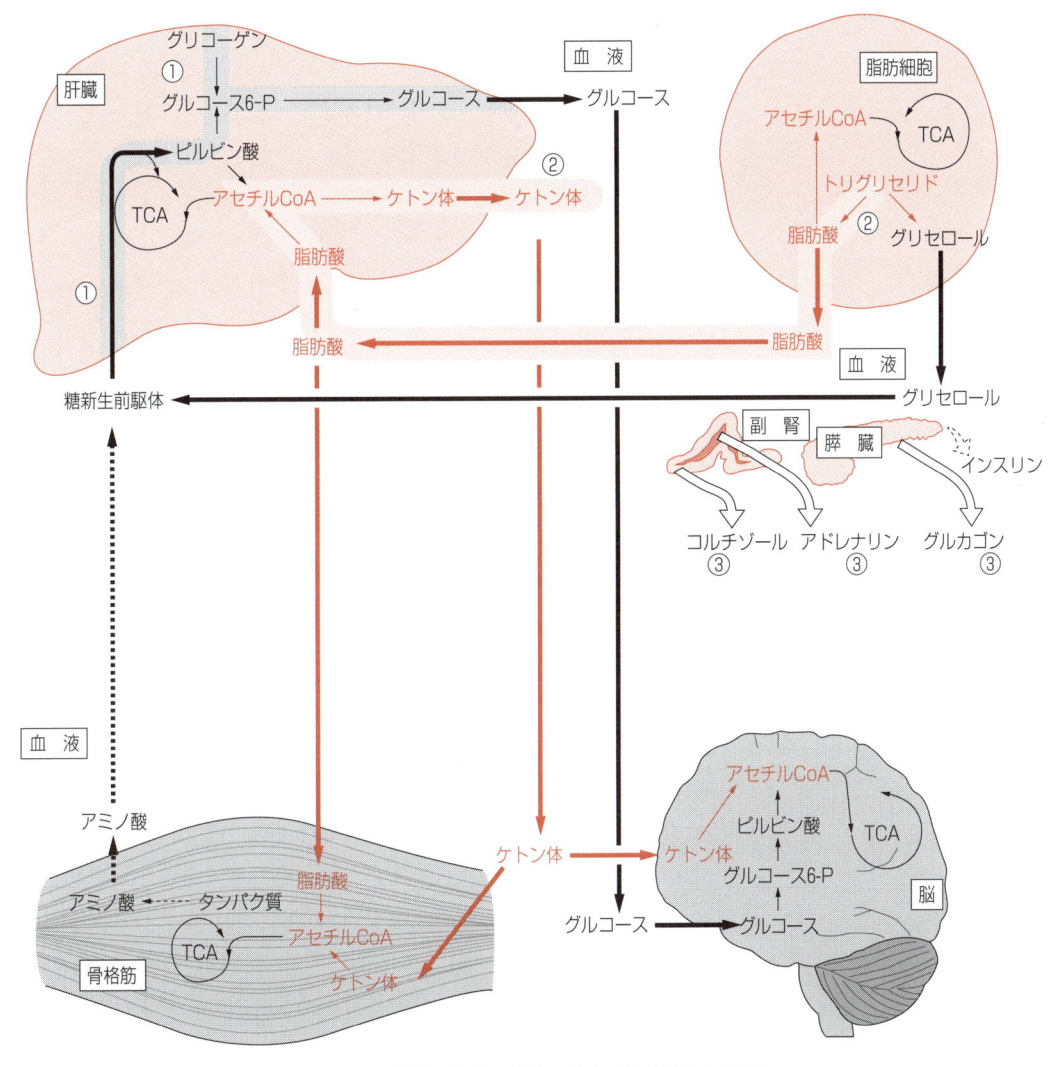

図 5.9 空腹期の糖質・脂質・タンパク質代謝の概要

①優先事項1：グルコース必須組織への供給：血中グルコース濃度は最初は肝臓のグリコーゲン分解により，次に，肝臓での糖新生により維持される．

②優先事項2：グルコース非必須組織への供給：脂肪組織のグリセロールの動員によって，脂肪酸とケトン体合成前駆体が供給される．

③コルチゾール，グルカゴン，アドレナリンは異化シグナルであり，グリコーゲン，タンパク質，グリセロールの分解を促進する．

A. Richard ほか，石崎泰樹，丸山 敬 監訳，『イラストレイテッド生化学』，〈リッピンコットシリーズ〉，丸善出版（2011），p.412 を改変．

バランスの変化を感じるセンサーのような働きをしており，筋の収縮によってエネルギー源であるATPが減少することなどにより活性化される．するとその情報が細胞内のGLUT 4まで伝わることで細胞膜上へ移動が促され，糖が取り込まれる（図5.10）．

また，運動を数日間継続することでGLUT 4が増えることも知られている．GLUT 4が増えると，インスリンが分泌された際により多くのグルコースを細胞内に取り込めるようになり，**インスリン感受性**（一定量のインスリンに対する糖の取り込みやすさ）を高めることができる．

糖尿病の予防や治療のために運動療法が広く行われているが，それは，運動によって毛細血管が拡張して血流量が増えることで糖を筋へ運びやすくなるとともに，上記のメカニズムにより糖の代謝機能が改善するからである．つまり，糖尿病は膵臓からインスリンをうまく分泌することができないために血糖値をうまく調節できない（食後に血糖値が大幅に増えてしまう）病気であるが，食後，血糖値が上がるときに適度な運動を行うことで，インスリンによらずに糖を筋に取り込めるとともに，運動を継続してGLUT 4を増やすことで，インスリンがあまり分泌されなくても糖を取り込んで血糖をコントロールしやすくするわけである．

（2）脂質代謝と運動

私たちは寝ているときや椅子に座っているとき，また，ごく軽い運動をしているときではおもに脂質を用いて体を動かしているが，運動強度が高くなるにつれ，脂質の利用が減り，糖質の利用が増える．具体的には，**最大酸素摂取量**（$\dot{V}_{O_2}max$）の3割程度のごく軽い運動ではおもに血中の遊離脂肪酸をエネルギー源としているのに対し，およそ**無酸素性**

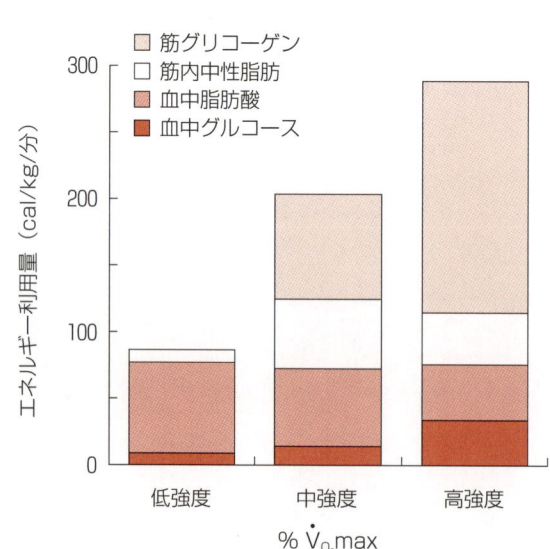

図5.11 低・中・高強度運動時における糖質と脂質の利用量
低強度（25% $\dot{V}_{O_2}max$），中強度（65% $\dot{V}_{O_2}max$），高強度（85% $\dot{V}_{O_2}max$）の自転車運動を30分間実施．自転車競技選手を対象に，各エネルギー源の利用量を測定した．
資料：Romijn et al., *Am. J. Physiol. Endocriol. Metab.*, **265**, E380（1993）．

作業閾値にあたる$\dot{V}_{O_2}$maxの6割ほどの運動強度では糖質（血糖，筋グリコーゲン）と脂質（遊離脂肪酸，トリグリセリド）の利用が同程度になり，$\dot{V}_{O_2}$maxの8割を超えるような高強度の運動になると脂質の利用割合は20〜30%程度となる（図5.11）.

一方，運動時のエネルギー源と運動継続時間との関係を見てみると，同じ強度の運動を行った場合では継続時間が長いほど脂質の利用割合が高まる（図5.12）．また，運動はリポタンパク質リパーゼ（LPL）を活性させることで脂肪を分解するとともに，HDLコレステロールを増やし，LDLコレステロールを減らす．

かつて，脂肪組織はおもにエネルギーを貯蔵するくらいの役割しか担っていないと考えられてきたが，近年では，**アディポサイトカイン**と総称されるさまざまな生理活性物質が分泌される重要な内分泌器官であることが明らかになってきた（図5.13）．アディポサイトカインには体に良い働きをする「善玉」と悪影響を及ぼす「悪玉」がある．脂肪（とくに内臓脂肪）が過剰に蓄積すると「悪玉」の分泌量が増え，「善玉」が減ることが肥満に伴う生活習慣病発症の原因の一つであると考えられている．そこで肥満者に対して，食事制限とともに運動を実施することにより体脂肪を減らすことが推奨される．

では，体脂肪を燃焼させるための運動を考えた場合，「強度の高い無酸素運動だと体脂肪は燃焼しない」「運動は20分以上継続しないと体脂肪が燃えない」というようなことをしばしば耳にするが本当であろうか．すでに説明したとおり，たしかに強度の高い運動より低い運動のほうが，また，運動の継続時間が短いより長いほうが，エネルギー源としての脂肪の利用は大きい．しかしながら，運動中だけでなく運動終了後

無酸素性作業閾値
3章も参照．

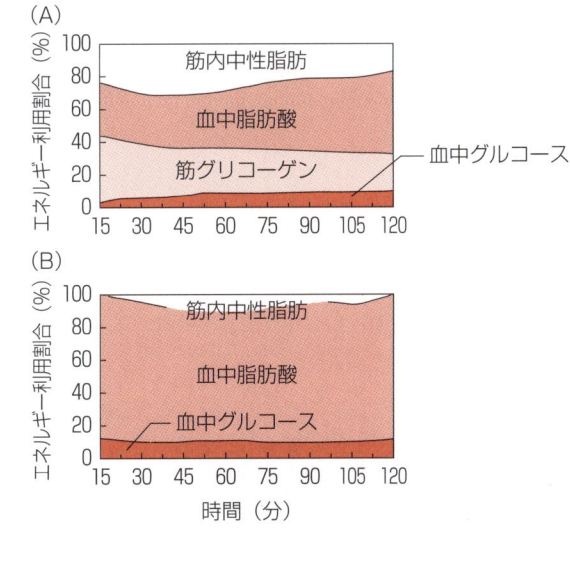

図5.12 **長時間の低強度および中強度運動時における糖と脂質の利用割合**
自転車競技選手を対象に，(A) 65% $\dot{V}_{O_2}$max（中強度）ならびに (B) 25% $\dot{V}_{O_2}$max（低強度）の自転車運動を120分間継続した場合における各エネルギー源の利用割合を測定した．
資料：Romijn et al,. *Am. J. Physiol. Endocriol. Metab.*, **265**, E380 (1993).

の脂質利用まで目を向けると，高強度運動で使われたエネルギー源は運動終了後に脂質を分解して補充され，30分間動き続けるような「継続運動」でも10分間の運動を3セット行うような「細切れ運動」でも，エネルギー消費量が同様であれば最終的な体脂肪の燃焼量は同じになる．したがって，運動による体脂肪の減少を考える場合には，運動中のみならず運動終了後まで含めた脂質の代謝やエネルギー消費量（代謝の亢進）について考えることが大切である．

（3）タンパク質代謝と運動

筋力トレーニングは筋線維の微小な損傷を引き起こす．その後，損傷した筋は休息中にアクチンやミオシンなどの筋タンパク質を合成することによってトレーニング前よりも肥大する（**超回復**）．そのため，筋量を増やすには材料となるタンパク質をよりたくさん摂取することが必要となる．しかしながら，ある一定量（体重1kgあたり2g/日程度）以上摂取しても筋の合成には利用されない．

では，タンパク質の量以外に，どのような点に注意すれば筋肉の合成により効果的だろうか．一つ目はタンパク質やアミノ酸の摂取タイミングである．タンパク質あるいはアミノ酸の摂取をトレーニング前あるいは後にできるだけ近づけることで，運動に伴う血流量の増加と成長ホルモン分泌などによるタンパク質の合成促進に合わせて筋へのアミノ酸供給を増加させることができる（図5.14）．二つ目は糖質を一緒に摂取することである．糖質摂取によって，インスリンによる筋タンパク質の合成促進や，肝臓での糖新生の抑制に伴う筋の分解抑制が期待できる．また，三つ目としては必須アミノ酸のバランスがよいタンパク質を摂取す

体タンパク質の合成
図9.7も参照．

図5.13　脂肪細胞から分泌されるさまざまな生理活性物質と生理機能
肥満により脂肪細胞が肥大化すると，「善玉」であるアディポネクチンの分泌量が減ったり，「悪玉」といわれるTNF-α（腫瘍壊死因子α）やPAI-1（プラスミノーゲン活性化因子インヒビター1）などの分泌量が増えたりすることで生活習慣病が引き起こされやすくなる．
HB-EGF：ヘパリン結合性上皮細胞増殖因子
舟橋　徹ほか，『肥満症』，日本臨牀社（2003），p.159を改変．

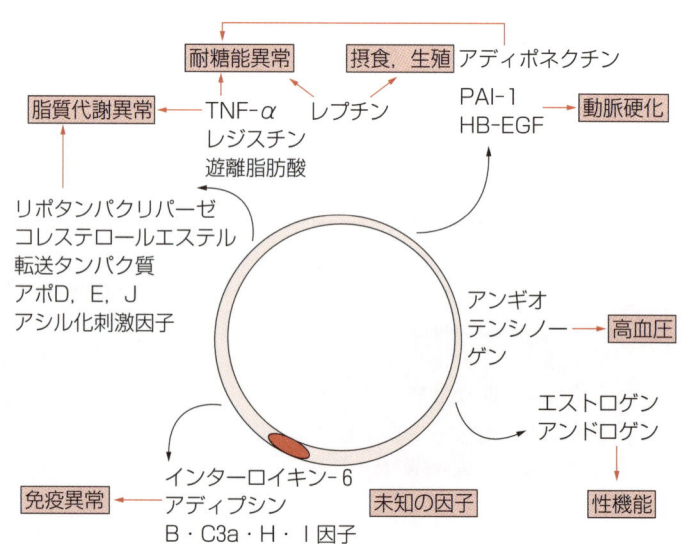

ることである．アミノ酸スコアの高い動物性タンパク質を摂取することや，あるいは複数の食品からタンパク質を摂取することでアミノ酸スコアを高めることが重要である．

また，最近では運動との関連において，分岐鎖アミノ酸であるBCAAが注目されている．BCAAは骨格筋においてTCA回路で分解されることで運動中の直接のエネルギー源となるという点において，肝臓で代謝される他の必須アミノ酸とは異なる性質をもつ．BCAAを摂取することにより，運動に伴う筋タンパク質の分解が抑制されることや，筋損傷の回復を促進することなど，さまざまな効果が報告されている．しかしながら一方で，その効果について否定的な報告もあり，さらなる研究が期待される．

アミノ酸スコア
9章も参照．

復習トレーニング

次の文章のカッコの部分に適切な言葉を入れなさい．

❶ 細胞内の物質を合成，分解するための化学反応を速く行うためには温度が（　　　　）なくてはならないが，ヒトの体温は37℃程度しかないために，化学反応を円滑に行えない．そこで（　　　　）という生体触媒を（　　　　）と結びつけることで，少ないエネルギーでスムーズな化学反応を行っているのである．

❷ 運動を行うと骨格筋ではAMPKが活性化され，細胞内にある（　　　　）が細胞膜に移行することで糖が取り込まれるので，運動時にはインスリン分泌が少ないにもかかわらず糖を消費できる．

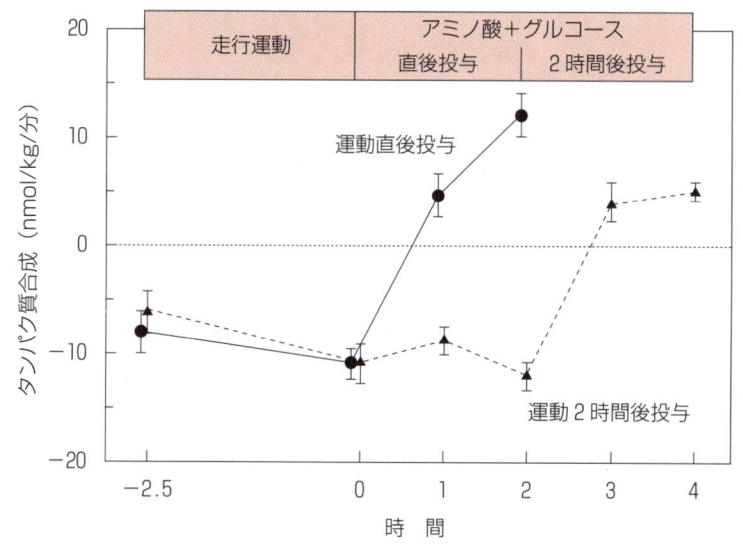

図5.14 運動終了後におけるアミノ酸投与タイミングがタンパク質合成に及ぼす影響
運動2時間後にアミノ酸およびグルコースを投与した場合よりも，運動直後に投与した場合のほうがタンパク質の合成量は大きかった．
資料：K. Okamura et al., *Am. J. Physiol.* E1023 (1997)．

次の文章で正しいものには○，誤っているものには×を付けなさい．

❸ 〔　　　〕糖質は1gあたり約4 kcal，脂質は約9 kcalと，エネルギー密度が糖質のほうが低いため，同じ量のエネルギーを体内に貯蔵しようとした場合，糖質として貯蔵するほうが体を軽くすることができる．

❹ 〔　　　〕運動継続時間が長いほど脂質がエネルギー源として多く利用され，継続時間が短い運動ではあまり脂質がエネルギー源として利用されない．体脂肪を減らすことを目的に運動する場合は「10分間の運動を3回行う」ような細切れ運動よりも，「30分間連続で運動する」ような継続的な運動のほうが効果が高い．

6章 スポーツと内分泌・ストレス

6章のPOINT

- ◆ 内分泌系は，ホルモンによって生体機能を調節するシステムであることを理解しよう．
- ◆ 人体にはさまざまな内分泌器官とホルモンがある．内分泌器官から分泌されるホルモンは，標的細胞に発現している受容体と結合することで，その作用を発現することを理解しよう．
- ◆ 運動時のエネルギー代謝や体水分バランスはホルモンによって調節されており，その作用により私たちは運動を持続することができることを理解しよう．
- ◆ 運動もストレスである．長期間にわたって過度の運動ストレスが生体に加わると，オーバートレーニング症候群や，うつ病などの精神疾患を引き起こす危険性があることを知ろう．

6章 スポーツと内分泌・ストレス

はじめに

生体はさまざまな細胞・器官の集合体であるため，それぞれがバラバラに働いていては生命を維持することができない．全身の細胞・器官を協調させることは**生体恒常性（ホメオスタシス）**を維持するためにきわめて重要であり，その調節の中心的役割を担っているのが**内分泌系**である．

とくに運動中は，活動筋のエネルギー消費が増大したり，発汗によって脱水が生じたりと，全身で劇的な生理的変化が生じる．このとき，内分泌系が適切に作用しなければ，私たちは運動を続けることができない．また，内分泌系の視点から運動が身体に及ぼす作用を見ると，運動もストレスの一つであることがわかる．

最高の運動パフォーマンスを発揮するために，そして過度なトレーニングによる弊害を防ぐために，この章では内分泌系の基礎を学ぶ．

> **知っておくと役に立つ！**
>
> **ドーピング**
>
> 筋力を増強するテストステロン，赤血球の産生を促進するエリスロポエチンなど，多くのホルモンがドーピングの規制対象となっている．ホルモンがドーピングに使われた理由の一つとして，ホルモンは微量でも劇的な作用を引き起こすことがあげられる．一方，高血圧や心筋梗塞などの副作用や，最悪の場合は突然死を引き起こすことも報告されている．選手の健康を守るためにも，ドーピングは絶対に行ってはならない．

1　ホルモンによる生体の調節

（1）内分泌系：主役はホルモン

ホルモン（hormone）とは，血液を介して全身に運ばれる化学物質のことであり，このホルモンによって生体を調節するシステムを**内分泌系**という．ホルモンの語源は「興奮させる」「刺激する」を意味するギリシャ語 hormao であり，20 世紀初頭にイギリスの生理学者であるウィリアム・ベイリス（1860 〜 1924 年）とアーネスト・スターリン（1866 〜 1927 年）によって命名された．

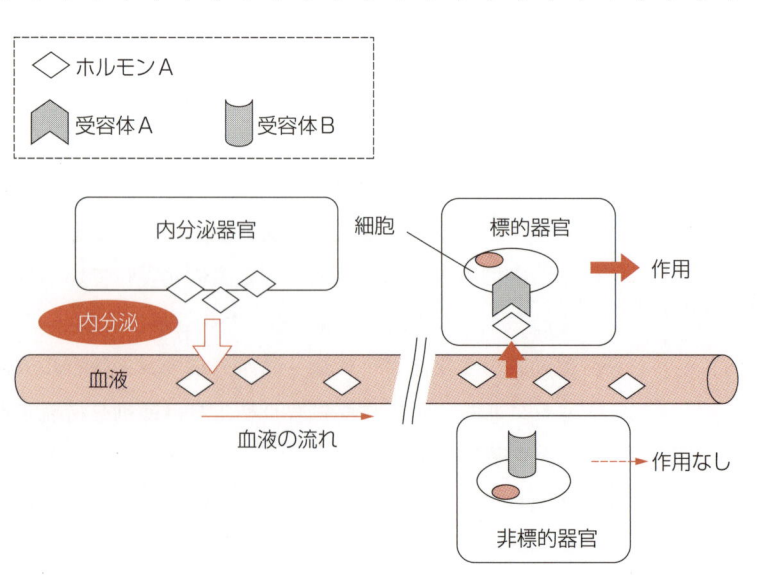

図 6.1　内分泌系

ホルモンは内分泌器官（もしくは内分泌腺）から血液中に分泌される（図 6.1）．汗や消化液が導管を通って体表面や消化管内に分泌されることを**外分泌**というのに対して，血液中へのホルモン分泌を**内分泌**という．分泌されたホルモンは，血液を介して遠方の標的器官（標的細胞）へと運ばれる．それぞれのホルモンには特定の受容体があり，ホルモンはその受容体と結合することで初めて作用する．つまり，ホルモンはその受容体を発現している標的細胞にだけ作用することができ，受容体を発現していない非標的細胞には作用しない（**特異性**）．また，ホルモンはきわめて微量（pg/mL 〜 ng/mL）で作用することもその特徴である．現在は，分泌されたホルモンが血液を介さずに近くの標的細胞に作用すること（**傍分泌**）や，分泌した細胞自身に作用すること（**自己分泌**）も知られている．

人体のおもな内分泌器官を図 6.2 に，そこから分泌されるおもなホルモンとその作用を表 6.1 に示す．下垂体（前葉，後葉）からは，数多くのホルモンが分泌されている．この下垂体からのホルモン分泌を調節するのが脳の視床下部であることから，視床下部は内分泌系の調節中枢といわれる．近年，これまで内分泌器官と考えられていなかった脂肪組織や胃，さらには筋からもホルモンが分泌されていることが発見されている．

（2）ホルモンの種類と作用発現メカニズム

ホルモンは，1〜2 個のアミノ酸からつくられるアミンホルモン，多数のアミノ酸が結合してつくられるペプチドホルモン，そしてコレステロールをもとにつくられるステロイドホルモンの 3 種類に分けられる．

アミンホルモンと**ペプチドホルモン**は水溶性であり，その受容体は細

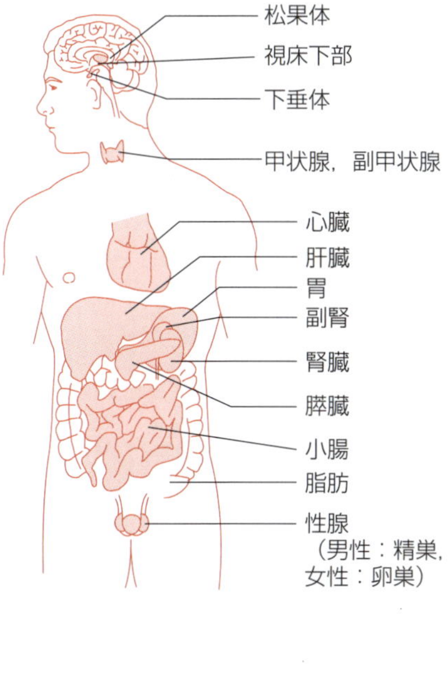

図 6.2 人体のおもな内分泌器官
資料：L. Katch Victor, "Essentials of Exercise Physiology, 4th Edition", Lippincott Williams & Wilkins (2011), p.378, Figure 12.1 を改変．

表 6.1　おもな内分泌腺から分泌されるホルモンとその作用

分泌器官（腺）	ホルモンの名称	タイプ	標的器官	おもな作用
松果体	メラトニン	アミン	視床下部，下垂体前葉	概日リズムの調節
視床下部	副腎皮質刺激ホルモン放出ホルモン	ペプチド	下垂体前葉	ACTH の分泌を促進
	甲状腺刺激ホルモン放出ホルモン	ペプチド	下垂体前葉	甲状腺刺激ホルモンの分泌を促進
	成長ホルモン放出ホルモン	ペプチド	下垂体前葉	成長ホルモンの分泌を促進
	性腺刺激ホルモン放出ホルモン	ペプチド	下垂体前葉	FSH・LH の分泌を促進
下垂体前葉	成長ホルモン	ペプチド	多くの器官（細胞）	成長を促進，グリコーゲン分解の促進（糖取り込みは抑制），脂肪分解を促進
	副腎皮質刺激ホルモン（ACTH）	ペプチド	副腎皮質	グルココルチコイドの分泌を促進
	甲状腺刺激ホルモン	ペプチド	甲状腺	甲状腺ホルモンの分泌を促進
	卵胞刺激ホルモン（FSH）	ペプチド	卵巣	（女性）卵胞の発育を促進→エストロゲンの分泌を促進
	黄体形成ホルモン（LH）	ペプチド	卵胞	（女性）排卵・黄体化を促進→プロゲステロンの分泌を促進
	プロラクチン	ペプチド	乳腺	（女性）乳腺の成長を促進
下垂体後葉	オキシトシン[※1]	ペプチド	子宮，乳腺	（女性）子宮収縮の促進，乳汁分泌を促進
	バソプレッシン[※1]	ペプチド	腎臓	尿細管における水分の再吸収を促進
甲状腺	サイロキシン	アミン	多くの器官（細胞）	代謝率・熱産生の増加，正常な成長・発育
	カルシトニン	ペプチド	骨	骨へのカルシウム沈着を促進，血中カルシウム濃度を低下
副甲状腺	副甲状腺ホルモン	ペプチド	骨，腎臓	骨からのカルシウム放出を促進，腎臓におけるカルシウム再吸収を促進
心臓	心房性ナトリウム利尿ペプチド	ペプチド	腎尿細管	ナトリウムの再吸収を抑制
肝臓	IGF-1（インスリン様成長因子-1）	ペプチド	多くの器官（細胞）	成長を促進，細胞増殖の促進
胃	グレリン	ペプチド	視床下部	摂食を促進，成長ホルモン分泌を促進
副腎（皮質）	ミネラルコルチコイド	ステロイド	腎臓	ナトリウムの再吸収を促進
	グルココルチコイド	ステロイド	多くの器官（細胞）	タンパク質・脂肪の分解を促進，糖新生の促進，抗炎症作用
副腎（髄質）	アドレナリン	アミン	多くの器官（細胞）	血圧・心拍数の増加，グリコーゲン分解の促進，脂肪分解の促進
	ノルアドレナリン[※2]			
腎臓	エリスロポエチン	ペプチド	骨髄	赤血球の産生を促進
膵臓	グルカゴン	ペプチド	肝臓，骨格筋，脂肪組織	血糖値上昇，グリコーゲン分解・脂肪分解の促進，糖新生の促進
	インスリン	ペプチド	肝臓，骨格筋，脂肪組織	血糖値低下，グリコーゲン合成・脂肪合成・タンパク質合成の促進
小腸	コレシストキニン	ペプチド	胃腸管，膵臓	消化作用を促進
脂肪組織	レプチン	ペプチド	視床下部	摂食を抑制，エネルギー消費を促進
筋	インターロイキン6	ペプチド	多くの器官（細胞）	炎症作用，抗炎症作用，
	IGF-1	ペプチド	多くの器官（細胞）	成長を促進，細胞増殖の促進
精巣	テストステロン	ステロイド	多くの器官（細胞）	第二次性徴（男性化）
卵巣	エストロゲン	ステロイド	多くの器官（細胞）	第二次性徴（女性化）
	プロゲステロン	ステロイド	子宮	妊娠の準備（子宮内膜の成長）

[※1] 神経内分泌により分泌される
[※2] 交感神経末端からも分泌される

胞膜に発現している．ホルモンが細胞膜上の受容体に結合すると，その信号は細胞内で次々と伝達され（細胞内情報伝達），最終的な作用が発現する．図 6.3 上部には，この細胞内情報伝達の代表的な経路である G タンパク質とアデニル酸シクラーゼによる経路を示した．ホルモンが結合した受容体は G タンパク質を活性化し，G タンパク質はアデニル酸シクラーゼを活性化させる．活性化したアデニル酸シクラーゼの作用により，ATP からサイクリック AMP（cAMP）がつくられる．続いて，cAMP は次の酵素を活性化させる，というように次々に情報が伝達され，最終的なホルモン作用が発現する．たとえば，アドレナリンによるグリコーゲン分解作用はこの細胞内情報伝達経路によって調節されており，最終的にホスホリラーゼを活性化し，グリコーゲンをグルコース 1－リン酸へと分解する．

ステロイドホルモンは脂溶性であるため，容易に細胞膜を通過し，細胞内に存在するステロイドホルモン受容体と結合する．このホルモン—受容体複合体が DNA に働きかけることによって目的の遺伝子が転写され，タンパク質が合成される（図 6.3，下）．

（3）ホルモン分泌の調節

内分泌器官からのホルモン分泌は，以下の三つの方法で調節されている（図 6.4）．

① **ホルモンによる調節**：ホルモンが別のホルモンの分泌を刺激する（図 6.4, A）．

【例】下垂体前葉から分泌される**副腎皮質刺激ホルモン**（adrenocorticotropic hormone, **ACTH**）は，副腎皮質からのグルコ

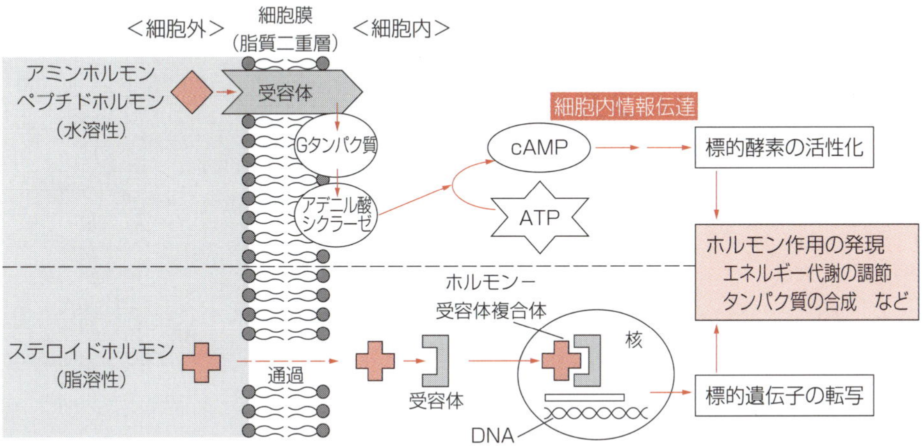

図 6.3　ホルモンの作用機序

資料：D. McArdle William, "Exercise Physiology 7th Edition", Lippincott Williams & Wilkins (2010), p.404, Figure 20.3. 勝田　茂, 『入門運動生理学　第 3 版』, 杏林書院 (2007), p.67～68, 図 7.3, 図 7.4 を改変.

コルチコイド分泌を刺激する．血液中に増加したグルココルチコイドは，下垂体前葉に作用してACTHの分泌を抑制する（負のフィードバック調節）．

糖質の代謝
5章も参照．

② **体液性の調節**：血液成分の変化がホルモンの分泌を刺激する（図6.4, B）．

【例】食事により血液中のグルコース濃度（血糖値）が高くなると，膵臓はその変化を感知し，インスリンを分泌する．インスリンは筋や肝臓など標的器官に作用し，細胞内へのグルコースの取り込みを増やす．これにより血糖値が低下し，膵臓からのインスリン分泌が抑制される（負のフィードバック調節）．

③ **神経による調節**：神経活動がホルモンの分泌を刺激する（図6.4, C）．

【例】緊張しているときなどに交感神経活動は増加するが，この交感神経は副腎髄質からのアドレナリン分泌を刺激する．交感神経活動が弱まると，アドレナリン分泌は減少する．

2 運動時のホルモン分泌応答と，ホルモンによる身体調節

（1）持久的運動時のエネルギー代謝の調節

運動を長時間持続するためには，ATP再合成のエネルギー源となるグルコースや脂肪酸を骨格筋に供給し続けなくてはならない．グルコースはグリコーゲンとして肝臓や骨格筋に，脂肪酸はトリグリセリドとして脂肪に蓄えられている．持久的運動時には，グリコーゲンやトリグリセリドといった貯蔵型エネルギー源を分解し，骨格筋に届ける必要がある．

(A) ホルモンによる調節
① ACTHが分泌される（下垂体前葉）
② グルココルチコイドが分泌される（副腎皮質）
③ グルココルチコイドが作用する（標的器官）
④ ACTHの分泌を抑制する（負のフィードバック）

▲ ACTH　○ グルココルチコイド

(B) 体液性の調節
① 血液中のグルコースが多い
② インスリンが分泌される（膵臓）
③ インスリンの作用により，細胞内にグルコースが取り込まれる（標的器官）
④ 血液中のグルコースが減少する
⑤ インスリンの分泌を抑制する（負のフィードバック）

● グルコース　◇ インスリン

(C) 神経による調節
① 交感神経活動が増加する（脳（視床下部））
② アドレナリンが分泌される（副腎髄質）
③ アドレナリンが作用する（標的器官）

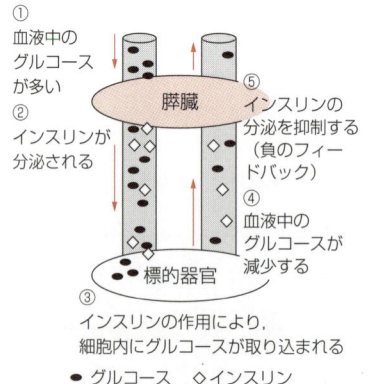

☆ アドレナリン

図6.4　ホルモン分泌の調節
資料：D. McArdle William, "Exercise Physiology 7th Edition", Lippincott Williams & Wilkins (2010), p.406, Figure 20.4.

2 運動時のホルモン分泌応答と，ホルモンによる身体調節

図 6.5 は，低強度運動（30％最大酸素摂取量）を長時間（4時間）行っている際の，血中グルコース（血糖値），遊離脂肪酸濃度，ホルモン濃度の変化である．2時間まではグリコーゲン分解によって血糖値が維持されているが，蓄積されているグリコーゲン量には限りがあるため，そのあとは血糖値が徐々に低下している．一方，遊離脂肪酸濃度は，運動後半になるにつれて増加している．インスリンは減少し，グルカゴン，アドレナリンおよびノルアドレナリンは増加している．下記に示すそれぞれのホルモンの生理作用を踏まえて，これらホルモンによる持久的運動時のエネルギー代謝調節を理解しよう（図 6.6）．

① **インスリン**

膵臓から分泌される**インスリン**は，生体内で唯一，血糖値を低下させる作用をもつホルモンである．インスリンは，血液から細胞内へのグルコースの取り込みを促進する．また，グリコーゲンやトリグリセリドの分解（糖原分解，脂肪分解）を抑制し，逆にその合成を促進する．このように，インスリンはエネルギーを蓄えるように働く．エネルギーを消費しなくてはいけない持久的運動時はインスリンが低下し，これによりグリコーゲンやトリグリセリドが分解しやすい状態になる．なお，運動中は筋収縮自体が骨格筋へのグルコース取り込みを刺激するため，インスリンの低下によって骨格筋へのグルコース取り込みが阻害されることはない．

② **グルカゴン**

膵臓から分泌される**グルカゴン**は，インスリンとは逆に血糖値を上昇させる作用をもつ．グルカゴンは，肝臓におけるグリコーゲン分解と糖新生を促進する．また，脂肪に作用し，脂肪分解も促進する．持久的運

知っておくと役に立つ！

2 型糖尿病と運動

2 型糖尿病とは，インスリンの作用が低下することで血糖値が高くなる疾病である．血糖値を低下させる作用をもつホルモンはインスリンだけであることから，インスリンが正常に機能しないと生体に深刻な問題を引き起こす．一方，運動はインスリンがなくても骨格筋への糖の取り込みを促進させ，血糖値を低下させることができる．したがって，薬を使わない2型糖尿病の治療法として，運動はますます注目されている．

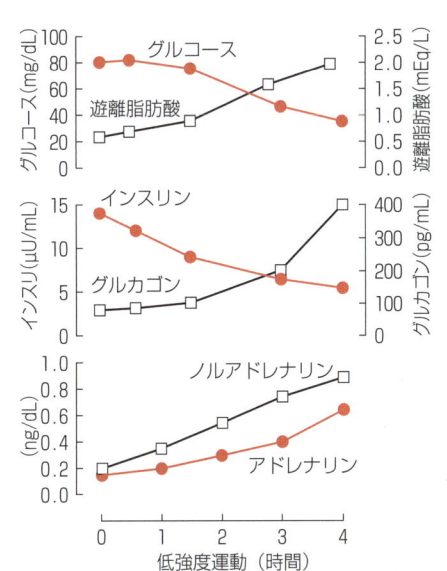

図 6.5 低強度・長時間運動時の血中グルコース，遊離脂肪酸，ホルモン濃度の変化

資料：T. Borer Katarina, "Exercise Endocrinology", Human Kinetics (2003), p.108, Figure 6.4 を改変．

動時には，血糖値の低下が刺激となってグルカゴンが分泌され，その作用により血糖値が維持される．同時に，脂肪分解も促進され，遊離脂肪酸が積極的に骨格筋へと供給される．

③ アドレナリン，ノルアドレナリン

副腎髄質から分泌される**アドレナリン，ノルアドレナリン**も，糖源分解・脂肪分解を促進し，この作用によって骨格筋へのエネルギー源（グルコース，遊離脂肪酸）の供給が維持される．さらに，アドレナリン，ノルアドレナリンは，ミトコンドリアでの酸化的代謝に関わる酵素を活性化させ，ATP再合成を促進させる．

④ その他のホルモン（グルココルチコイド，成長ホルモン）

運動の強度が高くなると，副腎皮質からのグルココルチコイド分泌と，下垂体前葉からの成長ホルモン分泌も増加する．グルココルチコイドも成長ホルモンも，糖源分解・脂肪分解を促進する．

（2）運動時の体水分の調節

とくに暑熱環境で運動すると，発汗により多量の体水分が失われる．このような脱水時には，下垂体後葉から**バソプレッシン**（抗利尿ホルモン）が分泌される．バソプレッシンは，腎臓の尿細管に作用して水分の再吸収を促進する．これにより尿量が減少し，体水分の過剰な損失を防ぐ．汗と一緒にナトリウムも体外に排出されるが，運動中は副腎皮質からミネラルコルチコイド（おもにアルドステロン）が分泌され，腎臓におけるナトリウムの再吸収が促進される．逆に，体水分量が過剰な場合はバソプレッシンの分泌が減少し，尿量が増加する．

図6.6 ホルモンによる持久的運動時のエネルギー代謝調節

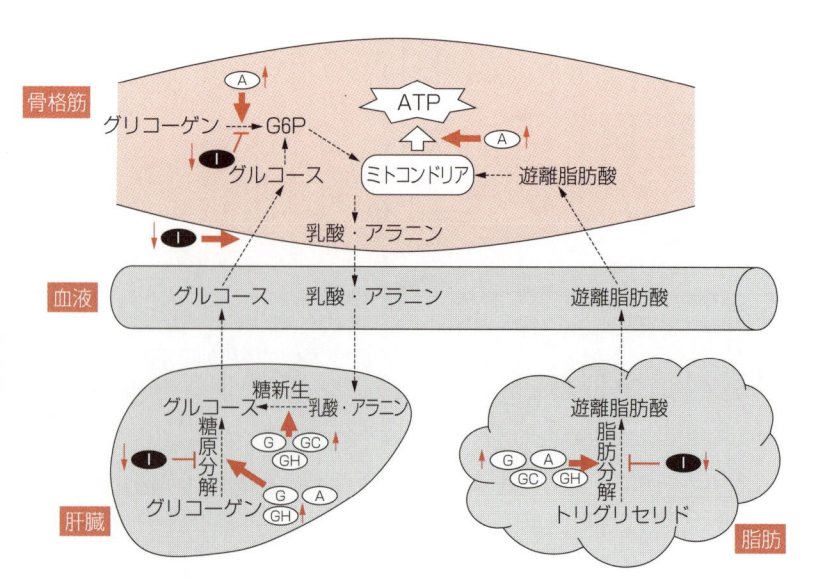

3 運動・トレーニングの順序とホルモン

　実際のトレーニング場面では，練習の前半に**持久的運動**（有酸素トレーニング）を行い，練習の最後に**レジスタンス運動**（筋力トレーニング）を行うなど，複数のトレーニングを同じ日に行うことが多い．では，その効果をより高めるために適したトレーニングの順序はあるのだろうか？

　下垂体前葉から分泌される**成長ホルモン**は，その名のとおり，細胞や組織の成長を促す．成長ホルモンの分泌はレジスタンス運動によって劇的に増加し，筋肥大などのトレーニング効果が現れるのを助ける．また，成長ホルモンは脂肪に作用し，脂肪分解を促進させる．

　この成長ホルモンの分泌は，血液中の遊離脂肪酸が増加すると抑制される．つまり，持久的運動を行ったあと，血液中の遊離脂肪酸濃度が高い状態でレジスタンス運動を行うと，成長ホルモンの分泌が低下してしまう（図6.7左）．一方，持久的運動の前にレジスタンス運動を行い，あらかじめ成長ホルモンの分泌を高めておくと，成長ホルモンの作用により次の持久的運動時の脂肪分解が促進される（図6.7右）．

　したがって，一過性運動時の成長ホルモン分泌と脂質代謝から見ると，レジスタンス運動後に持久的運動を行うという順序が合理的と考えられる．ただし，レジスタンス運動後に持久的運動を行うと体脂肪が減少しやすいのか，持久的運動後にレジスタンス運動を行ったら筋肥大効果は得られないのか，などはまだ明らかになっていない．

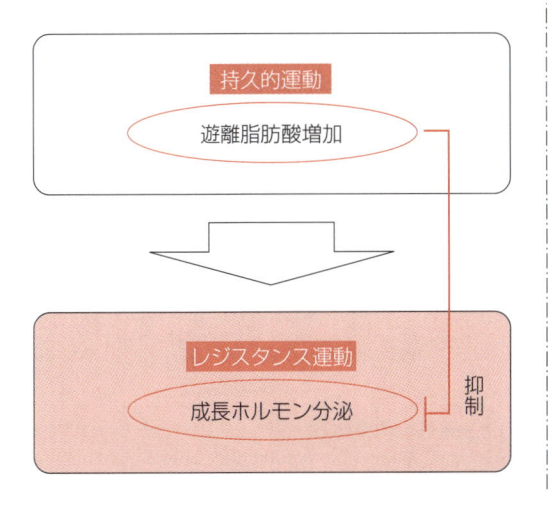

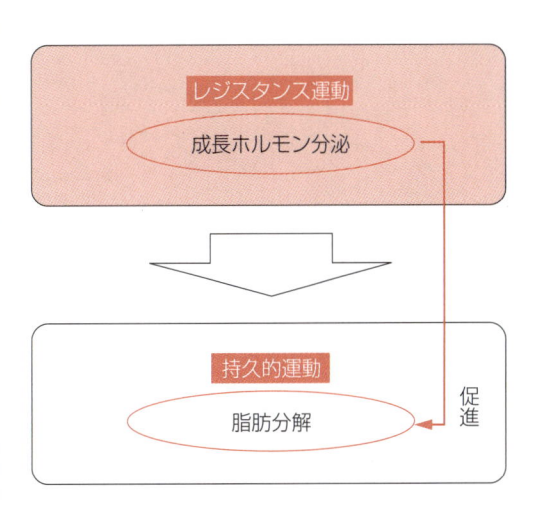

図6.7　運動・トレーニングの順序とホルモン

4 トレーニングによる運動時のホルモン分泌応答の変化

（1）絶対運動強度が同じ場合

　一般的に，絶対運動強度が同じ場合は，トレーニングによって運動時のホルモン分泌量は低下する．図6.8左は，7週間の持久的トレーニングを実施しながら，毎週，同一強度の高強度運動〔トレーニング前の最大酸素摂取量（$\dot{V}_{O_2}$max）の90％強度，5分間のペダリング運動〕を行った際のアドレナリンおよびノルアドレナリン分泌量の変化である．トレーニング開始前と比較し，トレーニング1週後から両ホルモンの分泌量は減少している．

　この理由として，トレーニングにより体力が向上したことで同じ強度の運動を楽に実施することができるようになった（相対運動強度が低くなった）ためと考えることもできるが，ホルモンの感受性が高まることや，エネルギー代謝に関わる酵素が増加しエネルギー代謝の効率が向上することなども関係する．

（2）相対運動強度が同じ場合

　一方，相対運動強度が同じ場合は，トレーニング後のほうがアドレナリン，ノルアドレナリンの分泌量は多くなる．図6.8右は，10週間の持久的トレーニングを行った前後に，そのときの$\dot{V}_{O_2}$maxの60〜85％に相当する運動（15分間のトレッドミル運動）を行ったときのノルアドレナリン分泌量である．とくに運動強度が高くなるほど，トレーニング後はノルアドレナリン分泌量が増加している．

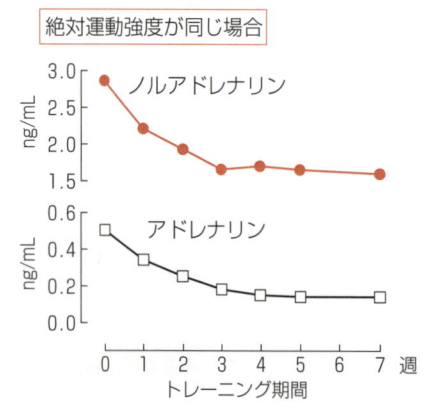

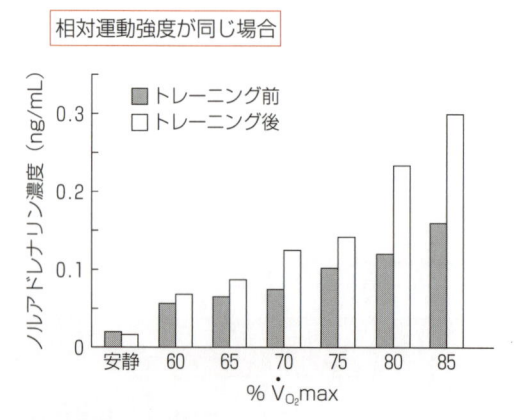

図6.8　トレーニングと運動時の内分泌応答

左図：W. W. Winder et al., Time course of sympathoadrenal adaptation to endurance exercise training in man, *J. Appl. Physiol.*, **45**, 370（1978）をもとに作成．
右図：J. S. Greiwe, et al., Norepinephrine response to exercise at the same relative intensity before and after endurance exercise training, *J. Appl. Physiol.*, **87**, 531（1999）をもとに改変・作成．

相対運動強度が同じ場合は，トレーニング後のほうが絶対運動強度が大きくなるため，運動時の筋活動量やエネルギー消費量が増加する．このため，エネルギー代謝をより促進する必要があり，ノルアドレナリン分泌量が増加すると考えられる．

（3）トレーニングは成長ホルモンの総分泌量を増加させる

図6.9は，異なる強度の持久的トレーニングを1年間実施した前後における，1日の成長ホルモン総分泌量の変化である．乳酸性作業閾値（LT）以上の持久的トレーニングを行うと，1日の成長ホルモン総分泌量が約2倍に増加している（図6.9左）．成長ホルモンは，1日のなかで周期的に分泌されており（**日内変動**），入眠後1時間ほどで大きなピークを迎える．トレーニング後は，ピーク時の成長ホルモン分泌量が増加することで，総分泌量が増加する（図6.9右）．

成長ホルモンは筋・骨の同化作用をもたらすだけでなく，脂肪分解を促進するため，トレーニングによって成長ホルモン総分泌量を増加させることは，除脂肪体重の多い健康的な体づくりに貢献すると考えられる．

乳酸性作業閾値
3章も参照．

5　ストレスとホルモン：運動はストレスである

（1）ストレスとは

現代社会において，**ストレス**（stress）は非常に身近なことばになった．一般に「精神的緊張」を意味する単語として使われることが多いが，もともと「ストレス」は物理学の用語であり，物体に力を加えた際

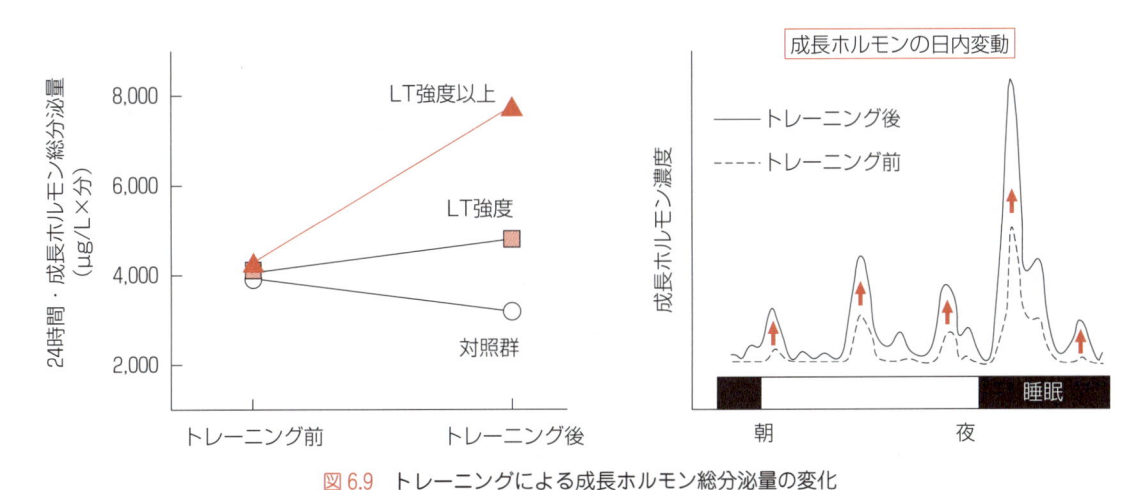

図6.9　トレーニングによる成長ホルモン総分泌量の変化
左図：A. Weltman, et al., Endurance training amplifies the pulsatile release of growth hormone: effects of training intensity, *Journal of applied physiology*, **72**, 6, 2188（1992）をもとに改変・作成．

に生じる「応力」を意味する．この単語を医学・生理学の分野に応用したのがアメリカの生理学者ウォルター・キャノン（1871～1945年）と，スイスの内分泌学者ハンス・セリエ（1907～1982年）である．医学・生理学の視点からストレスをとらえると，ホメオスタシスを乱すような刺激（**ストレッサー**）が生体に加えられたときに，ホメオスタシスを維持するために引き起こされる身体的・心理的な適応反応を**ストレス反応**と呼ぶ．なお，現在はストレッサーをストレスと呼ぶことも多い．

（2）ストレス反応：闘うか，逃げるか

　野生の動物を想像してみよう．彼らにとって一番のストレッサー（緊急事態）は，外敵との遭遇である．このとき，彼らは外敵と闘うか，それとも外敵から逃げるか，そのどちらかを選択する必要がある．注目すべきは，どちらの反応を行うにしても共通して，激しい身体活動が必要となる点である．そのための身体的（生理的）な準備状態をつくり出すのがストレス反応である．このため，ストレス反応は「闘争・逃走反応 (fight or flight response)」とも呼ばれ，生物が生存するためになくてはならない緊急反応である．

　ストレス反応は，体液性と神経性の二つの経路によって調節されている（図6.10）．生体にストレスが加わると，視床下部の神経活動が高まり，**CRH** (corticotropin-releasing hormone, **副腎皮質刺激ホルモン放出ホルモン**）が分泌される．CRHは下垂体前葉からのACTH分泌を刺激し，ACTHは副腎皮質からのグルココルチコイド分泌を刺激する．この一連の調節系を視床下部―下垂体―副腎皮質系という．分泌されたグルココルチコイドは，糖質・脂質代謝を促進することでより多く

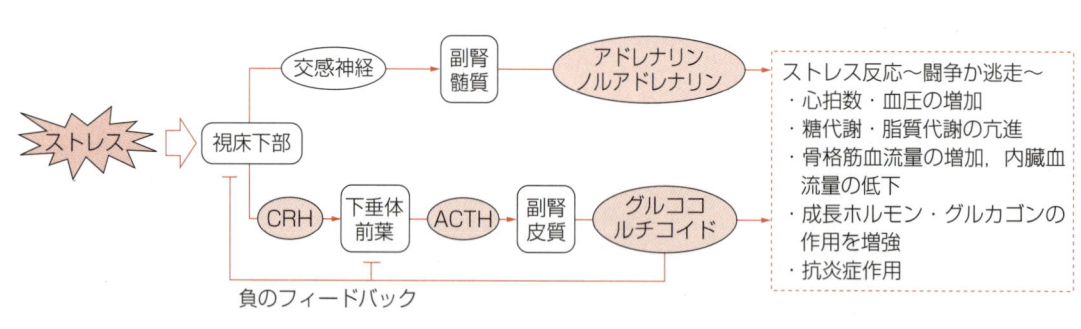

図6.10　ストレス反応の2大調節系

のエネルギー源を骨格筋に供給し，さらに，成長ホルモンやグルカゴンの作用を増強する．

内分泌系の調節中枢である視床下部は，自律神経系の調節中枢でもある．生体にストレスが加わると交感神経活動が高まり，副腎髄質からのアドレナリン・ノルアドレナリン分泌が増加する．この調節系を**視床下部―自律神経―副腎髄質系**という．アドレナリン，ノルアドレナリンは血圧・心拍数を高め，糖質・脂質代謝を促進する．また，骨格筋の血流量を増加させる一方，内臓の血流量を低下させる．これにより，より多くの血液を骨格筋に供給する．

ホルモンによって伝えられる信号は，生体に作用するまで時間がかかるが，その反応は比較的長時間持続する．一方，神経によって伝えられる信号は瞬間的に全身に変化をもたらすが，その反応は長時間持続しない．このようにストレス反応は，内分泌系と自律神経系とが協調的に働くことで，巧みに調節されている．

（3）慢性的な運動ストレスが生体にもたらす弊害

ACTHやグルココルチコイドはストレス時に増加することから，**ストレスホルモン**と呼ばれる．また乳酸性作業閾値を超えるような高強度運動でこれらストレスホルモンの分泌が増加することから，高強度運動はストレスであるといえる．ただし，これまで述べたとおり，ストレス反応は生物が生存するための適応的反応であることを忘れてはならない．高強度運動はストレス反応を引き起こすが，それはエネルギー源を供給するなど，運動を持続するために必要な生理状態を体内につくり出すために必要な反応である．

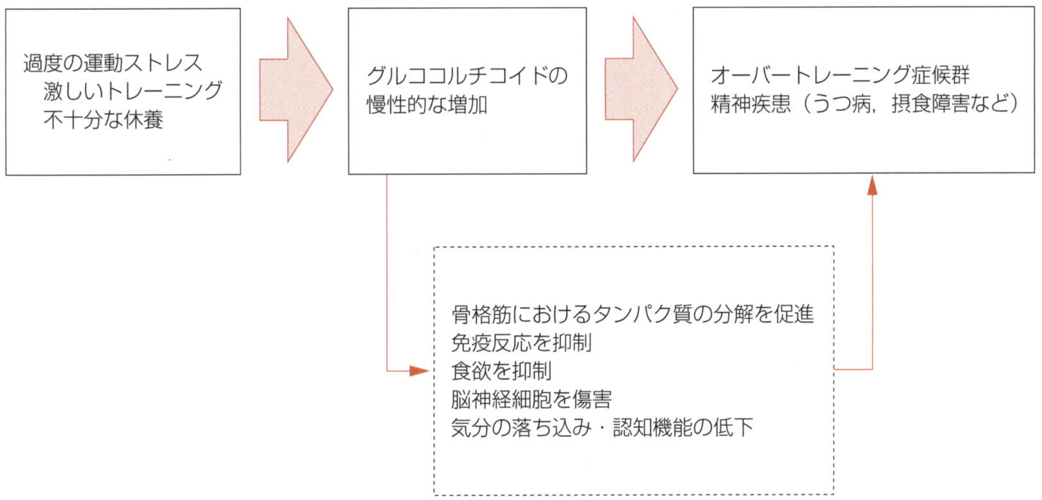

図6.11　過度の運動ストレスがもたらす弊害

一方，長期間にわたって過度の運動ストレスが生体に加えられると，血液中のグルココルチコイド濃度が慢性的に増加し，それによって生体にさまざまな不適応を引き起こす（図6.11）．グルココルチコイドは，骨格筋のタンパク質分解を促進する（異化作用）．また，グルココルチコイドは，免疫機能，食欲・性欲を抑制する．このような状況が続くと，オーバートレーニング症候群や，うつ病を代表とする精神疾患につながる危険性が高まる．適切な休養をとり，運動ストレスとうまく付き合うことが，トレーニングの効果を十分に得るためのポイントである．

オーバートレーニング症候群
12章参照．

復習トレーニング

次の文章のカッコの部分に適切な言葉を入れなさい．

❶ ホルモンが血液中に分泌されることを（　　），汗などが導管を介して体表面に分泌されることを（　　）という．

❷ 骨格筋へのグルコースおよび遊離脂肪酸の供給を維持するために，長時間の運動時には膵臓からのインスリン分泌は（　　）し，グルカゴン分泌は（　　）する．

❸ 長期間にわたって過剰な運動ストレスが加えられると，血液中の（　　）濃度が慢性的に増加し，さまざまな弊害を生体に引き起こす．

次の文章で正しいものには○，誤っているものには×を付けなさい．

❹ 〔　　〕ホルモンは，その受容体を発現している標的細胞（器官）以外には作用しない．

❺ 〔　　〕ストレス反応（闘争・逃走反応）は，「視床下部－下垂体－副腎髄質系」と「視床下部－自律神経－副腎皮質系」によって調節されている．

7章

スポーツと脳機能

7章のPOINT

- ◆ 脳（神経系）の働きによって運動は制御されているが，運動は脳機能にもさまざまな影響を与えることを理解しよう．
- ◆ 神経系は中枢神経系と末梢神経系に分けられ，末梢神経系はさらに体性神経（感覚神経，運動神経）と自律神経（交感神経，副交感神経）に分けられることを学ぼう．
- ◆ 随意運動の発現を最終的に指令するのは一次運動野であるが，その最終指令をつくるためにはさまざまな脳部位が複雑に関係していることを学ぼう．
- ◆ 運動には，神経細胞の新生を促進し，栄養因子を増加させるなど，神経細胞の健康を高めるさまざまな効果があることを学ぼう．

7章 スポーツと脳機能

はじめに

　現代の科学技術をもってしても，人間のように巧みに動くロボットをつくることはできない．100 m を 9 秒台で走り，時速 150 km のボールを打ち返し，芸術的なダンスを踊るなど，奇跡的とも思えるこれらの運動は，脳（神経系）の働きによって制御されている．そして運動は，筋機能や呼吸循環機能を向上させるのと同様に，脳機能を向上させることも明らかになってきた．現在，身体（からだ）の健康だけでなく，脳（こころ）の健康を維持・向上させるためにも，運動はきわめて有効な手段として注目されている．

　なお，この章では，スポーツ場面にとらわれずに運動と脳機能について学ぶことを目的とし，スポーツではなく運動と表現する．

1　神経系とは

（1）神経系の構成

　神経系は，中枢神経系と末梢神経系の二つに大きく分けられる（図7.1）．**中枢神経系**は，脳と脊髄からなり，それぞれ頭蓋骨と脊椎によって頑強に保護されている．**末梢神経系**は，頭蓋骨および脊椎の外にあるすべての神経を指す．末梢神経系はその機能から，体性神経系と自律神経系の二つに分けられる．また，信号を伝達する方向によっても二つに分けることができ，中枢神経系に信号を入力する神経を**求心性神経**，逆に中枢神経系からの信号を出力する神経を**遠心性神経**という．

　体性神経系は生体が外界とつながるための神経系であり，外界の情報

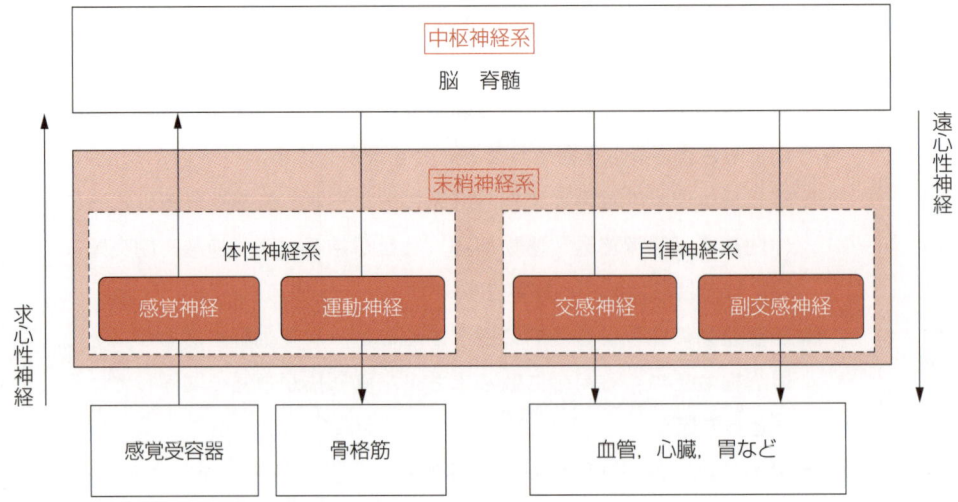

図7.1　神経系の構成

を受け取る**感覚神経**と，外界に働きかける**運動神経**からなる．感覚神経は目や耳などの感覚器からの情報を中枢神経系に伝える求心性神経であり，運動神経は中枢神経系からの運動指令を骨格筋に伝える遠心性神経である．骨格筋を収縮させることは意識的に制御できることから，体性神経は随意神経と呼ばれる．

自律神経系は生体の内部環境を調節するための神経系であり，遠心性の**交感神経**と**副交感神経**からなる．交感神経と副交感神経は生体に相反する作用（拮抗作用）を及ぼす．たとえば，交感神経は心拍数を上げるが，副交感神経は心拍数を低下させる．このように，交感神経は体を興奮させるように作用する神経であり，運動時にその活動が高まる．逆に，副交感神経は体を回復させるように作用する神経であり，食後や睡眠中に活動が高まる．自律神経系の働きは意識的に調節することができないため，不随意神経と呼ばれる．

自律神経系
13章も参照．

（2）神経系は神経細胞（ニューロン）の集合体

神経系を構成する最小単位が**神経細胞（ニューロン）**であることを明らかにしたのは，スペインの解剖学者サンティアゴ・ラモン・イ・カハール（1852〜1934年）と，イタリアの病理学者カミッロ・ゴルジ（1843〜1926年）である．成人の脳は約1,400グラムであり，およそ1,000億個もの神経細胞からできている．神経細胞は，核のある細胞体，信号を受け取る樹状突起，そして次の神経細胞へ信号を伝える軸索からなる（図7.2）．神経細胞と神経細胞のつなぎ目を**シナプス**と呼び，ここでは神経細胞同士が直接接しているのではなく，わずかな隙間が空いている（シナプス間隙）．電気的信号が軸索の末端（シナプス前終末）ま

神経伝達
図1.3も参照．

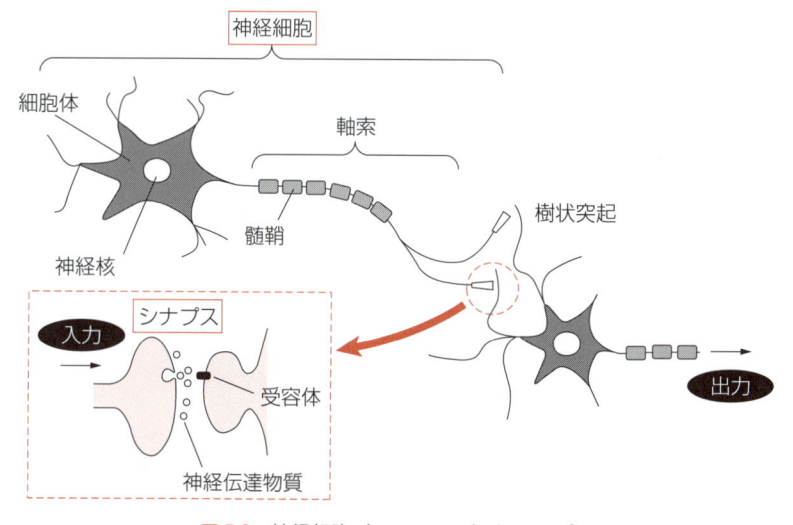

図7.2 神経細胞（ニューロン）とシナプス

で伝わると（伝導），シナプス前終末からは神経伝達物質がシナプス間隙に放出される．神経伝達物質は，次の神経細胞の細胞膜上にある受容体と結合し，情報が伝わる（伝達）．一つの神経細胞には数百〜数万のシナプスがあり，神経細胞のなかには軸索の長さが1mに達するものもある．神経系には，**グリア細胞**と呼ばれる神経細胞以外の細胞も存在し，脳全体のグリア細胞の数は神経細胞の十倍以上あるといわれている．

（3）脳の構造

ヒトの脳は，大きく四つの部位に分けられる（図7.3）．

① 脳幹

脳幹は，文字通り脳の根幹として最深部に位置しており，中脳，橋，延髄に区分けされる．**脳幹**には，上位の脳と脊髄，小脳を結ぶ軸索の束があるだけでなく，呼吸循環の調節中枢など生命を維持するために重要な神経細胞が集まっている．また脳幹は，平衡性，姿勢維持，反射にも関わる．

② 間脳

脳幹のうえに位置するのが**間脳**であり，視床と視床下部からなる．**視床**は大脳皮質に入力・出力する情報を中継する部位である．**視床下部**は，その名が示す通り視床の下に位置する．視床下部は内分泌系と自律神経系の調節中枢であり，エネルギー代謝，体温，摂食，飲水，睡眠，概日リズムなどを調節している．

③ 大脳

間脳を包み込むのが**大脳**であり，大脳の一番外側が**大脳皮質**である．ヒトの大脳皮質は脳重量の約40％を占めており，他の脊椎動物の脳と

● **知っておくと役に立つ！**

セカンドインパクト・シンドローム

コンタクトスポーツなどで脳しんとうを起こすと，おもな症状として意識・記憶の喪失，めまい，吐き気，嘔吐などが生じるが，これらは数日の内に自然に回復することが多い．ただし，1度目が軽傷であっても，完全に回復する前に脳しんとうを再度生じた場合は，脳しんとうの程度が弱くても重篤な症状を引き起こすことがある．これをセカンドインパクト・シンドロームといい，多くの場合が致死的である．医師の診断のもと，脳しんとう後はしっかり回復してから競技や練習に復帰することが大切である．また，脳しんとうで意識がなくなる場合は10％程度といわれており，意識があれば安全とは限らないので注意が必要である．

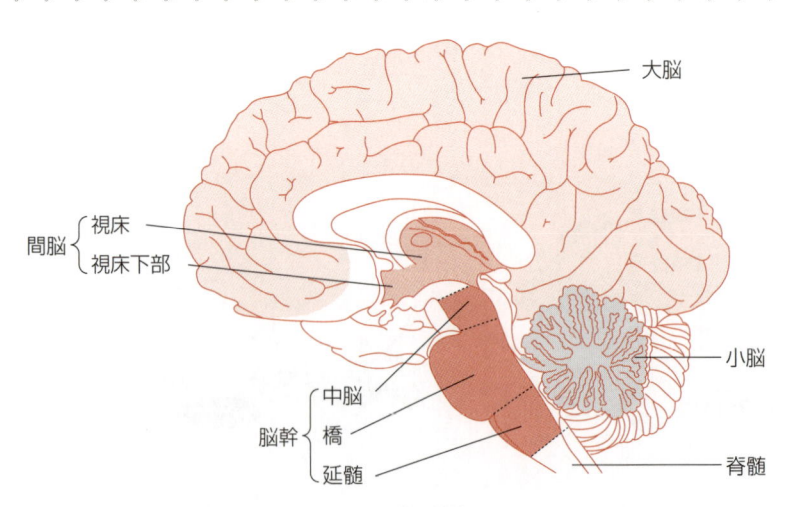

図7.3　脳の構造

M. F. ベアーほか著，加藤宏司　監訳，『ベアー　コノーズ　パラディーソ神経科学：脳の探求』，西村書店（2007），p.165を改変．

比較すると格段に大きく発達している．大脳皮質の下には，運動の発現を調節する大脳基底核，記憶・学習を担う**海馬**，不安や恐怖といった情動反応を制御する**扁桃体**などがある．

④ **小脳**

脳幹と大脳に挟まれるように位置しているのが**小脳**であり，姿勢制御，歩行，平衡性など運動の調節に関わる．小脳には，運動野からの遠心性信号に加えて，体性感覚（筋や関節の動き），視覚，聴覚などからのさまざまな求心性信号が入力する．つまり，「どのような運動が計画されたか」「どのような運動指令が発せられたか」という情報だけでなく，「どのような運動が起こったか」という情報も小脳にフィードバックされており，これらの情報をもとに小脳は運動を調節する．小脳が障害されると運動を調節することができなくなり，過度の筋緊張（伸長性固縮）や手足のふるえが起こる．また，小脳は運動の学習や記憶にも関わる．

2　随意運動の発現と調節

ボールを投げるなど，意識的に行う運動を**随意運動**という．この随意運動を発現し調節する脳のしくみはきわめて複雑であるが，それに関わるおもな脳部位を図7.4に示した．

（1）一次運動野

骨格筋を収縮させるための最終指令を出すのが**一次運動野**である．一次運動野は，中心溝の直前にある中心前回と呼ばれる部位に位置してい

> **知っておくと役に立つ！**
>
> **中枢性疲労**
>
> 運動による疲労は，筋におけるエネルギー源の枯渇や代謝産物の蓄積といった末梢性の要因のほかに，一次運動野からの運動指令が低下することによって生じる疲労もあり，これを中枢性疲労という．中枢性疲労の原因は未だ不明な点が多いが，神経伝達物質の欠乏，深部体温（脳温）の上昇，脳血流量の低下による酸素およびエネルギー基質の供給低下，覚醒レベルの低下などが考えられている．

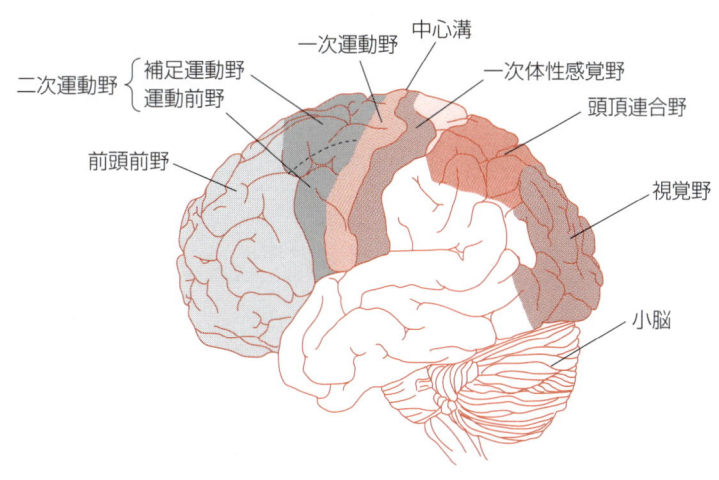

図7.4　随意運動の発現と調節に関わる脳部位

M. F. ベアーほか著，加藤宏司　監訳，『ベアー　コノーズ　パラディーソ神経科学：脳の探求』，西村書店（2007），p.357，図14.7を改変．

る（図 7.4 参照）．

　カナダの脳神経外科医 W. G. ペンフィールド（1891～1976 年）は，中心前回のある部位を局所的に電気刺激すると，体の特定の部位の筋収縮が起こることを発見した．このような検討を詳細に行った結果，中心前回のそれぞれの部位が身体の各部位の運動を引き起こすことを明らかにした（図 7.5）．手や顔に対応している領域が際立って広いことは，多くの神経細胞によって手や顔の運動が調節されており，それによって複雑な動きができることを示している．逆に，体幹や脚などに対応する領域は狭く，したがって，これらの部位は複雑な運動を行うことが難しい．

（2）二次運動野

　一次運動野よりもさらに前方にあるのが運動前野と補足運動野であり，あわせて**二次運動野**と呼ばれる．二次運動野は動きのプログラムを作成し，その情報を一次運動野へと送る部位である．二次運動野のある部位を刺激すると，複数の関節や骨格筋による複雑な運動が引き起こされる．

（3）感覚野

　何か運動を行うためにはまず，自分の体がどのような状況にあるかという内的な情報や，自分はどこにいるか，目的となる場所（たとえば，ボールを投げる相手）はどこかといった外界の情報を集める必要がある．このような感覚情報を受け取る脳部位を**感覚野**と呼ぶ．筋や腱，皮膚からの体性感覚を受け取るのが一次体性感覚野であり，中心溝のすぐ

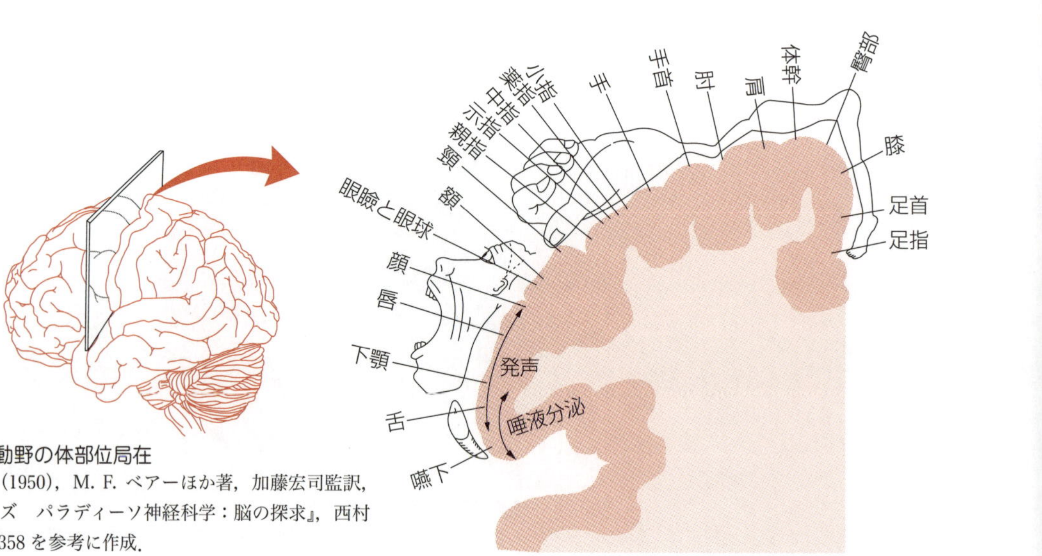

図 7.5　一次運動野の体部位局在
ペンフィールド（1950），M. F. ベアーほか著，加藤宏司監訳，『ベアー　コノーズ　パラディーソ神経科学：脳の探求』，西村書店（2007），p.358 を参考に作成．

後ろに位置する．網膜からの視覚情報を受け取るのが視覚野であり，後頭葉に位置している．

（4）頭頂連合野，前頭前野

一次体性感覚野や視覚野が受け取った情報は，続いて**頭頂連合野**や**前頭前野**へと伝えられる．これらの部位は，その情報を評価し，どのような運動を行うべきかを判断し，決定する．また，前頭前野は意欲とも関わる脳部位である．

（5）随意運動の発現と調節のしくみ（階層構造）

これまで述べた随意運動の発現と調節のしくみを，図7.6にまとめた．最終的に運動指令を出すのは一次運動野であるが，随意運動の発現はそれだけで調節されているのではなく，一次運動野の上位にはさまざまな脳部位が関わっていることがわかる．これらは，「1．運動のきっかけ」をつくり出す段階，「2．運動を立案・計画」する段階，そして「3．運動を実行」する段階と，階層構造になっていることを理解するとわかりやすい．

3　運動は脳機能を高める

運動が筋機能や呼吸循環機能を高めるのと同様に，脳機能を高めることを示す研究成果が1990年代後半から次々に報告されるようになった．とくに，運動の効果が劇的に現れるのが海馬と呼ばれる脳部位である．**海馬**は記憶・学習の中心的役割を担っており，この海馬を破壊したり機

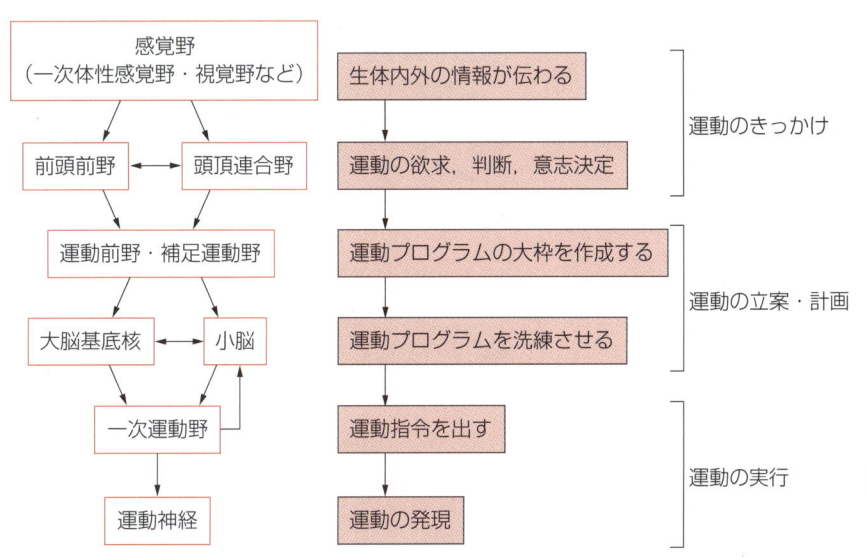

図7.6　随意運動の発現と調節の仕組み

能を阻害すると，新しくものごとを記憶したり学習することができない．

（1）神経細胞の新生を促進する

　これまでは，「成熟したほ乳動物の脳では神経細胞は新しく生まれない」というのが定説であった．しかし，近年の神経科学研究の進歩により，脳内のある特定部位では神経細胞が新生していることが明らかとなった．その特徴的な脳部位の一つが海馬の歯状回である（図7.7 左）．神経細胞の新生は，BrdU（ブロモデオキシウリジン）を用いることで明らかにすることができる．BrdU はチミジン（DNA を構成するヌクレオシドの一つ）の類似体であり，BrdU を動物に投与すると，DNA 合成期に BrdU は DNA の中に取り込まれる．脳切片を作成して BrdU を染色することで，BrdU が取り込まれた細胞（BrdU 陽性細胞），つまり新生した細胞を特定することができる．

　輪回し運動を行わせたマウスの海馬歯状回では，対照群と比較して増殖した細胞（BrdU 陽性細胞）の数が劇的に増えている（図7.7 右）．増殖した細胞のうち，およそ半数は1カ月以内に死滅してしまうが，残った細胞のおよそ8割は神経細胞へと分化し，海馬で新たな神経ネットワークを構築して機能するようになる．運動は，このように神経細胞の新生を促進するだけでなく，神経細胞一つあたりの樹状突起やシナプスの数も増やし，さらに血管新生も促進する．

（2）栄養因子を増加させる

　脳由来神経栄養因子（brain-derived neurotrophic factor, BDNF）は，神経細胞の生存や分化，樹状突起の伸長など，神経細胞の機能を支

図7.7　運動と海馬（歯状回）における神経細胞の新生
左：H. van Praag et al., Running increases cell proliferation and neurogenesis in the adult mouse dentate gyrus, *Nat. Neurosci.*, 2, 3, 266 (1999) を改変．

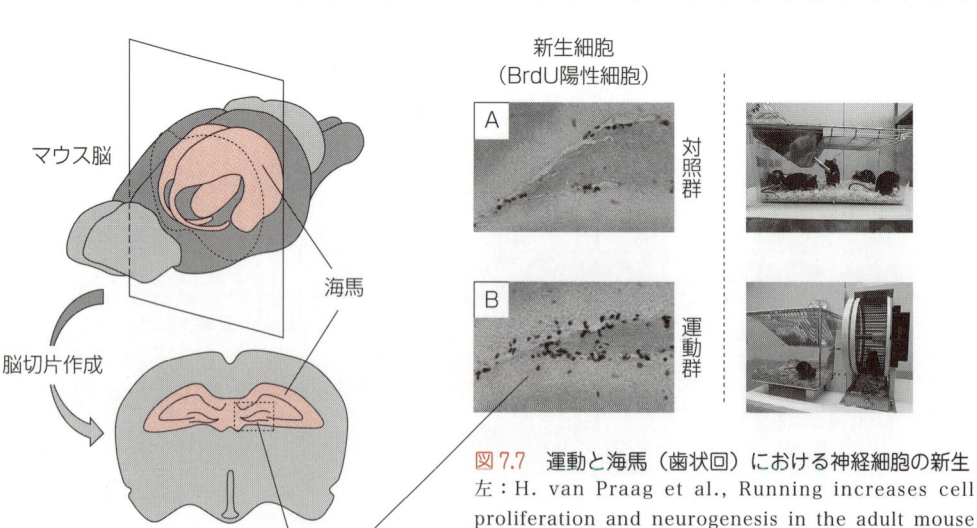

える重要なタンパク質である．マウスに輪回し運動を行わせると，1〜2週間で海馬のBDNFが2倍近く増加する（図7.8）．BDNFのほかにも脳機能を支える栄養因子は多数ある．代表的な栄養因子である神経成長因子（nerve growth factor, NGF），血管内皮増殖因子（vascular endothelial growth factor, VEGF），インスリン様成長因子－1（insulin-like growth factor 1, IGF-1）なども，運動によって海馬で増加することが明らかになっている．

（3）学習能力を向上させる

運動は，神経細胞の新生を促進し栄養因子を増加させるといった組織レベル，分子レベルの変化を引き起こすことで，学習能力も向上させる．マウスの学習能力を評価する行動テストとしては，**モリス水迷路**がよく用いられる．このテストは，1カ所だけ踏み台が置かれたプール（直径1〜2 m）を用いて行う（図7.9 左）．このプールにマウスを泳がせると，最初はでたらめに泳ぎ回るが，回数を重ねるにつれて踏み台がどこにあるかを学習し，踏み台に到達するまでにかかる時間（到着時間）が短くなる．踏み台は水面の下に隠されて置かれているため，マウスは踏み台を直接見て確認するのではなく，プール周囲の手がかりを頼りに踏み台の位置を学習する．このような空間学習を行うためには海馬が必要であり，海馬を破壊されたマウスは踏み台の位置を学習できない．

輪回し運動を1カ月間行わせたマウスと，運動を行っていない対照マウスにモリス水迷路を行わせると，運動を行わせたマウスのほうが踏み台までの到着時間が早くなる（図7.9 右）．これは，運動によって学習

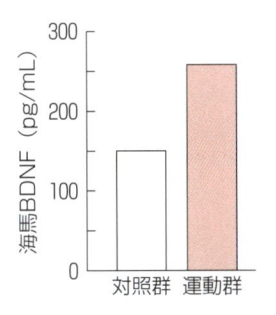

図7.8 運動と海馬の脳由来神経栄養因子（BDNF）
C. W. Cotman, N. C. Berchtold, Exercise: a behavioral intervention to enhance brain health and plasticity, *Trends Neurosci.*, 25, 6, 295 (2002) を改変.

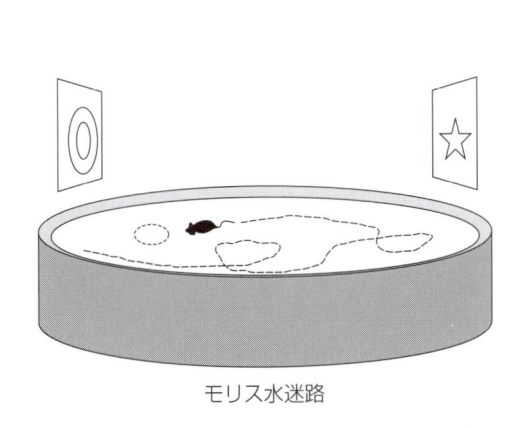

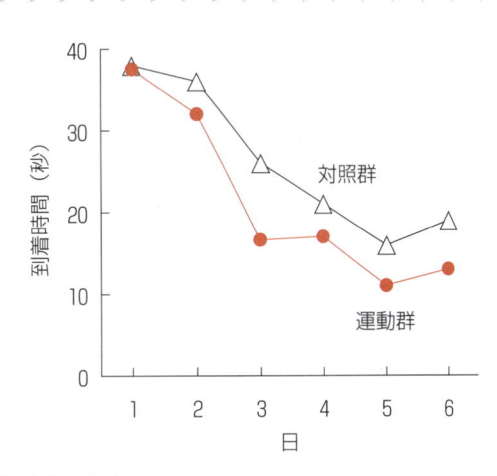

図7.9 運動と学習能力の向上
左：H. van Praag et al., Running enhances neurogenesis, learning, and long-term potentiation in mice, *Proc. Natl. Acad. Sci. U.S.A.*, **96**, 23, 13427 (1999) を改変.

能力が向上したことを明確に示している.

(4) 高齢者の海馬を肥大させる

これまでは動物実験から明らかにされた運動効果であったが,最近になって,ヒトでも運動が海馬によい効果を及ぼすことが報告された.研究では,高齢者(55〜80歳,平均66歳)に,歩行を中心とした持久的運動(予備心拍の50〜75％強度,1日約40分間),もしくは対照条件としてストレッチングを中心とした軽い運動を1年間行わせ,トレーニングの開始時,6カ月後,1年後に海馬の体積を測定した(図7.10).

加齢とともに海馬の体積は毎年1〜2％低下するが,ストレッチング中心の対照群ではその低下を防ぐことができず,海馬の体積が約1.4％低下した.それに対して,持久的運動を行った運動群では,海馬の体積が約2％増加した.おそらく,持久的運動によってBDNFなどの栄養因子が増加したため,海馬の体積が増加したと考えられる.

(5) うつ病の治療に有効である

現在,うつ病を代表とする精神疾患にかかる患者は増加の一途をたどり,2011(平成23)年に厚生労働省は,これまでの4大疾病(がん,脳卒中,心筋梗塞,糖尿病)に精神疾患を加えて**5大疾病**とする方針を示した.精神疾患は「こころの病」といわれるが,その原因は神経伝達物質の減少や神経細胞の機能低下など,神経系の生理・生化学的変化である.運動がこれまでの4大疾病の予防・治療に有効であることはよく知られているが,脳神経系にさまざまな効果をもたらすことで精神疾患の予防・治療にも有効であることもわかってきた.

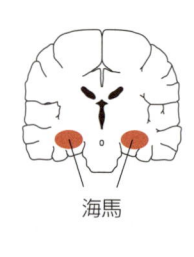

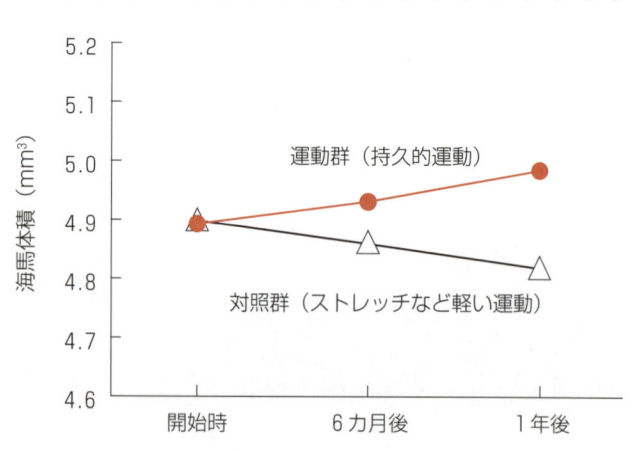

図7.10 運動と高齢者の海馬

K. I. Erickson et al., Exercise training increases size of hippocampus and improves memory, *Proc. Natl. Acad. Sci. U. S. A.*, **108**, 7, 3017(2011)を改変.

図 7.11 は，うつ病患者（50 歳以上）を三つのグループに分け，抗うつ薬（セルトラリン），運動（予備心拍の 70 〜 85 ％強度，1 日 30 分），そして運動と抗うつ薬の併用による治療を 16 週間行った際の抑うつ度の変化である．抑うつ度はハミルトンうつ病評価尺度（HAM-D）によって評価しており，16 〜 18 点以上が中等度以上のうつ病と判定される．すべての群で治療前は HAM-D スコアがおよそ 18 と高かったが，治療後は基準値の 7 点近くまで改善している．これは，運動が抗うつ薬と同等の治療効果をもっていることを示している．

（6）運動は神経細胞の健康を高める

ストレスはうつ病の原因の一つであるが，ストレスを受けると誰もがうつ病にかかるわけではない．同様に，高齢になっても脳機能が衰えず明朗快活な人も多い．確かに，ストレスや加齢は精神疾患や認知機能低下のリスク要因であるが，ストレスが原因でうつ病になるのか，加齢が原因で認知機能が低下するのかは，個人によって，すなわちその人の神経細胞が健康的であるかどうかで大きく異なる（図 7.12）．

健康で弾力的な神経細胞は，ストレスや加齢の影響を軽減することができる．逆に，不健康な神経細胞は脆弱であり，ストレスや加齢の影響を受けやすい．これまで述べたように，運動は神経新生や血管新生を促進し，栄養因子を増やす．さらに，酸化ストレスに対する防御能力（抗酸化能力）や神経細胞内のミトコンドリア機能を向上させる，神経細胞死を抑制するなど，さまざまな効果を神経細胞にもたらすことも明らかにされている．すなわち，運動は神経細胞の健康も高め，ストレスや加齢による脳への悪影響を軽減する．したがって身体の健康のためだけで

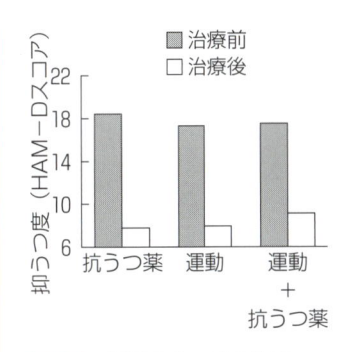

図 7.11 運動とうつ病の治療
J. A. Blumenthal et al., Effects of exercise training on older patients with major depression, *Arch. Intern. Med.*, **159**, 19, 2349 (1999) を改変．

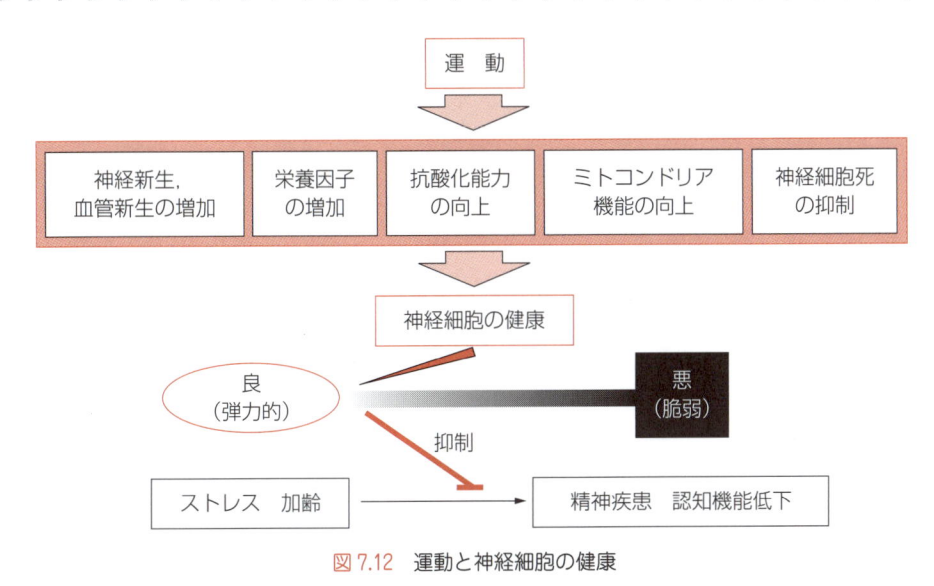

図 7.12 運動と神経細胞の健康

なく，脳の健康のためにも積極的な運動の実践が重要である．

復習トレーニング

次の文章のカッコの部分に適切な言葉を入れなさい．

❶ 神経系は，中枢神経系と末梢神経系に分けられる．末梢神経系は，感覚器からの情報を中枢神経系に伝える（　　　），脳からの運動指令を伝える（　　　），体内環境を調節する（　　　）と（　　　）からなる．

❷ 神経細胞は，核がある（　　　），信号を受け取る（　　　），信号を伝える（　　）からなる．神経細胞と神経細胞のつなぎ目を（　　　）という．

❸ 運動の最終指令を出すのが（　　　）であり，そのための運動プログラムの大枠を作成するのが（　　　）である．

次の文章で正しいものには○，誤っているものには×を付けなさい．

❹ （　　）姿勢制御や平衡性など運動の調節を行い，さらに運動学習に関わる脳部位は小脳である．

❺ （　　）マウスに輪回し運動を行わせると，海馬における神経細胞の新生が抑制され，学習能力が低下する．

8章 スポーツと遺伝子

8章のPOINT

- ◆ 持久系能力やスプリント・パワー系能力は，親から子へ遺伝する可能性があることを学ぼう．
- ◆ 運動能力には「個人差」がある．この個人差は遺伝子の影響を受けていることを学ぼう．
- ◆ 持久系競技やスプリント・パワー系競技には，それぞれの競技種目に適した遺伝子型があることを学ぼう．
- ◆ トレーニング効果にも「個人差」があり，運動の効果が大きい人と小さい人がいる．個人差も遺伝子の影響を受けることを理解しよう．
- ◆ スポーツにおける遺伝子の情報は，アスリートの才能発掘や個々人にふさわしいオーダーメイド運動処方の実現に役立つ可能性があることを理解しよう．

8章 スポーツと遺伝子

はじめに

運動能力やトレーニング効果には「個人差」がある．同じ内容のトレーニングを同じ期間行っても，誰もが同じ競技成績やパフォーマンスが発揮されるわけではない．このような個人差が生じる一因には，遺伝子の影響がある．

この章では，遺伝子が運動能力やトレーニング効果に与える影響について解説する．

1 個人差と遺伝子

肌の色，目の色，髪の毛の色は，人種によって異なる．これらの形質は「**遺伝子**」によって決定されている．遺伝子とは，生体の構築や生命活動に必要なタンパク質などの設計図である．遺伝子は，生体の中で**デオキシリボ核酸**（deoxyribonucleic acid, **DNA**）（図 8.1）という形で細胞の核に存在する．DNA は 4 種類の塩基（アデニン，グアニン，チミン，シトシン）の並び方（配列）によって，さまざまなタンパク質の情報を規定している．DNA からタンパク質がつくられる過程には，**リボ核酸**（ribonucleic acid, **RNA**）という化学物質が仲介する（図 8.2）．核にある DNA の塩基配列の情報は，核内でメッセンジャー RNA（mRNA）にコピーされる（**転写**）．転写を完了した mRNA は，核からリボソームという細胞小器官に移動し，そこで三つの塩基配列ごとに一つのアミノ酸に変換される（**翻訳**）．そして，変換されたアミノ酸同士が連なり，タンパク質を形成する．生体の設計図に刻まれた情報，すな

> **知っておくと役に立つ！**
>
> **人種と競技適性**
> オリンピックの陸上競技や世界陸上競技選手権大会などでは，黒人選手の活躍が目立つ．しかし，同じ黒人であっても，100～400 m 走などの短距離種目で活躍する選手（ジャマイカ，アメリカなど）は西アフリカを起源とした人種であり，マラソンなどの長距離種目で活躍する選手は東アフリカ（ケニア，エチオピア）を起源とした人種である．この違いにも，遺伝子が影響を及ぼしている可能性があるといえよう．

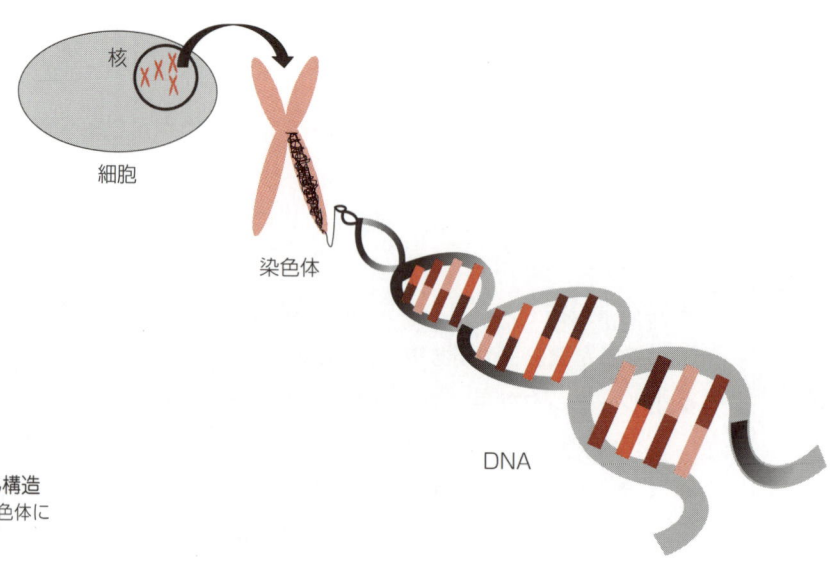

図 8.1　DNA の二重らせん構造
DNA は，細胞の核にある染色体に巻きついた状態で存在する．

わち遺伝子の情報は，タンパク質という形で表現されることによって，その機能を発揮する．

ヒトゲノム（全遺伝子 DNA）が完全解読され，現在では約 25,000 種類の遺伝子が存在することが明らかになった．ヒトゲノムの 99.9 % は各個人間で共通しているが，残りの 0.1 % は異なる．この 0.1 % の各個人間の遺伝子の違いは，「**遺伝子多型**」と呼ばれる．ヒトには約 30 億対の塩基があるが，1,000 〜 2,000 個に 1 個の割合で，各個人によって異なる配列部分が存在する（遺伝子多型）（図 8.3）．たった一つの塩基配列が異なるだけで，生成されるアミノ酸は変化し，タンパク質の機能を大きく変えることがある．これが個人差として現れ，肌の色，目の色，髪の毛の色などの形質に影響を与えるのである．遺伝子多型は，見た目の形質に限らず，太りやすさ，病気のかかりやすさ，薬の効きやすさ，さらにはスポーツに関連した運動能力やトレーニング効果などの個人差にも影響を与えている．このような個人差を生み出す遺伝子は親から子へと引き継がれる．これまでに運動能力の遺伝率について，同じ遺伝子をもつ双子や親子を対象とした研究が行われており，持久系能力では 40 〜 71 %，筋力では 30 〜 70 % が遺伝する可能性があるとされている．

2 運動能力の個人差と遺伝子

スポーツには，持久系能力を主とする競技やスプリント・パワー系能力を主とする競技などがあり，スポーツ種目によって要求される運動能力は異なる．近年，運動能力に影響を与えるさまざまな遺伝子多型が明らかになってきた．運動能力のなかでも，代表的な持久系能力とスプリ

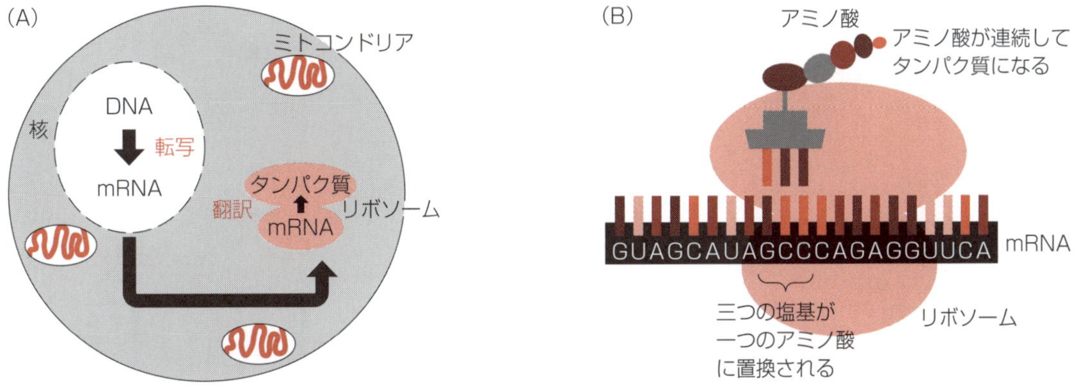

図 8.2 タンパク質の合成
(A) 全体像：核内にある DNA の遺伝情報は mRNA に転写され，その情報をもとにリボソームでタンパク質を合成する（翻訳）．
(B) リボソームにおける翻訳：リボソームでは mRNA の三つの塩基が一つのアミノ酸に置換される．生成されたアミノ酸が連続することにより，タンパク質となる．

ント・パワー系能力を取り上げ，これらに関連する遺伝子多型について解説する．

（1）持久系能力の個人差と遺伝子

陸上競技のマラソンや長距離走では，選手は一定の長距離をより速い時間で走ることを目指している．マラソン競技では，競技後半での疲労や失速をいかに克服するかが重要な課題となる．マラソンなどの長距離走でより速く走るためには，心臓や筋肉が疲れにくい身体をもっていることが有利になる．もちろん，競技中の疲労や失速には，当日の体調や栄養状態などが影響すると考えられるが，選手自身がもっている遺伝子によっても影響を受ける．すなわち，マラソンなどの持久系種目では，疲れにくい心臓と筋肉をもっていることが有利に働く．この疲れにくい心臓や筋肉にも遺伝子多型が関与している．

① アンジオテンシン変換酵素の遺伝子多型

ヒトの持久系能力に関連する遺伝子多型として，**アンジオテンシン変換酵素**（angiotensin converting enzyme, **ACE**）**の遺伝子多型**（I型とD型に分類）がある．ACEは血管収縮に関連するタンパク質で，血圧調節に重要な役割を果たしている．

日本人アスリートを対象として，ACEの遺伝子多型を調べると，5,000 m走やマラソンなどの長距離種目におけるベスト記録は，I型の選手に比べて，D型の選手のほうが優れていることが報告されている（図8.4）．すなわち，D型の日本人選手は全身持久力に優れていると考えられる．ACEの遺伝子多型でD型をもつ人が持久系種目で有利な理由として，D型の人は心臓が大きいことや運動による血中乳酸濃度の上

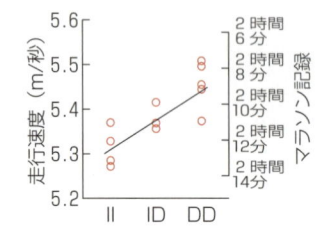

図 8.4 ACE 遺伝子多型がマラソン記録に与える影響
II型に比べて，DD型のマラソン記録が優れている．
T. Tobina, et al., *J. Physiol. Sci.*, **60**, 325 (2010) より改変．

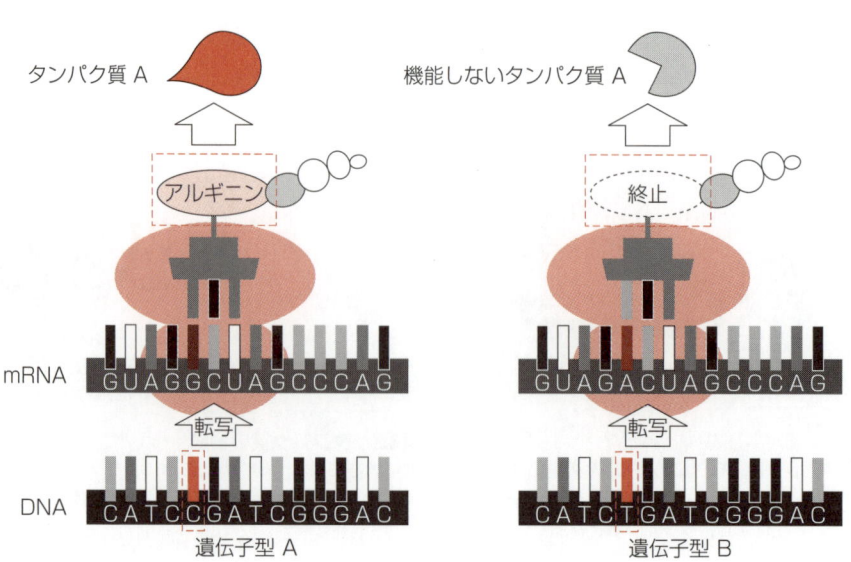

図 8.3 遺伝子多型
遺伝子型Aをもつ人と遺伝子型Bをもつ人は，生成されるアミノ酸に差が生じることにより，形成されるタンパク質の機能に差が生じる．これが目の色や肌の色だけでなく，運動能力やトレーニング効果に影響することがある．

昇が低いことが関係していると考えられる．持久系種目において，心臓が大きいことは1回拍出量が大きくなり，全身へ送り出す血液量を増加させることができる．また，乳酸の蓄積は筋肉の疲労を導くことから，運動中の血中乳酸濃度の上昇が低いことは，疲労しにくい筋肉をもっていることになる．

② エリスロポエチンの遺伝子多型

エリスロポエチンは赤血球の産生を促進する物質である．赤血球は各組織へ酸素を運搬する役割を担うことから，赤血球を増加させることは持久系種目において疲労しない身体づくりに役立つ．マラソン選手などが試合前に酸素濃度の低い高地でトレーニングを行うことがあるが，これは赤血球の産生を増加させることを目的としている．

赤血球の産生と関連するエリスロポエチンの遺伝子多型は，**多血症**（体内に存在する赤血球量が増加した状態）と関連していることが知られている．多血症ではエリスロポエチンが多く産生され，赤血球が増加するので，多血症の持久系アスリートは競技に有利になるかもしれない．実際に，スキー長距離競技におけるオリンピック金メダリストのなかには多血症の選手もいる．この金メダリストの遺伝子多型の解析は行われていないが，エリスロポエチンの産生に有利な遺伝子型をもっている可能性が示唆されている．このように，赤血球の増加を引き起こすエリスロポエチンの遺伝子型をもっている人は，持久系種目に適している可能性がある．

③ ミトコンドリア DNA の遺伝子多型

身体活動を行うには，エネルギーの供給が必要である．生体におけるエネルギーは，**アデノシン三リン酸**（adenosine triphosphate, ATP）

> エリスロポエチン
> 14章も参照．

> 身体活動とエネルギー
> 2章も参照．

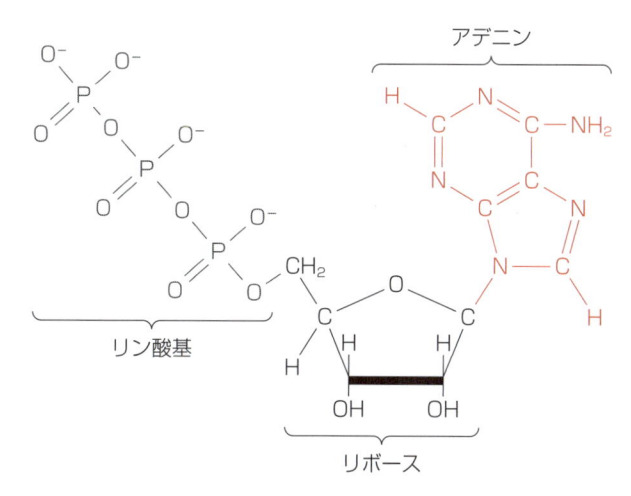

図 8.5 アデノシン三リン酸（ATP）の構造
三つのリン酸基，リボース，アデニンにより構成される．

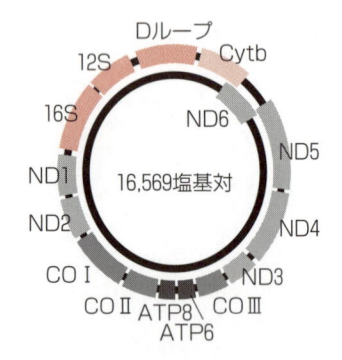

により供給され（図8.5），骨格筋はこのATPを使って身体活動を行う．ATPは細胞で産生されるが，細胞小器官の一つであるミトコンドリアでその大部分が産生される．マラソンのような持久系種目では，競技中の疲労を防ぐために骨格筋でのエネルギー供給を効率よく行う必要がある．すなわち，持久系種目では，ATP産生の大部分を担うミトコンドリアの役割が重要である．

ミトコンドリアは，核にあるDNAとは別に独自のDNA（**ミトコンドリアDNA，mtDNA**）をもっている（図8.6）．ATP産生に関与するタンパク質は約90種あるが，そのうちの13種がmtDNAにコードされている．このことから，mtDNAの遺伝子多型は，ATP産生能力に影響を与える可能性がある．mtDNAは，母親から遺伝する片親由来のものであり，母親のmtDNAに変異が生じると，遺伝子はそのまま子へ継承される．すなわち，同じ母方の先祖をもつ人々は類似したmtDNAをもつグループに属することになる．

現在，日本を含むアジア人のmtDNAグループには10種類以上のタイプが存在するが，持久系種目でオリンピックに出場した日本人アスリートには，G1タイプが高頻度で認められている．さらに，持久系能力とmtDNAの遺伝子多型が関連していることも報告されている．すなわち，mtDNAの遺伝子多型は，運動時のエネルギー供給に影響を及ぼしている可能性がある．

（2）スプリント・パワー系能力の個人差と遺伝子

陸上競技の砲丸投げ，ハンマー投げ，やり投げなどの投擲種目や100m走，200m走などの短距離種目などのスプリント・パワー系競技

図8.6　ミトコンドリアDNA

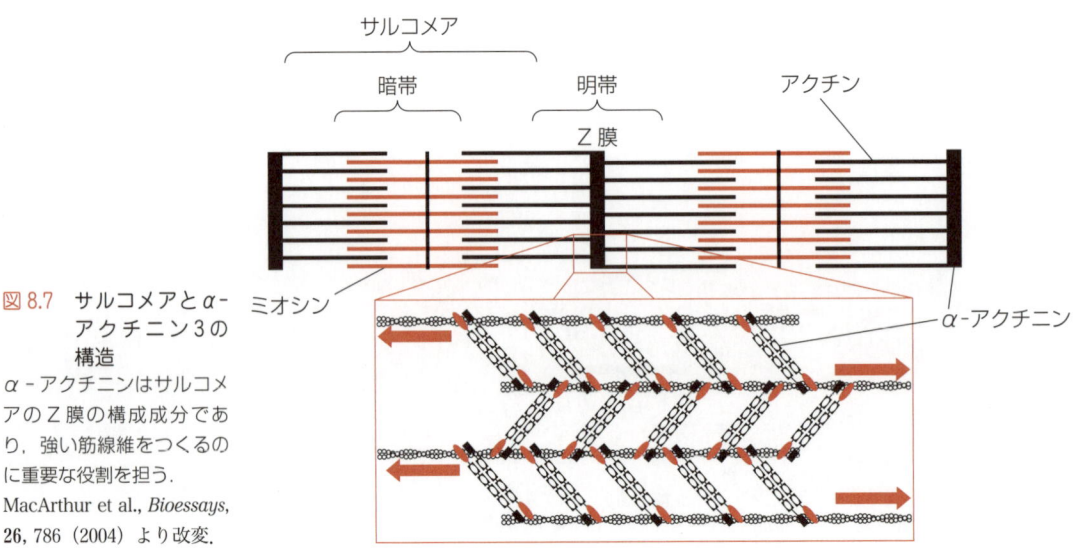

図8.7　サルコメアとα-アクチニン3の構造
α-アクチニンはサルコメアのZ膜の構成成分であり，強い筋線維をつくるのに重要な役割を担う．
MacArthur et al., *Bioessays*, **26**, 786（2004）より改変．

では，瞬時に大きな筋力を発揮できることがパフォーマンスの向上に重要である．スプリント・パワー系種目で高いパフォーマンスを発揮するためには，筋量や筋力がカギとなる．この筋量や筋力にも遺伝子多型が関与している．

① α-アクチニン3（ACTN3）の遺伝子多型

筋量や筋力に影響を与える遺伝子多型として注目を集めているのが，**α-アクチニン3**（actinin3, **ACTN3**）**遺伝子**である．筋活動は骨格筋の収縮と弛緩により引き起こされ，その収縮単位は**サルコメア**と呼ばれる．サルコメアの連続したものが筋原線維で，これらの集合体が筋線維である（図8.7）．ACTN3は，隣接するサルコメアを仕切るZ膜の主要な構成成分の一つであり，高い筋出力を発揮するために欠かすことのできない重要な物質である．

骨格筋には大きく分けて，2種類の筋線維（速筋線維と遅筋線維）が存在する．速筋線維はスプリント・パワー系競技に適した筋線維であり，遅筋線維は持久系競技に適した筋線維である．ACTN3タンパク質は速筋線維でのみ産生されるという特徴がある．すなわち，ACTN3はスプリント・パワー系競技に重要な遺伝子であると考えられる．

このACTN3遺伝子には多型が存在し，ACTN3タンパク質を産生することができるRR型とACTN3タンパク質を産生することができないXX型に分類される．オリンピックレベルの一流アスリートにおいて，ACTN3の遺伝子型の頻度（RR型，RX型，XX型）を調べると，スプリント・パワー系アスリートで5：5：0，持久系アスリートで3：4：3に分類される（図8.8）．これらの結果から，スプリント・パワー系競技には，R型をもっていることが有利になると考えられる．

> **知っておくと役に立つ！**
>
> **スポーツ種目と遺伝子情報**
> ACTN3の遺伝子多型でRR型はスプリント・パワー系競技に，XX型は持久系競技に適しているとされている．現在，ACTN3などのスポーツに関連する遺伝子多型の検査は，唾液や血液などを採取することで簡便に判定することが可能になっている．ACTN3遺伝子多型のみでアスリートとしての才能を判定することはできないが，遺伝子の情報はトップアスリートになるための可能性を見出すための一助になるだろう．

ACTN3遺伝子
1章も参照．

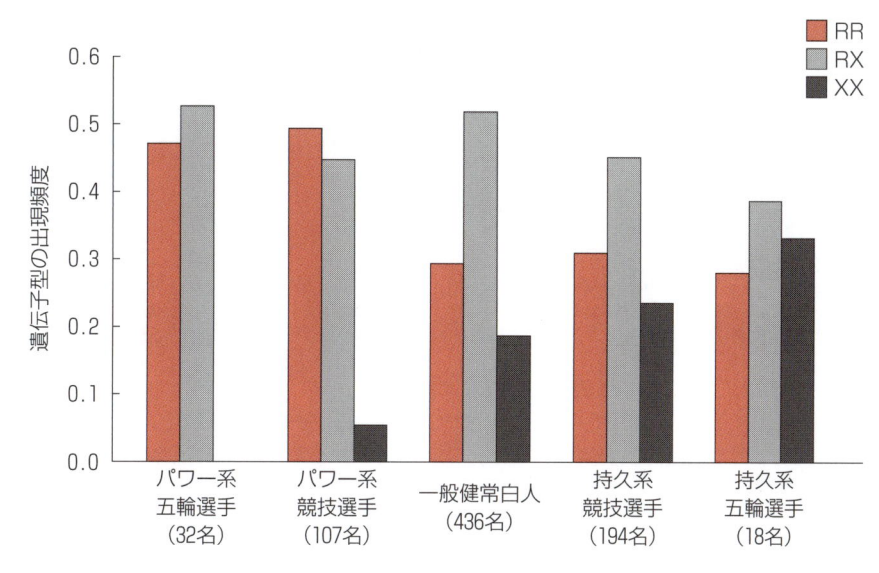

図8.8 アスリートとACTN3遺伝子多型
パワー系アスリートでACTN3遺伝子XX型の選手はほとんどいない．
N. Yang, et al., *Am. J. Hum. Genet*., **73**, 627 (2003) より改変．

また，ACTN3の遺伝子多型には人種差がある．日本人の約25％はACTN3タンパク質を生成できないXX型であることが明らかにされている．ただし，ACTN3タンパク質が生成できなくても，その代償機構があるため，正常な筋機能は保持されている．一方，西アフリカ系黒人（ナイジェリア，ジャマイカなど）では，XX型がほとんど認められないことから，西アフリカ系黒人はスプリント・パワー系競技に適した遺伝子型をもっているのかもしれない．

② ミオスタチンの遺伝子多型

高い筋力を発揮するためには，筋を肥大させることが重要である．**ミオスタチン**は筋肥大を抑制するタンパク質である．ミオスタチンの欠損により，筋肉質の身体が形成される．ミオスタチン欠損による筋肥大効果は，まずマウスの実験で明らかにされた．その後，ウシやイヌにおいてもミオスタチンを一部欠損させると筋肥大が生じることが明らかになった（図8.9）．

ヒトにおけるミオスタチン遺伝子の影響も明らかになっている．2004（平成16）年6月24日のニューヨークタイムズに，ミオスタチン遺伝子の突然変異により，筋肉質の身体をもつ赤ん坊が誕生したという記事が掲載された．この子どもの母親は，かつて100m走を専門としたスプリント系アスリートであった．現在，ミオスタチン遺伝子はスプリント・パワー系競技において優れたパフォーマンスを発揮するために重要な遺伝子の一つであると考えられており，その多型が筋力に影響を与えることが明らかになっている．すなわち，ミオスタチンの遺伝子多型（KK型，KR型，RR型）で，KK型をもつ人の筋力はRR型の人よりも強いことが報告されている．

図8.9 ミオスタチン遺伝子変異を起こしたウシとイヌ
Proc. Natl. Acad. Sci. USA., 94, 12457 (1997), *PLo. S. Genet.*, 3, e79 (2007) より改変．

また，競走馬に用いられるサラブレッドには，短距離走を得意とするタイプと長距離走を得意とするタイプがいるが，興味深いことに，得意とする距離に応じて，ミオスタチンの遺伝子型（CC型，CT型，TT型）が異なることが明らかにされている．短距離走を得意とするタイプではCC型，長距離走を得意とするタイプではTT型が多く，中間型（CT型）は中距離走を得意とするという結果が示されている．これらのことから，ミオスタチン遺伝子はスプリント・パワー系競技の成績に影響を与えている可能性がある．

3　トレーニング効果の個人差と遺伝子

　トップアスリートと同じ内容のトレーニングを同じ期間行っても，誰もがトップアスリートと同じパフォーマンスを発揮できるわけではない．また，アスリートに限らず，健常者が健康の維持・増進や疾病予防のために行う運動であっても，その効果は皆が同じではない．すなわち，同じトレーニングを同じ期間行っても，その効果には**個人差**が生じる（運動の効果が出る人と運動の効果が出にくい人がいる）．この個人差の背景には，遺伝的な要因が関与している．持久系能力と関連しているACE遺伝子多型やmtDNA遺伝子多型は，トレーニングによる持久系能力の運動効果にも影響を与える．

　運動習慣がない人における20週間の自転車トレーニングによる全身持久力の増加とACE遺伝子多型の関係を調べると，II型の人に比べてDD型をもつ人で全身持久力のトレーニング効果が大きい（図8.10）．また，mtDNA遺伝子多型については，8週間の自転車トレーニングに

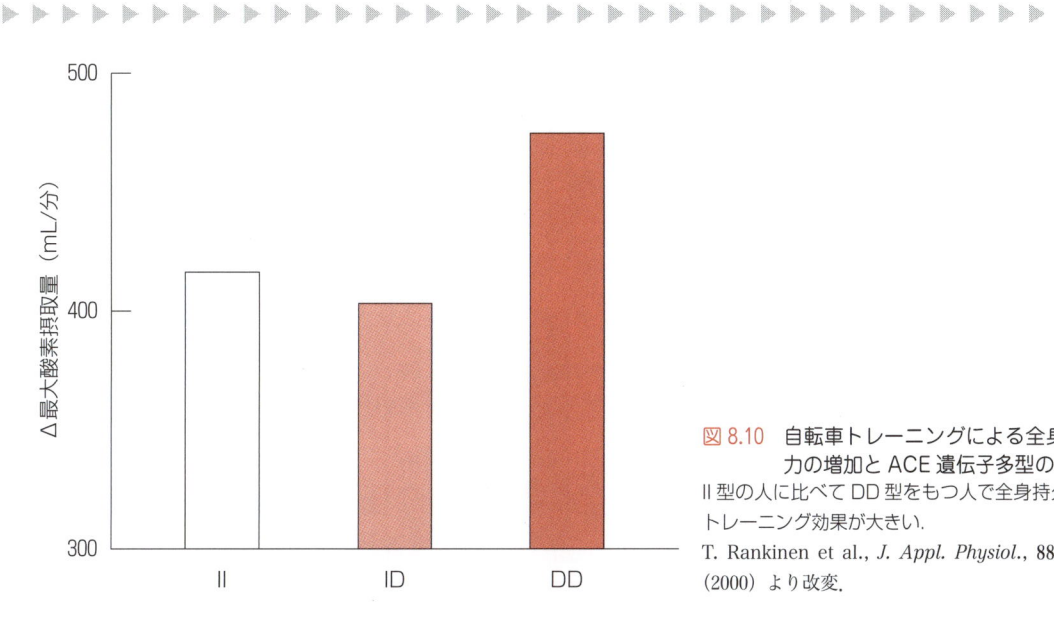

図8.10　自転車トレーニングによる全身持久力の増加とACE遺伝子多型の関係
II型の人に比べてDD型をもつ人で全身持久力のトレーニング効果が大きい．
T. Rankinen et al., *J. Appl. Physiol.*, **88**, 1029 (2000) より改変．

より，16,569塩基対もあるmtDNAのうち，16,223番目のたった一つの塩基の違い（C＜T）が全身持久力のトレーニング効果に影響を与えていることが明らかにされている．さらに，赤血球を増加させるエリスロポエチンの産生を促進する低酸素誘導因子（HIF-1α）の遺伝子多型も，全身持久力のトレーニング効果に影響を与える．HIF-1α遺伝子多型のうち，CT型もしくはTT型の人は，CC型の人に比べて，運動トレーニングによる全身持久力の増加が大きいのである．

また，全身持久力以外のトレーニング効果の個人差にも遺伝的要因が関与している．一般に，身体活動量の増加や持久系トレーニングにより，加齢に伴う動脈硬化度の増大は抑制され，このことは心血管疾患の発症予防に効果がある．しかし，女性ホルモンの一つであるエストロゲン受容体αの遺伝子多型でTT型をもつ女性は，習慣的な運動による動脈硬化度の低下が生じにくいことが報告されている（図8.11）．これらの結果から，全身持久力や動脈硬化度に対するトレーニング効果は，遺伝的要因の影響を受けることが明らかである．

4 スポーツと遺伝子の将来は？

運動能力やトレーニング効果は環境的要因の影響を受ける．一方，遺伝子多型による遺伝的要因が運動能力やトレーニング効果に密接に関連していることも事実である．近年では，運動能力に与える遺伝子の影響を一つの遺伝子多型で評価するのではなく，数種類の遺伝子多型を組み合わせて解析する研究も行われている．これにより，より精度の高い結果が期待される．

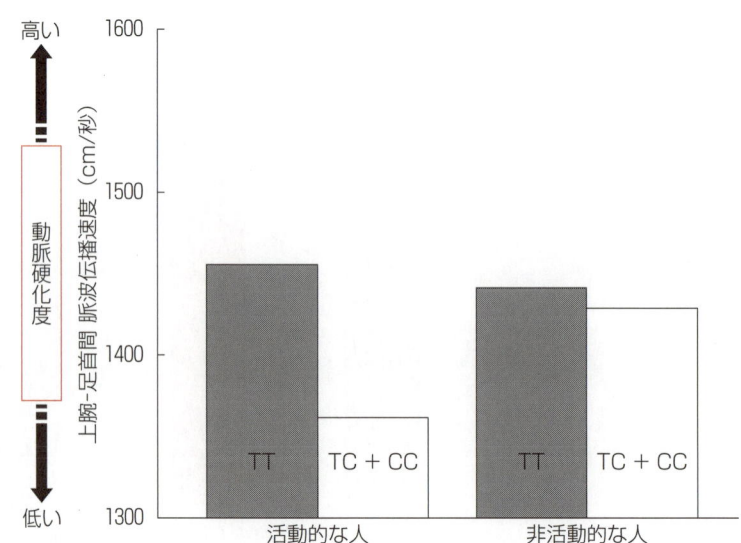

図8.11 閉経後女性の身体活動レベルとエストロゲン受容体αの遺伝子多型における動脈硬化度

ＴＣ型およびＣＣ型の人では，上腕−足首間脈波伝播速度（動脈硬化度）の運動効果が認められるが，ＴＴ型の人では，これらの効果が認められにくい．
K. Hayashi et al., *Med. Sci. Sports. Exerc.*, **40**, 252（2008）より改変．

スポーツ科学における遺伝子の情報は，運動能力の観点からは「アスリートの才能発掘」などに有用であり，またトレーニング効果の観点からは個々人に適した「オーダーメイド運動処方」の作成などに有用であると考えられる．ただし，遺伝子情報を実際のスポーツ現場で広く活用していくには，倫理・人権問題などの多くの課題を解決・整備していく必要がある．ゲノム科学がもたらす恩恵のみを強調するだけでなく，潜在的なリスクや技術的な限界などについても幅広く考えなければならない．

復習トレーニング

次の文章のカッコの部分に適切な言葉を入れなさい．

❶ DNA 上には，アデニン，グアニン，チミン，（　　　　）という4種類の（　　　　）が連なっている．

❷ ヒトゲノムの99.9％は各個人間で共通しているが，残りの0.1％が異なっている．この0.1％の各個人間の遺伝子の違いを（　　　　）といい，この違いは目の色などの見た目の（　　　　）だけでなく，太りやすさや病気のかかりやすさなどの個人差にも影響を与えている．

❸ 運動能力やトレーニング効果には個人差がある．この個人差は環境的要因だけでなく，（　　　　）要因の影響も受ける．

❹ 持久系競技やスプリント・パワー系競技では，それぞれの競技種目に適した（　　　　）型が発見されている．

❺ 遺伝子の情報は，アスリートの（　　　　）発掘や個々人にあった（　　　　）運動処方の実現に役立つ可能性がある．

9章

スポーツと栄養

9章のPOINT

◆ スポーツ活動，および日常生活における労働などの身体活動にはエネルギーが必要である．エネルギーと身体活動との関係，栄養成分の働きと特性，また摂取タイミングについて学ぼう．

◆ エネルギーの必要量は，生命維持に必要なエネルギー量と身体活動によって消費されるエネルギー量，食事摂取により産生するエネルギー量の総和である．エネルギーの必要量とその算出法について学ぼう．

◆ 瞬発系と持久系のスポーツでは，エネルギー系が異なる．また筋力トレーニングを行った場合は筋肉の分解が進む．トレーニングの内容（強度と時間）に適した食事の摂取について学ぼう．

9章 スポーツと栄養

はじめに

運動，および労働などの活動により，体内の代謝や内部環境が変化する．また，活動を長期間継続した場合，組織や器官の機能，また身体組成が変化する．身体活動の状況や環境を配慮した食事の摂取により，体づくりやウエイトコントロール，また心身を良好に維持することが可能となる（図 9.1）．

身体活動による身体への影響は，年齢や性別，体格，運動の種目，競技レベル，競技経験，またトレーニングではその頻度と量，強度，トレーニングの期分け（トレーニング期とコンディショニング期，オフ期など）などにより異なる．また気温や湿度，風向，天候などの気象条件，グラウンドや路面状況，高地環境によっても異なる．

食事は個人の特性だけでなく，状況や環境も加味して摂取する．

1 運動のタイプによりエネルギー供給系は異なる

身体活動に必要なエネルギーは ATP（アデノシン三リン酸，adenosine triphosphate）により供給される．エネルギーの供給系は，運動のタイプによって ATP － PCr 系と解糖系，有酸素系の三つに分類される．エネルギーは食物が適切に摂取され，身体各組織の機能が働くことでつくられる．またエネルギーを利用するときは，一連のプロセスにさまざまな酵素やホルモン，神経系が関与している．食物から効率よく ATP をつくること，またつくられた ATP を有効に利用する能力は，適切なトレーニングによって向上する．

エネルギーの供給系
2 章も参照．

図 9.1 球技系（ラグビー）と持久系（陸上競技長距離走）：著者撮影

それぞれのエネルギー供給系について，次にかんたんに説明する．

（1） ATP-PCr系

陸上競技の100m走やウエイトリフティングなどで利用される．筋肉に存在するわずかなATPを利用するため，最大運動をした場合は10秒以内でATPが枯渇する．しかし，酸素がない状態で速やかにエネルギーを発生させることができるため，瞬間的な動きや激しい運動の初期のエネルギー供給に重要な役割を担っている．炭水化物起源のグリコーゲンが利用される割合が高いが，エネルギー消費量は大きくない．

（2） 解糖系

陸上競技の400m走や自転車の短距離レースなどで利用される．炭水化物が分解されたグルコースやグリコーゲンから乳酸ができる過程でつくられるエネルギーを利用する．乳酸は蓄積すれば疲労の原因となり筋肉が硬直するが，うまく利用できれば運動を継続するための貴重なエネルギー源となる．

（3） 有酸素系

マラソンや自転車，トライアスロンなどで利用する．脂肪を基質とし，酸素を利用して大量に産生されたエネルギーを利用する．長時間運動では，運動前に筋肉にエネルギー源であるグリコーゲンを蓄積し，レース中はそのエネルギーを節約しながら一方で脂肪を有効に利用する能力が必要である．

表9.1 参照体重における基礎代謝量

性別	男性			女性		
年齢（歳）	基礎代謝基準値 (kcal/kg体重/日)	参照体重 (kg)	基礎代謝量 (kcal/日)	基礎代謝基準値 (kcal/kg体重/日)	参照体重 (kg)	基礎代謝量 (kcal/日)
1～2	61.0	11.5	700	59.7	11.0	660
3～5	54.8	16.5	900	52.2	16.1	840
6～7	44.3	22.2	980	41.9	21.9	920
8～9	40.8	28.0	1,140	38.3	27.4	1,050
10～11	37.4	35.6	1,330	34.8	36.3	1,260
12～14	31.0	49.0	1,520	29.6	47.5	1,410
15～17	27.0	59.7	1,610	25.3	51.9	1,310
18～29	23.7	64.5	1,530	22.1	50.3	1,110
30～49	22.5	68.1	1,530	21.9	53.0	1,160
50～64	21.8	68.0	1,480	20.7	53.8	1,110
65～74	21.6	65.0	1,400	20.7	52.1	1,080
75以上	21.5	59.6	1,280	20.7	48.8	1,010

厚生労働省，「日本人の食事摂取基準（2020年版）」．

2　1日に必要なエネルギーは？

身体を構成して生命を維持し，活動するためにはエネルギーが必要である．一日に必要なエネルギー量は，基礎代謝量（basal metabolic rate：BMR）と活動代謝量，そして食事誘発性熱産生（diet-induced thermogenesis：DIT）の総和と考えることができる．これら，必要なエネルギーを推定する方法の一つに**推定エネルギー必要量**（estimated energy requirement：EER）がある．推定エネルギー必要量は，エネルギーの消費の状態から必要量を推定したエネルギー量である．

（1）基礎代謝量

精神的，身体的に安静な状態で代謝される最小のエネルギー量である．脳や身体の活動がほとんど行われていない睡眠中でも体温の維持や心臓の拍動に利用されるエネルギー量で，起床時の覚醒状態のときに測定する．

基礎代謝量は，性別と年齢，体重，そして体重に占める筋肉量に影響される．その内訳は骨格筋が約 25 %，脳と肝臓，心臓，腎臓などが約 70 %を占める．残りの 4 %程度は脂肪細胞である．したがって，骨格筋量を含めた除脂肪体重（lean body mass, LBM）の多い人は基礎代謝量が高い．基礎代謝量（kcal）は年齢と性別を加味した基礎代謝基準値（kcal/kg 体重 / 日，表 9.1）に体重（kg）を乗じて計算する．

基礎代謝量（kcal/ 日）＝基礎代謝基準値（kcal/kg 体重 / 日）
　　　　　　　　　　× 体重（kg）

> **知っておくと役に立つ！**
>
> **基礎代謝量と骨格筋**
> 基礎代謝量は骨格筋量（筋肉量）に影響され，筋肉量の多い人は基礎代謝が高い．また，骨格筋は主として持久系の活動に優れたType Ⅰと瞬発系の活動に優れたType Ⅱに分類される．同じ筋肉量であれば，Type Ⅰの割合の大きい人の方が基礎代謝量が高く，Type Ⅱの割合の大きい人は筋力トレーニングによって筋肉を肥大させやすい．
> 骨格筋については1章も参照．

表 9.2　目標とする BMI の範囲（18 歳以上）[1]

年齢（歳）	目標とする BMI（kg/m²）
18 〜 49	18.5 〜 24.9
50 〜 64	20.0 〜 24.9
65 〜 74	21.5 〜 24.9
75 以上	21.5 〜 24.9[3]

[1] 男女共通．あくまでも参考として使用すべきである．
厚生労働省，「日本人の食事摂取基準（2020 年版）」．

表 9.3　身体活動レベル別にみた活動内容（15 〜 69 歳）

身体活動レベル[1]	低い（Ⅰ）	ふつう（Ⅱ）	高い（Ⅲ）
	1.50 (1.40 〜 1.60)	1.75 (1.60 〜 1.90)	2.00 (1.90 〜 2.20)
日常生活の内容	生活の大部分が座位で，静的な活動が中心の場合	座位中心の仕事だが，職場内での移動や立位での作業・接客等，通勤・買物での歩行，家事，軽いスポーツ，のいずれかを含む場合	移動や立位の多い仕事への従事者．あるいは，スポーツ等余暇における活発な運動習慣をもっている場合

[1] 代表値．（　）内はおよその範囲．
厚生労働省，「日本人の食事摂取基準（2020 年版）」．

（2）活動代謝量

身体，および脳の活動に必要なエネルギー量である．強度が高く，短時間の瞬発的な身体活動と比較して，強度は低くても長時間に及ぶ有酸素性運動は大量のエネルギーを消費する．一方，脳の総エネルギー必要量は多くないが，身体に対する脳重量の割合からすれば大量のエネルギーを利用している．

（3）食事誘発性熱産生

食事の摂取後，炭水化物と脂肪，タンパク質が体内で代謝される過程で発生するエネルギーである．タンパク質1gあたりのエネルギーは炭水化物と同量の約4kcalであるが，炭水化物と比較して食事誘発性熱産生が高い．したがって，同じエネルギー量を摂取した場合でも摂取後にエネルギーとして消費される割合はタンパク質のほうが高くなる．

3 推定エネルギー必要量を求めてみよう

（1）推定エネルギー必要量

エネルギーの摂取量及び消費量のバランス（エネルギー収支バランス）の維持を示す指標として，目標とする体格指数（body mass index, BMI）が示されている（表9.2）．ここで示した体格指数は，総死亡率が最も低く，日本人の実態を総合的に検証したものである．目標とするBMIについては，肥満とともに特に高齢者では低栄養の予防にも配慮が必要

食事誘発性熱産生（DIT）
巻末の用語解説を参照．

表9.4 年齢階級別にみた身体活動レベルの群分け（男女共通）

身体活動レベル	Ⅰ（低い）	Ⅱ（ふつう）	Ⅲ（高い）
1～2（歳）	—	1.35	—
3～5（歳）	—	1.45	—
6～7（歳）	1.35	1.55	1.75
8～9（歳）	1.40	1.60	1.80
10～11（歳）	1.45	1.65	1.85
12～14（歳）	1.50	1.70	1.90
15～17（歳）	1.55	1.75	1.95
18～29（歳）	1.50	1.75	2.00
30～49（歳）	1.50	1.75	2.00
50～64（歳）	1.50	1.75	2.00
65～74（歳）	1.45	1.70	1.95
75以上（歳）	1.45	1.70	1.95

厚生労働省，「日本人の食事摂取基準（2020年版）」．

表9.5 推定エネルギー必要量（kcal／日）

性別	男性			女性		
身体活動レベル[1]	Ⅰ	Ⅱ	Ⅲ	Ⅰ	Ⅱ	Ⅲ
0～5（月）	—	550	—	—	500	—
6～8（月）	—	650	—	—	600	—
9～11（月）	—	700	—	—	650	—
1～2（歳）	—	950	—	—	900	—
3～5（歳）	—	1,300	—	—	1,250	—
6～7（歳）	1,350	1,550	1,750	1,250	1,450	1,650
8～9（歳）	1,600	1,850	2,100	1,500	1,700	1,900
10～11（歳）	1,950	2,250	2,500	1,850	2,100	2,350
12～14（歳）	2,300	2,600	2,900	2,150	2,400	2,700
15～17（歳）	2,500	2,800	3,150	2,050	2,300	2,550
18～29（歳）	2,300	2,650	3,050	1,700	2,000	2,300
30～49（歳）	2,300	2,700	3,050	1,750	2,050	2,350
50～64（歳）	2,200	2,600	2,950	1,650	1,950	2,250
65～74（歳）	2,050	2,400	2,750	1,550	1,850	2,100
75以上（歳）	1,850	2,200	2,500	1,500	1,750	2,000
妊婦（付加量）初期				＋50	＋50	＋50
中期				＋250	＋250	＋250
後期				＋450	＋450	＋450
授乳婦（付加量）				＋350	＋350	＋350

[1] 身体活動レベルは，低い，ふつう，高いの三つのレベルとして，それぞれⅠ，Ⅱ，Ⅲで示した．
厚生労働省，「日本人の食事摂取基準（2020年版）」．

である．体重の変化やBMIは，エネルギー収支の結果を示す指標となる．

推定エネルギー必要量は，基礎代謝量（kcal/日）に身体活動レベル（physical activity level, **PAL**）を乗じて求めることができる．身体活動レベルは主として身体活動量の指標であり，二重標識水法（double labeled water method）で測定された総エネルギー消費量を基礎代謝量で除した指標と定義される．

身体活動レベルは「低い（Ⅰ）」，「ふつう（Ⅱ）」，「高い（Ⅲ）」の3段階に分類される（表9.3）．推定エネルギー必要量を求める場合は年齢にも配慮し（表9.4），「ふつう（Ⅱ）」以上に増加させるようにしてエネルギーの摂取量を調整する（表9.5）．この時，食事のバランス（**PFC比**）にも配慮が必要である．

PFC比
巻末の用語解説を参照．

推定エネルギー必要量（kcal/日）＝基礎代謝量（kcal/日）× 身体活動レベル
　　　　（EER）　　　　　　　　　　　（BMR）　　　　　　　（PAL）

（2）アスリートの推定エネルギー必要量

① 推定エネルギー必要量

アスリートは，種目の特性と期分けを配慮してエネルギーを摂取する必要がある．期分けには，トレーニング期とオフ期がある．国立スポーツ科学センター（JISS）では，アスリートの基礎代謝基準値を**除脂肪体重**（LBM）1 kgあたり28.5 kcalとしてBMRを算出し，これにPALを乗じることで求めている．PALには，スポーツ種目とトレーニングの期分けが考慮されている（表9.6）．一方，ジュニアアスリートは

表9.6　種目と期分けを配慮したPAL

種目カテゴリー	期分け オフ期	トレーニング期
持久系	1.75	2.50
瞬発系	1.75	2.00
球技系	1.75	2.00
その他	1.50	1.75

小清水孝子，柳沢香絵，樋口満，スポーツ選手の推定エネルギー必要量，トレーニング科学, 17, 245 (2005).

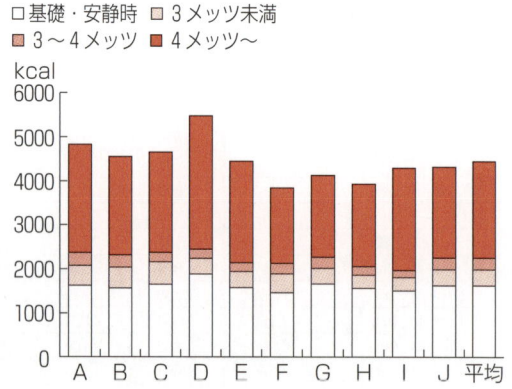

図9.2　ジュニアアスリートのトレーニングの状況（男子）
メッツ（Mets, metabolic equivalents）：身体活動の強さを，安静時の何倍に相当するかで表す単位．1メッツは座って安静にしている状態で，3メッツは普通歩行に相当する．河合美香，滋賀県体育協会スポーツ科学委員会紀要，第27号，73 (2011). 写真：筆者撮影．

筋肉量が少なく，発育発達段階の個人差も大きいため，個別の対応が必要である（図9.2）．

アスリートの推定エネルギー必要量（kcal）
= BMR × PAL
= LBM（kg）× 28.5（kcal/kg/日）× PAL

例）身長180 cm，体重70 kg，体脂肪率10％のサッカー選手のLBMは63kg，トレーニング期のPALは2.00．したがって，推定エネルギー必要量は，

$$LBM × 28.5 × 2.00 = 63 × 28.5 × 2.00$$
$$= 3,591 \text{ kcal}$$

となる．

② 利用可能なエネルギー

アスリートは，体重，および体脂肪の減量を目的として食事からの摂取エネルギー量を制限する場合がある．このとき，身体の機能が障害されるほどの摂取エネルギーの制限は危険である．

食事による総摂取エネルギーから身体活動で消費するエネルギーを差し引いたエネルギー量が，利用可能なエネルギー量である．1日にLBM 1 kgあたり25〜30 kcalを下回れば，代謝やホルモン機能が障害される．また，パフォーマンスや発育発達，健康に悪影響を及ぼすことも明らかになっている．とくに女性では生殖機能の障害や月経不順を起こす場合もある．

一方，アスリートはトレーニングによって身体機能を適応させることでパフォーマンスを向上させている．強度の高いトレーニングを長時間

> **LBM**
> 体重から体脂肪量を除いた重量．
> 左の場合，
> 70 −（70 × 0.1）= 63kg
> と計算できる．

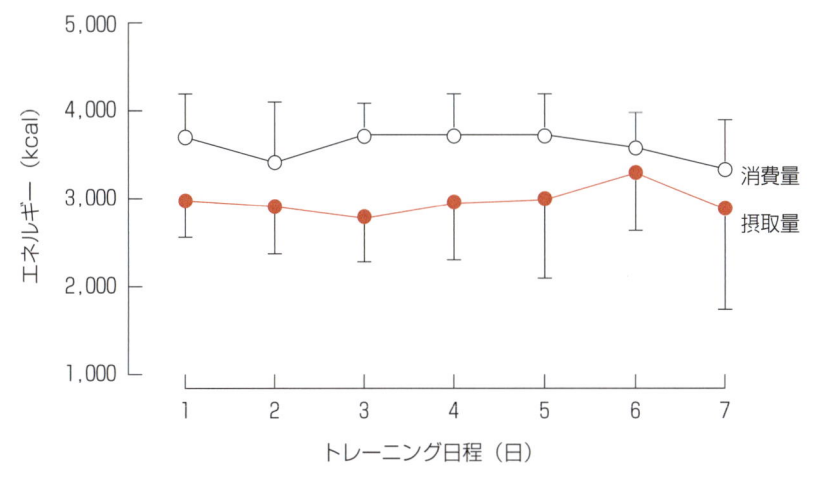

図9.3 オリンピック・ケニア代表中距離ランナーのエネルギーバランス
V. O. Onywera, et al., Food and macronutrient intake of elite Kenyan distance runners, *Int. J.Nutr. Exerc. Metab.*, **14**, 709（2004）．

9章 スポーツと栄養

図 9.4 三大栄養素をそれぞれ多く含む献立（筆者調理，撮影）
(A) 炭水化物を多く含む献立,
(B) 脂質を多く含む献立, (C) タンパク質を多く含む献立.

BCAA
巻末の用語解説を参照．5章も参照．

行った場合のエネルギー消費量は計算上大きい．したがってエネルギー必要量も多くなるが，実際はエネルギーの消費に対する摂取量は少ない場合が多い（図 9.3）．

4 栄養成分の働きと必要量

食品から摂取する栄養成分のなかで，タンパク質と脂肪，炭水化物を三大栄養素，これにビタミン，ミネラルを加えたものが五大栄養素である（図 9.4）．

（1）タンパク質

タンパク質は，肉や魚類，豆・豆製品，牛乳・乳製品，卵などに多く含まれる成分で，1 g あたり約 4 kcal のエネルギーをもつ．20 種類のアミノ酸から合成され，体内で合成できない**必須アミノ酸**（9 種類）と合成が可能である非必須アミノ酸（11 種類）に分けられる．主として筋肉や骨，血液，ホルモン，酵素など身体の組織や成分の構成とこれらの機能の調整を担う．筋肉や骨，血液などの組織が分解される身体活動時，タンパク質は損傷した組織を修復し，合成する基質となる．とくにBCAA は筋肉の合成や分解に影響すると考えられている．筋力トレーニングや長時間の運動後は筋肉の損傷が大きいため，タンパク質の補給が必要である．タンパク質は，推定エネルギー必要量の 13 ～ 20 ％を目標として摂取するようにする．

① アミノ酸スコア

必須アミノ酸の組成を人間にとって理想的な組成と比較した値が**アミ**

図 9.5 おもな食品のアミノ酸スコア
それぞれの食品に含まれる必須アミノ酸の量を示す.
A：イソロイシン,
B：ロイシン,
C：リジン,
D：含硫アミノ酸,
E：芳香族アミノ酸,
F：スレオニン,
G：トリプトファン,
H：バリン.
中村丁次 監，『からだに効く栄養成分バイブル 最新改訂版』，主婦と生活社（2006）より著者作図．

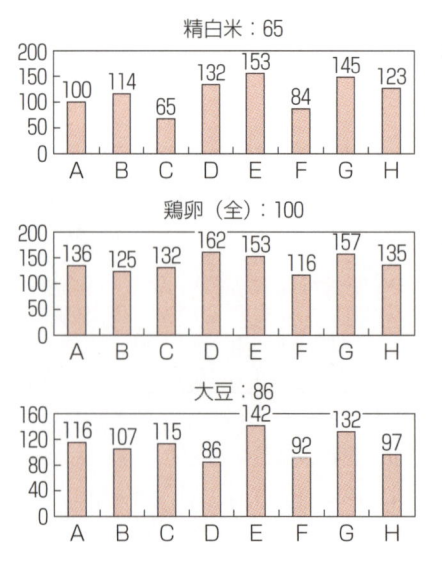

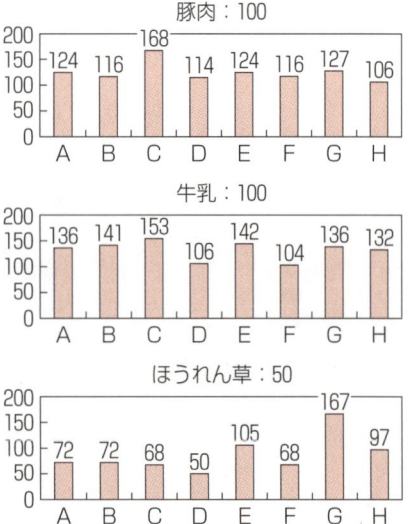

精白米：65　A:100 B:114 C:65 D:132 E:153 F:84 G:145 H:123
豚肉：100　A:124 B:116 C:168 D:114 E:124 F:116 G:127 H:106
鶏卵（全）：100　A:136 B:125 C:132 D:162 E:153 F:116 G:157 H:135
牛乳：100　A:136 B:141 C:153 D:106 E:142 F:104 G:136 H:132
大豆：86　A:116 B:107 C:115 D:86 E:142 F:92 G:132 H:97
ほうれん草：50　A:72 B:72 C:68 D:50 E:105 F:68 G:167 H:97

ノ酸スコアであり，スコアが100以上の食品は良質のタンパク質として評価される．肉や魚類などの動物性タンパク質は，穀類や豆腐，納豆などの植物性タンパク質よりも必須アミノ酸を多く含むために良質であると考えられる（図9.5）．

必須アミノ酸は，そのいずれかが不足すると他のアミノ酸の働きも制限される．たとえば，リジンはアミノ酸のなかで最も不足しやすいアミノ酸である．組織の修復や成長に関与し，また抗体やホルモン，酵素をつくるなどさまざまな機能をもつが，不足すると疲労や集中力の低下，貧血症やめまい，また吐き気の原因となる．

② **タンパク質の摂り方**

年齢と性別，活動量などを加味して摂取する．アスリートのタンパク質の必要量は種目や期分けによって異なり，とくに筋力系のスポーツでは，筋肉の分解を抑制し，合成を促進する必要がある．しかし，タンパク質を多く摂るほど体づくりに効果があるわけではなく，筋肉量も増大するわけではない．

体タンパク質の合成に利用されるタンパク質量には上限があり，その量は2g/体重(kg)/日程度と考えられている．一方，持久系のスポーツでは1日に体重1kgあたり1.5g程度，筋力系のスポーツでは2.0g程度，また持久系と瞬発系種目すべての陸上選手において体重1kgあたり1.7g以上摂取する必要はないと考えられる．除脂肪組織はエネルギー摂取量が十分であれば，維持することができる．

③ **体づくりとタンパク質**

体づくりには身体活動による筋肉の刺激が必要であり，タンパク質の摂取量を増やすだけでは体タンパク質合成は促進されない．筋力トレー

> **知っておくと役に立つ！**
>
> **生命維持と活動に必要なエネルギーと栄養成分**
> 食事の量と質を配慮して摂取する．また，脳と身体の活動時は，活動の前と後，また空腹時など，食事の摂取のタイミングによって効果は異なる．さらに摂取する際の精神的状態も食事の効果に影響する．

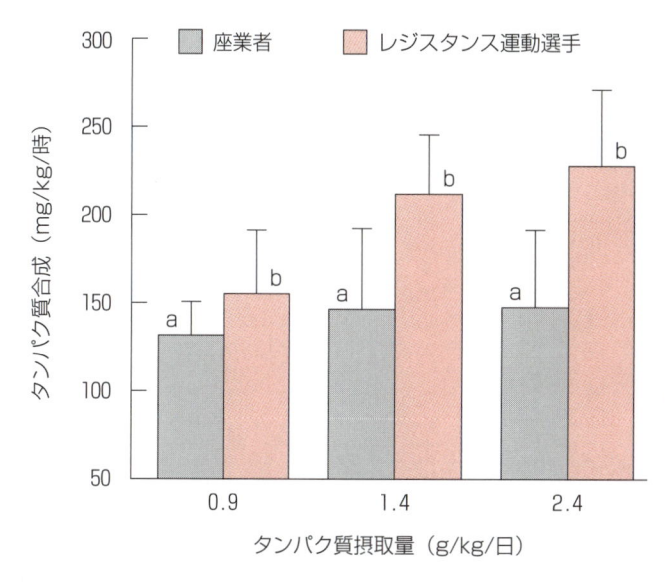

図9.6 タンパク質合成に対するタンパク質摂取量の影響（レジスタンス運動）
縦線は標準偏差．aとbの間に有意差（$p < 0.05$）．
M. A. Tarnopolsky, S. A. Atkinson, J. D. MacDougall, A. Chesley, S. Phillips, H. P. Schwarcz, Evaluation of protein requirements for trained strength athletes, *J. Appl. Physiol.*, **73**, 5, 1986 (1992).

タンパク質の合成と摂取タイミング
図5.14 も参照.

ニングは，摂取したタンパク質の体づくりへの利用効率を高める（図 9.6）．

また，タンパク質の合成は摂取タイミングや同時に摂取する食品にも影響される．人間の下肢の体タンパク質の合成率は，運動直後にタンパク質と炭水化物を含んだ食品を摂取したほうが，3 時間後に摂取したときよりも高くなる（図 9.7）．

一方，疲労困憊するほどの運動や労働，極度の食事制限などにより，体内のエネルギー源が枯渇した状況が継続した場合には，体タンパク質がエネルギー源として利用されることもある．このような状況では，本来の組織合成としての働きが機能しなくなる．

（2）脂質

脂質はバターやマーガリン，ごま油やラード，種実類などの食品に多く含まれる成分である．1gあたり約9kcalで，炭水化物とタンパク質の4kcalの2倍以上のエネルギーをもつ．主としてエネルギー源となるほか，細胞膜や脳神経系の軸索を形成する．推定エネルギー必要量の20～30％を目標として摂取する．

脂質は単純脂質と複合脂質に分類され，一般に単純脂質の**中性脂肪**が脂肪と呼ばれる．中性脂肪は脂質のなかでは最も量が多く，グリセロールと脂肪酸に分かれる．脂肪酸は飽和脂肪酸と不飽和脂肪酸に分類される．おもな油脂の組成を図9.8 に示す．

① 飽和脂肪酸と不飽和脂肪酸

飽和脂肪酸は，常温では固体で存在するために体内で固まりやすく，中性脂肪やコレステロールを増加させる作用がある．そのため，血中に増えすぎると動脈硬化や心筋梗塞，脳梗塞など，生活習慣病の原因となる．

図 9.7 下肢の体タンパク質合成率
運動直後あるいは 3 時間後に栄養摂取したときの下肢のタンパク質代謝．$*p < 0.05$．D. K. Levenhagen, J. D. Gresham, M. G. Carlson, D. J. Maron, M. J. Borel, P. J, Flakoll, Postexercise nutrient intake timing in humans is critical to recovery of leg glucose and protein homeostasis, *Am. J.Physiol. Endocrinol. Metab.*, **280**, 6, E982（2001）．

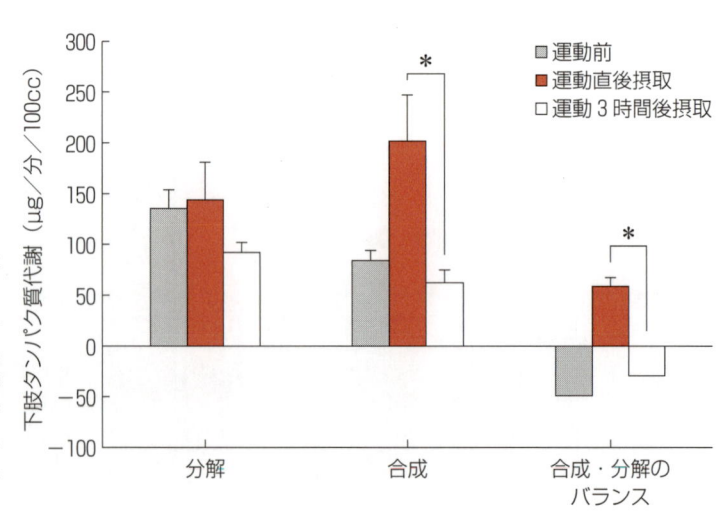

不飽和脂肪酸は血液の凝固を防ぎ，心筋梗塞や脳梗塞，脳卒中などの予防や改善に役立つ．とくに**ドコサヘキサエン酸**（docosahexaenoic acid, **DHA**）は脳の機能を活性化して老化を防止する効果をもつ．

② **脂質の摂り方**

　脂質の摂取量は，1日の食事の総エネルギー摂取量の20～25％が理想とされる．過剰摂取や摂り方によっては，皮下や内臓に中性脂肪として蓄積される．内臓脂肪量の増加はメタボリックシンドロームや生活習慣病の危険性を増す．

　一方，長時間の運動を継続するマラソンやトライアスロンの選手にとって，脂質は重要なエネルギー源であるため，身体活動の状況に応じて脂質の摂取を増やす場があるが，過剰な摂取は体脂肪の蓄積を招き，身体の動きを鈍らせる原因となる．

（3）炭水化物

　米やパン，もち，パスタやうどん，その他の麺類などの主食，またカステラやいも類などの食品に多く含まれる成分であり，1gあたり約4kcalのエネルギーをもつ．身体と脳のエネルギーとして利用され，長時間の運動時の重要なエネルギー源である．炭水化物は推定エネルギー量の50～65％を目標として摂取する．炭水化物は，その摂取を配慮した食事法（グリコーゲンローディング，後述）により，骨格筋にエネルギー源（グリコーゲン）を蓄積させることもできる．

① **グリセミックインデックス**（glycemic Index, **GI**）

　炭水化物の性質の一つで，インスリンへの刺激の強さを示す．インスリンは血糖を減らす働きがあり，これを刺激する食品（GIの高い食品）

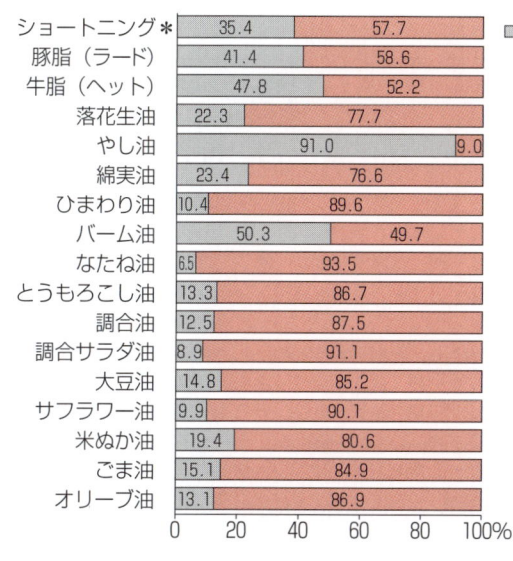

図9.8　おもな油脂の脂肪酸組成
＊：トランス酸6.9％を含む．
文部科学省科学技術・学術審議会資源調査分科会報告，『日本食品標準成分表準拠アミノ酸成分表2010』，『日本食品標準成分表脂肪酸成分表編』より著者作成．

油脂	飽和(％)	不飽和(％)
ショートニング＊	35.4	57.7
豚脂（ラード）	41.4	58.6
牛脂（ヘット）	47.8	52.2
落花生油	22.3	77.7
やし油	91.0	9.0
綿実油	23.4	76.6
ひまわり油	10.4	89.6
パーム油	50.3	49.7
なたね油	6.5	93.5
とうもろこし油	13.3	86.7
調合油	12.5	87.5
調合サラダ油	8.9	91.1
大豆油	14.8	85.2
サフラワー油	9.9	90.1
米ぬか油	19.4	80.6
ごま油	15.1	84.9
オリーブ油	13.1	86.9

表9.7 食品のグリセミックインデックス

グリセミックインデックス	穀類	乳・乳製品	いも・豆類	野菜	果物・ジュース	砂糖, 菓子
高い (85以上)	フランスパン 食パン コーンフレーク もち		マッシュポテト ベイクドポテト ゆでじゃがいも	にんじん スイートコーン	レーズン	ブドウ糖 麦芽糖 ショ糖（砂糖） はちみつ シロップ せんべい
中等度 (60〜85)	ご飯（精白米） スパゲティー 全粒粉パン ピザ ライ麦パン クロワッサン ロールパン		フライドポテト 焼きさつまいも	かぼちゃ ゆでとうもろこし ゆでグリーンピース	すいか ぶどう オレンジ オレンジジュース パイナップル バナナ パパイヤ メロン マンゴー キウイフルーツ	ジェリービーンズ ドーナッツ ワッフル コーラ マフィン クッキー ポップコーン ポテトチップス アイスクリーム チョコレート
低い (60以下)	ご飯（玄米） シリアル（ブラン）	牛乳 スキムミルク 低糖ヨーグルト	大部分の豆類 ピーナッツ		リンゴ リンゴジュース グレープフルーツ グレープフルーツジュース あんず 洋なし さくらんぼ 桃 プラム	バナナケーキ スポンジケーキ 乳糖 果糖

E. F. Coyle, Timing and method of increased carbohydrate intake to cope with heavy training, competition and recovery, *J. Sports Sci.*, 9, 29 (1991).

表9.8 ビタミンの働きと多く含む食品

	成分	働き	多く含む食品
脂溶性	ビタミンA	視覚の正常化, 感染予防, 遺伝子の発現調節	レバー類, うなぎ, 小松菜, にんじん, 春菊, マンゴー
	ビタミンD	骨の発育, カルシウムの代謝に関与, 遺伝子の発現調節	さけ, きくらげ, うなぎ, かじき, さんま, かつお, さば
	ビタミンE	脂質の過酸化の防止, 生体膜の機能維持	アーモンド, うなぎ, 落花生, かぼちゃ, 綿実油
	ビタミンK	血液の凝固, 骨の形成に関与	納豆, 小松菜, ほうれん草, 春菊, ブロッコリー
水溶性	ビタミンB_1	糖質の代謝に必要な成分	強化米, 豚ヒレ肉, うなぎ, 落花生
	ビタミンB_2	酸化還元酵素の補酵素の成分, ほとんどの栄養素の代謝に必要な成分	うなぎ, レバー類, さば, かれい, さんま, 牛乳
	ナイアシン	酸化還元酵素の補酵素の成分, 各種の代謝に必要な成分	かつお, 塩さば, ぶり, 豚レバー, 鶏ささ身
	ビタミンB_6	アミノ酸の代謝に必要	まぐろ, さんま, さけ, さば, 牛レバー, いわし, バナナ
	ビタミンB_{12}	アミノ酸, 核酸の代謝に必要な成分	あさり, 牡蠣, レバー類, しじみ, さんま, いわし
	葉酸	アミノ酸, 核酸の代謝に必要な成分	レバー類, ほうれん草, 豚肉, 大豆, アスパラガス
	パントテン酸	糖質, 脂質の代謝に必要な成分	レバー類, 納豆, さけ, いわし, 落花生, 牛乳, 卵
	ビタミンC	生体内の酸化還元反応に必要な成分, コラーゲンの生成と保持	グアバ, いちご, みかん, キウイフルーツ, ブロッコリー, オレンジ, 柿

中村丁次 監,『からだに効く栄養成分バイブル 最新改訂版』, 主婦と生活社 (2006) より著者作図.

の成分は筋肉や脂肪組織に取り込まれやすい．試合の開始前や試合間にエネルギーの補給が必要とされる場合，GI を考慮することで疲労の発生を遅延させ，また回復の促進を期待できる．速やかに血糖値を上げたい場合は，GI の高い食品を摂取するとよい．

　一般に GI は多糖類よりも二糖類や単糖類で高い．また，パスタや玄米と比較して，コーンフレークやカステラなどの軟らかい食品で高くなり，調理法によっても変化する（表 9.7）．

② **運動状況に合わせた糖質の補給**

　炭水化物の摂取は，1 日の総エネルギー摂取量の 55 〜 60 ％が理想とされている．アスリートでは運動時間や強度によってエネルギーの必要量が大きく異なる．国立スポーツ科学センターでは，運動強度を配慮した炭水化物の目標摂取量を示している．

　運動の直後から 4 時間くらいまでの回復期では，1 時間に体重 1 kg あたり約 1 g の炭水化物を頻繁に摂取し，中程度の時間，および強度のトレーニングを行った場合は，1 日に体重 1 kg あたり 5 〜 7 g 程度の炭水化物の摂取が理想とされている．

例）体重 60 kg のランナー
- 運動の直後
  1 時間に 60 g（1 g × 60 kg）の炭水化物を頻繁に摂取
- 中程度の時間，および強度のトレーニング
  1 日に 300 〜 400 g（5 〜 7 g × 60 kg）を摂取．ご飯は茶碗一膳（130 g）からエネルギーを 200 kcal，炭水化物を 48 g 程度摂取できるため，1 日に茶碗 6 〜 9 杯摂取する．

表 9.9　おもなミネラルの働きと多く含む食品

成分	働き	多く含む食品
ナトリウム	細胞外液の量と浸透圧を維持，糖の吸収，神経や筋肉細胞の活動に関与	食塩，みそ，しょうゆ
カリウム	細胞内の浸透圧維持，細胞の活性維持	干し柿，アボカド，さつまいも，バナナ，干あんず
カルシウム	骨や歯の構成成分，細胞の興奮，血液の凝固に関与	乳製品，小魚，青菜，大豆食品，海草
マグネシウム	骨の弾性維持，細胞のカリウム濃度調節，酵素作用の活性化	種実類，納豆，牡蠣，ほうれん草，豆腐
リン	骨の構成成分，エネルギー代謝に必要，細胞内の情報伝達	チーズ，ヨーグルト，牛乳，小魚
鉄	血液中のヘモグロビン，筋肉のミオグロビンの構成成分	レバー，豚ヒレ肉，ひじき，鰯，牡蠣，高野豆腐，ほうれん草
亜鉛	核酸やタンパク質の合成に関与する酵素の構成成分，いくつかの酵素の補助因子	牡蠣，牛もも肉，豚レバー，うなぎ，豚もも肉，種実類

中村丁次 監，『からだに効く栄養成分バイブル　最新改訂版』，主婦と生活社（2006）より著者作図．

③ グリコーゲンローディング

グリコーゲンローディングは，マラソンやトライアスロンなどのエネルギーを大量に必要とする持久系の運動前に実施される食事法である．食事の炭水化物の割合を高くすることで筋肉に炭水化物起源のグリコーゲンが蓄積され，筋肉の分解を抑制することができる．このとき，GIを考慮することで，より有効なエネルギーの補給を期待できる．

筋グリコーゲン含量は，エネルギー必要量に対する炭水化物の比率を本番の1週間前の最初の3日間低くし（15 %），その後の3日間に高めた場合（70 %）と，最後の3日間のみ高くした場合（70 %）とでは同量である．したがって，グリコーゲンローディングを行う場合は本番の3日くらい前から炭水化物を中心とした食事を摂ることで十分に蓄積されると考えられる（図9.9）．

（4）ビタミンとミネラル

長時間の運動や強度の高い運動が継続した場合，疲労が蓄積し心身へのストレスが大きくなる．また，体重や体脂肪の減量を目的とした長期にわたる食事制限や欠食，食品数の少ない食事はビタミン，ミネラルが不足する原因となる．とくに持久系のスポーツ種目では，エネルギーの必要量が高まるためエネルギー代謝に関与し，抗酸化作用のあるビタミンと，カルシウムや鉄分などの必要量も多くなる．したがって，抗酸化ビタミン，また鉄分とカルシウムなどのミネラルを適切に摂取する必要がある．ビタミンとミネラルの働き，またこれらを多く含む食品をそれぞれ表9.8，9.9に示す．

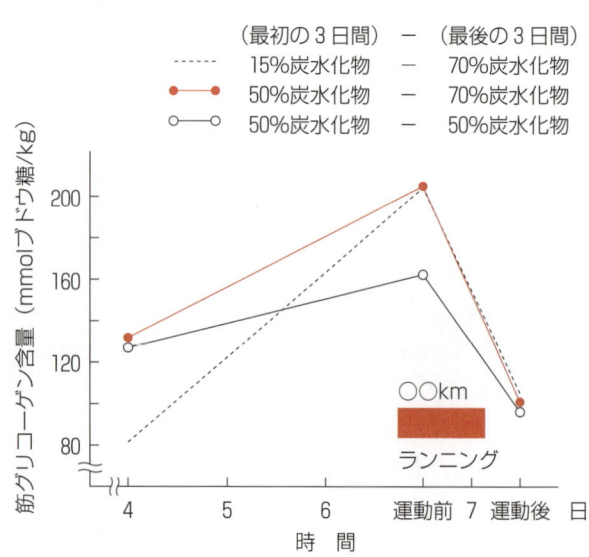

図9.9 グリコーゲンローディング
W. M. Sherman, D. L. Costill, W. J. Fink, J. M. Miller, Effect of exercise-diet manipulation on muscle glycogen and its subsequent utilization during performance, *Int. J. Sports Med.*, 2, 2, 114 (1981).

4 栄養成分の働きと必要量

① ビタミン（抗酸化ビタミン）

呼吸によって体内に取り込まれた酸素は，活性酸素として生体内で多くの酸化反応に関わるが，活性酸素が過剰になるとDNAや細胞などの生体組織を損傷させる．多大なエネルギーを必要とするアスリートでは抗酸化ビタミンの摂取により，活性酸素の減少を期待できる．ビタミンCとE，またカロテノイド類の不足を補うことで，活性酸素を消去し，酸化による生体組織の損傷を防ぐ効果がある．この時，抗酸化ビタミンをはじめとしたビタミン類の不足は，パフォーマンスの低下の原因となるが，その影響は，ビタミンの種類や不足の程度，期間，また各ビタミンの複合的な過不足に加え，生活習慣や食習慣などの個体差とも関係する（図9.10）．

② 鉄分

持久系のスポーツでは，大量のエネルギーを産生するために鉄分の必要量が増加する．鉄分は血液を介して酸素を筋肉まで運搬する働きをする．体内の鉄分の状態は，ヘモグロビン（Hb）とフェリチン濃度から把握することができる．

貧血症は，単位容積血液中の赤血球数とヘモグロビン濃度とヘマトクリット値が正常より低下した状態である．骨髄での造血作用の不全や着地の反復による物理的刺激が起こす血球の破壊，食事からの鉄分の摂取不足，大量のエネルギー消費による鉄分利用の増加などによって起こる．WHOは貧血症のヘモグロビン濃度の基準値を成人男性：Hb＜13 g/dL，成人女性：Hb＜12 g/dLとしている．

女性は，月経により鉄の需要量が増加するため，潜在性鉄欠乏が多くなる．体重がパフォーマンスに大きく影響する種目の選手，また思春期

> フェリチン
> 13章も参照．

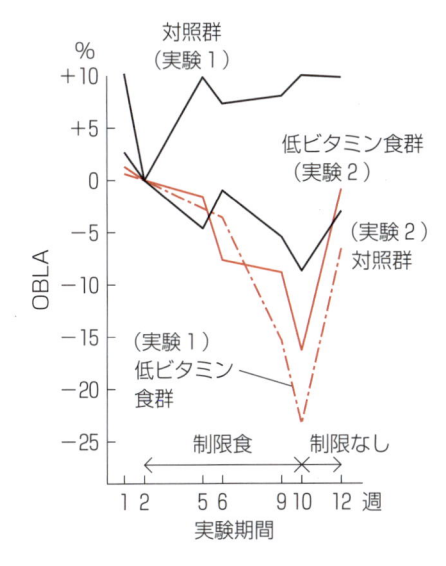

図9.10 ビタミンと全身持久力
20代の健常者23名を対象に2種の運動負荷実験（実験ⅠとⅡ）を実施．ビタミン類の摂取を制限すると全身持久力（OBLA，3章参照）が低下する．
van der Beek et al., Thiamin, riboflavin, and vitamins B-6 and C: impact of combined restricted intake on functional performance in man, *Am. J. Clin. Nutr.*, **48**, 6, 1451 (1988) に筆者加筆．

前半の初経の頃から鉄分の不足に注意が必要である．

③ カルシウム

骨や歯，爪の形成，また筋肉や脳の神経系の伝達にカルシウムが関与する．持久系のスポーツでは単純な動作を長時間にわたって反復することが多く，エネルギーを大量に消費する．エネルギー不足はカルシウム不足を生じ，骨密度の低下，および疲労骨折の原因となる．一方，柔道や球技などの物理的ストレスの大きい種目では骨密度を高める．

牛乳・乳製品，小魚は，骨の合成に有効なカルシウムを含む食品である．とくに牛乳・乳製品はタンパク質も含み骨組織の合成に有効である．一方，リンの過剰摂取はカルシウムの吸収を阻害する．

復習トレーニング

次の文章のカッコの部分に適切な言葉を入れなさい．

❶ 瞬発系の運動に主として利用されるエネルギー源は（　　）である．一方，持久系の運動には（　　）が多く利用される．

❷ 同じエネルギー量を摂取した場合でもその後のエネルギー産生の程度は異なる．三大栄養素の中で（　　）は食事誘発性熱産生（DIT）が他の二つの成分よりも大きい．

❸ アスリートの基礎代謝量は，除脂肪体重（LBM）1 kg に対して（　　）kcal を乗じて算出する．さらに推定エネルギー必要量はこれに（　　）（PAL）を乗じて算出する．

❹ 試合やレースなど，本番に備えて炭水化物中心の食事を摂取し，骨格筋にエネルギーを蓄積させる食事法を（　　）といい，本番の（　　）日前くらいから（　　）の割合の多い食事を摂取する．

10章 スポーツと体組成

10章の POINT

- ◆ 体組成の概念について理解しよう．
- ◆ 体組成は体脂肪量，体脂肪率および除脂肪量によって評価される．それらの測定にはいくつかの方法があり，それぞれの長所と短所について理解しよう．
- ◆ 体組成は遺伝，ホルモン，加齢，運動，栄養などの影響を受けることを学ぼう．
- ◆ 脂肪はおもに有酸素性運動のトレーニングによって減少し，その減少量は運動の継続時間と頻度に依存することを理解しよう．
- ◆ 除脂肪，とくに筋量はレジスタンストレーニングによって増大し，その増大量はトレーニングの負荷重量，反復回数，セット数，セット間の休息時間，動作速度の影響を受けることを理解しよう．

10章 スポーツと体組成

知っておくと役に立つ！

筋内脂肪

近年では¹H-MRS（プロトン核磁気共鳴分光法）という手法を用いることで筋の内外の脂肪の定量が可能となった．そして，筋内脂肪が重要な役割を担うことが報告されている．たとえば，筋内脂肪が多いほど持久的な運動能力が高くなり，鍛錬された持久的な運動選手では筋内脂肪の量が多いことが明らかとなっている．これらは筋内脂肪が持久的な運動における重要なエネルギー源となることを示唆している．
一方，加齢や肥満，運動不足によっても筋内脂肪が増加することが知られており，こちらはインスリン抵抗性と関連し，糖尿病の原因となる．

知っておくと役に立つ！

白色・褐色脂肪組織

脂肪には白色および褐色脂肪組織がある．前者はいわゆる脂肪としての，後者は寒冷環境下で熱を産生し体温を維持する重要な役割を担う．従来ヒトでは新生児のみに観察されてきたが，近年ポジトロン断層法（PET）で全身組織のフルオロデオキシグルコース（FDG）集積を確認しCTと併用

はじめに

体格は体重を身長の二乗で除した**体格指数**（body mass index, BMI）により評価される．しかしながら，BMIが同等であっても身体の構成要素，すなわち，体組成が異なる場合もある．よって，体格だけでなく体組成を測定評価し，より良好にしていくことが重要である．

この章では体組成の測定方法，体組成に影響を及ぼす因子，体組成をより良好にする方法について紹介する．

1　体組成とは

体組成は脂肪とそれ以外の除脂肪に大別できる．また，除脂肪は水，タンパク質および骨・非骨系ミネラル成分に分類される．他方，脂肪は蓄積部位により皮下，内臓あるいは筋内脂肪のように分けられる（図10.1）．

なお，体組成の測定評価は**体脂肪量**，体重に占める脂肪量の割合を示す**体脂肪率**および**除脂肪量**によってなされる．

2　体組成の測定方法：用途に合わせて使い分ける

（1）二重エネルギーX線吸収法

二重エネルギーX線吸収法（dual energy X-ray absorptiometry, DXA）は2種の波長のX線を身体に照射し，それらが組織を透過する

図10.1　体組成成分の分類

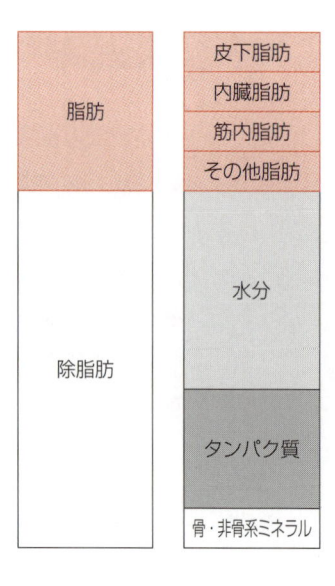

際の減衰率を測定し，各組織の組成を推定する方法である．脂肪および除脂肪の組成の推定値の信頼性も高いことから，体組成測定法のゴールドスタンダードとされている（図 10.2）．測定時，被検者は装置に仰向けに寝るだけで特別な姿勢をとる必要はない．一方で，装置が高価である．また，測定中わずかながら被ばくする．加えて，被検者の体型がX線の照射範囲を大きく越える場合には測定が難しい．

（2）密度計測法

密度計測法は身体の体積を測定し，密度を算出することで，体脂肪率を推定する方法である．DXA 法が用いられる以前は体組成測定法のゴールドスタンダードとされてきた．しかしながら，一般的な推定式に年齢，性別ないし人種が考慮されていない．身体の体積の計測方法には，水中体重秤量法や空気置換法がある．

① 水中体重秤量法

水中で体重を測定し，アルキメデスの原理を利用して（空気中の）体重と水中での体重から体積を算出する．ただし，算出される体積には肺の残気量（1～2L）が含まれる．そのため，残気量も測定し，値を補正しなければならない．また，被検者の姿勢変化によって水中体重に誤差が生じることや，測定場所や装置の確保が難しいといった問題もある．そして何より被検者が息を吐ききった状態で十数秒間水中に潜っていなければならないため負担が大きい（図 10.3）．

② 空気置換法

装置の中で座位姿勢をとり，空気の圧力変化を測定し，ボイルの法則を用いて体積を算出する方法である．水中体重秤量法に比べ被検者の負

することで，青年期以降でも寒冷曝露により肩甲骨上と脊柱付近に観察された．ただし，観察されるものとされないものがあり，前者ほど体重や体脂肪量が少ない．

図 10.3 水中体重秤量法の測定
写真提供：慶應義塾大学スポーツ医学研究センター

Region	Fat (g)	Lean+BMC (g)	% Fat
L Arm	440.4	3750.3	10.5
R Arm	483.3	3910.8	11.0
Trunk	3804.7	33256.5	10.3
L Leg	1476.7	12727.4	10.4
R Leg	1557.1	12580.3	11.0
Subtotal	7762.3	66225.2	10.5
Head	1100.8	4456.6	19.8
Total	8863.1	70681.8	11.1

図 10.2 DXA 法による測定結果
全身の映像，各部位の Fat（脂肪），Lean + BMC（除脂肪＋骨塩量），％Fat（体脂肪率）の測定値が算出される．

担は少ないが，装置は高額である（図10.4）．

（3）生体電気インピーダンス法

　生体電気インピーダンス法は四肢に当てた電極から身体に1種類以上の周波数の電流を流し，インピーダンス，すなわち電気抵抗を測定することで身体の水分量を推定し，体組成を把握するものである．装置は測定箇所や利用する電流の周波数が多いほど精度が高くなり，その分高価になる．しかしながら，他の測定法の装置に比べれば安価なものが多い．また，装置の移動が比較的簡便で，測定時間も短時間である．さらに，測定は非侵襲的であり，被検者に求められることは電極を皮膚に当てることぐらいで汎用性は高い（図10.5）．

　一方，測定値の妥当性には若干の懸念が残る．たとえば，体水分量の分布に変化が生じる運動による発汗後，飲水後，女性の月経周期などによっては測定値に誤差が生じる場合がある．また，電気抵抗は温度変化にも影響を受ける．そのほかに姿勢を一定に保ったり，電極が触れる皮膚部分を清潔にするなど注意を払わなければならない点がある．

（4）皮下脂肪厚法

　皮下脂肪厚法は特定の箇所の皮下脂肪厚を測定し，測定値を各種推定式に代入し，体脂肪率を算出するものである．ただし，あくまで皮下脂肪厚を測定しているに過ぎず，内臓脂肪を反映した体脂肪率の推定値を算出できない．なお，皮下脂肪厚の測定には皮脂厚計（キャリパー）を用いる方法や超音波測定装置を用いる方法がある．

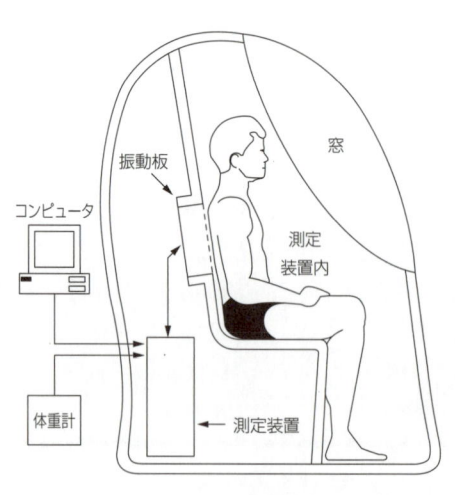

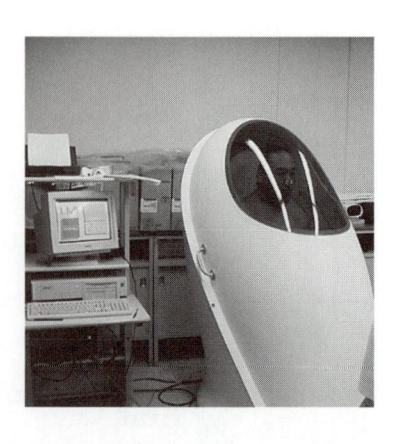

図10.4　空気置換法の測定装置と代表的な装置による測定
写真提供：慶應義塾大学スポーツ医学研究センター

① キャリパーによる皮下脂肪厚の測定

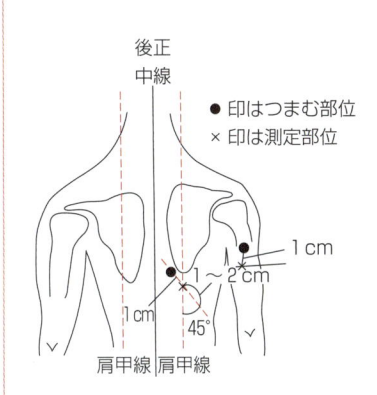

キャリパーによる皮下脂肪厚の測定は特定の箇所の皮膚を指でつまみ，キャリパーでその厚さを測る（図10.6）．測定は非侵襲的であり，測定にかかる費用もキャリパーの費用だけで他の測定法に比べれば安価である．さらに，キャリパーは持ち運びもしやすく，この点からも汎用性が高い．

一方で，キャリパーによる皮下脂肪厚の測定には検者にある程度の熟練が求められ，体脂肪率の推定値の正確さからみれば他の測定法に劣る面もある．しかしながら，検者が測定に熟練すれば，体脂肪率の推定値の再現性や妥当性が高まる．

② 超音波測定装置による皮下脂肪厚の測定

超音波プローブを測定箇所に当て，プローブから出される高周波音波が皮下の脂肪および筋まで到達し，戻ってくるまでの電気信号を測定し，透過速度の違いから脂肪と筋の境界線を割り出し，皮下脂肪厚を推定するものである（図10.7）．キャリパーによる測定法に比べ熟練の必要がなく，比較的正確な値が測定できる．また，他の画像診断に比べれば被検者の負担が少なく，被ばくもしない．一方で，装置は比較的高価であり，一般的で簡便な方法とはいえない．

これまで述べた体組成の測定方法について比較したものを，表10.1にまとめた．

図10.6　キャリパーによる皮下脂肪厚の測定
上腕背部および肩甲骨下部の皮下脂肪厚を測定し，数式に代入すると体脂肪率が推定できる．

（5）その他の方法

① 周径囲法

周径囲法は巻き尺などを使って特定の箇所の周囲の長さを測定するも

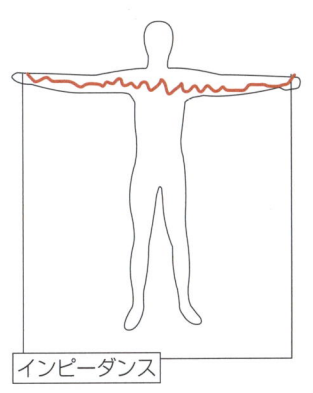

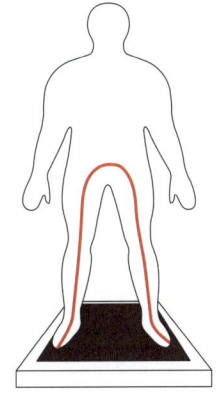

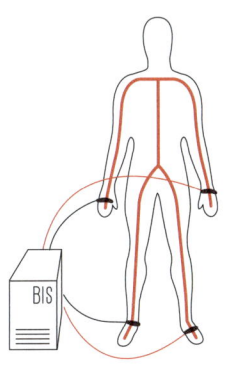

図10.5　生体電気インピーダンス法による測定
左から上半身，下半身，全身の測定時の電流の通り道．
Ellis, Selected Body Composition Methods Can Be Used in Field Studies, *J. Nutr.*, **131**, 1589S (2001), Figure 6 を一部改変．

ので，最も汎用性の高い測定法といえる．腹部周径囲や四肢の周径囲が身体密度や除脂肪量と関係のあることが明らかにされているが，それらの関連性はあまり強くないこと，そして，周径囲自体の測定誤差も大きいといった問題点がある．

② 画像法

画像法は CT（computed tomography，**コンピュータ断層撮影**）や MRI（magnetic resonance image，**磁気共鳴画像**）といった画像診断装置を用いて横断画像を撮影することで組成を見分ける方法であり，腹部内臓脂肪や筋の横断面積など局所の組成を見分ける方法としては大変優れている．

一方で装置が高価であることに加え，全身の体組成を割り出すには多くの画像を取得しなければならない．できるだけ少量の画像で全身の体組成を推定する方法についても検討が行われているが，汎用性が低いといわざるを得ない．

3 体組成の判定基準は体脂肪率のみ

体組成の判定基準が設けられているのは体脂肪率のみで，除脂肪量には判定基準は存在しない．体脂肪率の判定基準は世界においては世界保健機関（WHO）が，日本では日本肥満学会が策定しており，日本肥満学会による基準は表 10.2 の通りである．これは DXA 法を用いて測定した結果に基づくものであり，一般的な家庭用の生体電気インピーダンス法を利用した装置で測定した結果の基準とは異なる場合もある．表では下限の基準値は設けられていないものの，体脂肪率は男性では最低でも

DXA 法
p.126 参照.

インピーダンス法
p.128 参照.

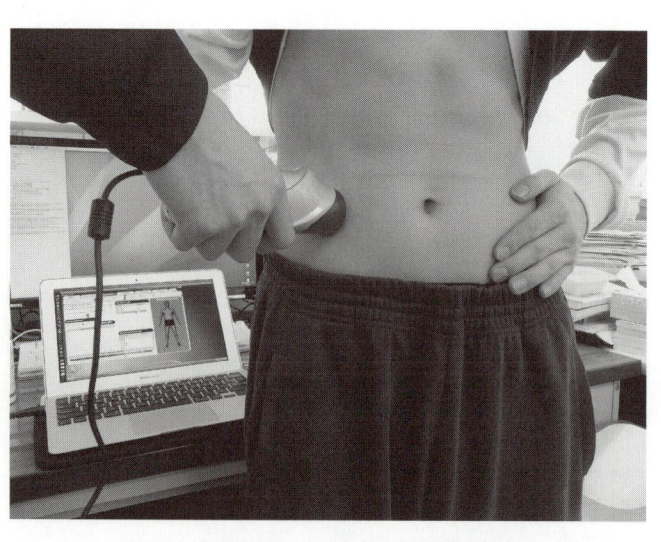

図 10.7　超音波法による腹部皮下脂肪厚の測定

4 %，女性では 12 %程度なければ恒常性は保てない．

4 体組成を変化させる要因

（1）遺伝

脂肪の組成には 25 %の遺伝的な影響がある．また，遺伝的に体幹や腹部の皮下に脂肪が蓄積しやすい．一方，除脂肪のうち，筋量の組成については約 30 %の遺伝的な影響がある．脂肪のように遺伝的に筋が局所的に発達しやすいことは明らかになっていないが，収縮特性の異なる筋線維の比率に遺伝的な影響がある．また，脂肪や筋の組成に関連する遺伝子の特定は現在も続けられている．

> 遺伝的な影響
> 8 章も参照．

（2）ホルモン

いくつかのホルモンが，体組成の変化に単独あるいは相互的に作用することが報告されている．たとえば，おもに筋量を増やす働き（同化作用）をもつものとして，**テストステロン**，**インスリン**および**成長ホルモン**（growth hormone, **GH**）がある．一方，逆の働き（異化作用）をもつものにコルチゾールがある．**コルチゾール**は筋量を減らすだけでなく，インスリンと結合して脂肪の分解を抑制する作用もある．しかしながら，この作用は GH によって無効化される．また，テストステロンや女性ホルモンには脂肪の蓄積を防ぐ効果もあり，とくに内臓脂肪への効果が顕著である．

> 内分泌ホルモン
> 6 章も参照．

表 10.1　体組成測定方法の比較

測定法 \ 項目	精度・正確性	持ち運び	被験者の負担	検者の方法の修得	価格
DXA 法	◎	×	○	○	¥¥¥¥
水中体重秤量法	◎	×	◎	○	¥¥¥
空気置換法	◎	×	○	○	¥¥¥
生体電気インピーダンス法	△	○	×	×	¥〜¥¥
キャリパー法	△	◎	×	◎	¥
超音波法	○	○	×	△	¥¥

◎：とても優れている，とてもある，とても難しい．
○：優れている，ある，難しい．
△：普通．
×：劣る，ない，易しい．
価格の ¥ は多いほど高価であることを示す．

（3）加齢

　加齢に伴って体組成は変化する．成人以降，脂肪量は増大し，とくに内臓脂肪が蓄積しやすくなる．これはホルモンの影響もある．

　一方，除脂肪，とくに筋は加齢に伴って萎縮する．その割合は上肢よりも下肢の筋で大きく，とくに大腿前部の筋の減少量が大きい．このような加齢に伴う筋量の減少を**サルコペニア**（sarcopenia）と呼ぶ．また運動不足による筋量の減少を**廃用性萎縮**と呼ぶが，サルコペニアと廃用性萎縮は同時に進行することが多く，分けて考えることは難しい．

（4）運動と栄養

　体重や体組成を一定に保つためには，エネルギーの出納バランスを保つ，すなわち，食事により摂取したエネルギー量を消費すればよい．一方，体重を減らし，体組成，とくに体脂肪を減少させるためには，エネルギー消費量をエネルギー摂取量よりも多くするか，あるいはエネルギー摂取量自体を減らしていかなればならない．しかしながら，食事制限によるエネルギー摂取量の減少だけでは，体重は減らせるものの脂肪だけを選択的に減少させることは難しく，実際には除脂肪量の減少も生じてしまう．一方で，運動によってエネルギー消費量を増大させることは主として脂肪の分解を促し，脂肪を減少させることになる．また，エネルギー摂取量に関係なく，運動不足になることは，体組成を悪い状態へと変化させ，脂肪量を増加させたり，除脂肪，とくに筋を減少させる．よって，体組成を良好な状態へと導くためには適切な運動が必要である．

> 運動と栄養
> 9章も参照．

表10.2　体脂肪率による肥満の判定基準

性別	判定	軽度肥満	中等度肥満	重度肥満
男性（全年齢）		20％以上	25％以上	30％以上
女性 6〜14歳		25％以上	30％以上	35％以上
女性 15歳以上		30％以上	35％以上	40％以上

日本肥満学会編集委員会 編，「肥満・肥満症の指導マニュアル（第2版）」，医歯薬出版（2001），p.5.

① **脂肪を減らす：有酸素性運動のトレーニングが有効**

　脂肪は一般に陸上での運動やスポーツ活動時には重りとなるため，運動成績を悪化させる恐れがある．また，脂肪の蓄積は生活習慣病の危険性を高める．これらのことから，脂肪量を適切に保つ働きかけがなされている．主として有酸素性運動によるエネルギー消費量の増大が脂肪の分解を促し，脂肪量を減少させる．有酸素性運動による脂肪の減少については，運動開始時の体脂肪率，年齢あるいは性別によって効果に差が生じる．

　たとえば，運動開始時の体脂肪率が高い人ほど運動による体脂肪率の低下の割合が大きい．また，加齢に伴って脂肪が蓄積しやすくなるため，若年者よりも高齢者で運動による脂肪の減少量が大きい．一方，運動効果の性差については若年者を対象とした場合に見られ，女性よりも男性で脂肪の減少量が大きい．しかしながら，高齢者を対象とした場合には性差は見られず，男女の脂肪減少量に差異はない．また，従来は運動が内臓脂肪を減少させやすいと考えられてきたが，実際にはエネルギーの出納バランスが影響する．ただし，内臓脂肪は皮下脂肪や全身の脂肪に比べれば減少しやすいという特徴をもつ．

　脂肪を減らす具体的な有酸素性運動の方法として歩行，ランニング，自転車漕ぎ運動，踏み台昇降運動，ノルディックウォーキング，水泳などさまざまな運動様式が用いられる．運動強度としては最大酸素摂取量（$\dot{V}_{O_2}max$）の50％から60％程度の運動強度が脂質からのエネルギー利用率を高めることから適切である．しかしながら，実際のところは強度による脂肪減少効果の違いを明らかにした研究は少ない．一方，運動の継続時間や頻度については一定の見解が得られており，1週間あたりの

　ノルディックウォーキング
ストックを利用したウォーキングである．通常のウォーキングに比べ主観的には楽であるにもかかわらず，エネルギー消費量は高い．また，ストックを使うことで推進力を高め，安定性も保たれることから高齢者にも適した方法である．

エネルギー消費量が脂肪の減少量と関連がある．つまり，1週間あたりのエネルギー消費量は運動の継続時間と頻度の積であることから，両変数を増やすと大きく脂肪を減少させられる．肥満予防や減量のガイドラインでは中等度の強度の身体活動（普通歩行など）を1日に45分から60分以上，1週間あたり150分から250分（減量は250分以上）実施することが推奨されている．

② **除脂肪を増やす：レジスタンストレーニングが有効**

除脂肪量，とくに筋量の増加は，運動愛好家やスポーツ選手の運動中の外傷予防や運動能力の向上に結び付く．また，高齢者にとっては加齢に伴う筋萎縮や筋力低下を抑えるうえで重要である．一般に筋量を増やすための方法として効果が高いものに**レジスタンストレーニング**がある．レジスタンストレーニングによる筋量の増大については性差がない．また，若年者に比較し，高齢者ではレジスタンストレーニングによる筋の増大量の伸びしろ（**トレーナビリティ**）は小さくなるものの，高齢者であっても筋量は増大する．

筋量を増やすための運動負荷としては，**最大挙上重量**（one repetition maximum，1RM）の70％から85％程度と比較的重たい負荷重量を用いる．また，最大反復回数（推定で6〜12回程度）まで行い，それを3セット（〜6セット）程度繰り返す方法が勧められる．また，筋量を増大させるためにはセット間の休息時間も重要であり，30秒から90秒程度と短い休息時間が望ましい．なぜなら，休息時間が短いことで筋への力学的および代謝的なストレスが増大し，トレーニングの結果同化作用をもつホルモンの分泌量も増大し，筋が肥大するからである．一方，短時間の休息時間では初めに設定した負荷重量での運動を

> レジスタンストレーニング
> 4章も参照．

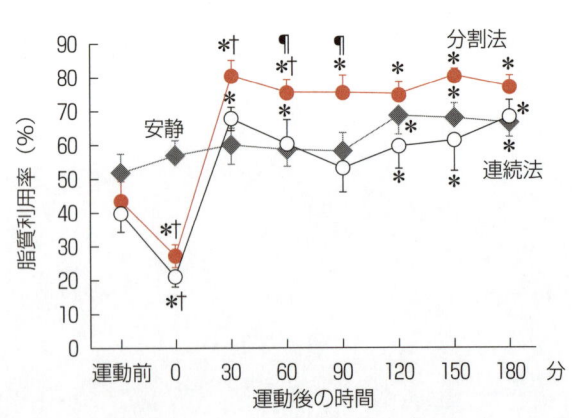

図10.8　有酸素性運動の方法の違いが運動後の脂質利用率に及ぼす影響
＊は運動前との差を示す．†は安静との差を示す．¶は連続法との差を示す．
Goto ら，A single versus multiple bouts of moderate-intensity exercise for fat metabolism, *Clin. Physiol. Funct. Imaging*, **31**, 215 (2011), Fig. 4 (c).

こなせなくなる．このような場合には負荷重量を減少させ，反復回数を確保する**ウエイトリダクション**と呼ばれる方法が有効である．運動の頻度としては2日から3日に一度とし，トレーニングは8週間以上継続することで効果が得られる．

③ **効率よく体組成を改善させる**

脂肪を減少させるより良い方法を探るため，連続的に30分間，60％ $\dot{V}_{O_2}$max の強度で自転車漕ぎ運動を行う方法と同強度の運動を10分間，運動間に10分の休息をあけて3セット（計30分）行う分割法を用いて，運動中および運動後の呼気ガス分析から求めた脂質利用率に及ぼす影響について比較した研究がある．その結果，運動中の脂質利用率には両方法で相違がなかったものの，運動後における脂質利用率は分割法で高かったことが示された（図10.8）．従来は脂肪を減少させる有酸素性運動は30分以上継続して行ったほうが効果的とされてきたが，10分ずつ分割する方法の有効性が示唆されている．

また，50％ $\dot{V}_{O_2}$max の強度における60分間の自転車漕ぎ運動のみを行う場合と，同様の自転車漕ぎ運動を実施する20分前および120分前までに75％1RMの強度における10回×3，4セットの上半身のレジスタンス運動を行う場合で，自転車漕ぎ運動における脂質利用率を比較した研究がある（図10.9）．その結果，同様の自転車漕ぎ運動を実施したにも関わらず，20分前までにレジスタンス運動を実施した場合で最も脂質利用率が高まったことが報告されている．よって，脂肪を効率よく減少させるためには，単に有酸素性運動を行うよりもその前にレジスタンス運動を実施することの有効性が示唆される．

一方，除脂肪を増やすための効果的な運動方法について，レジスタン

> **トレーニングの順序**
> 6章も参照．

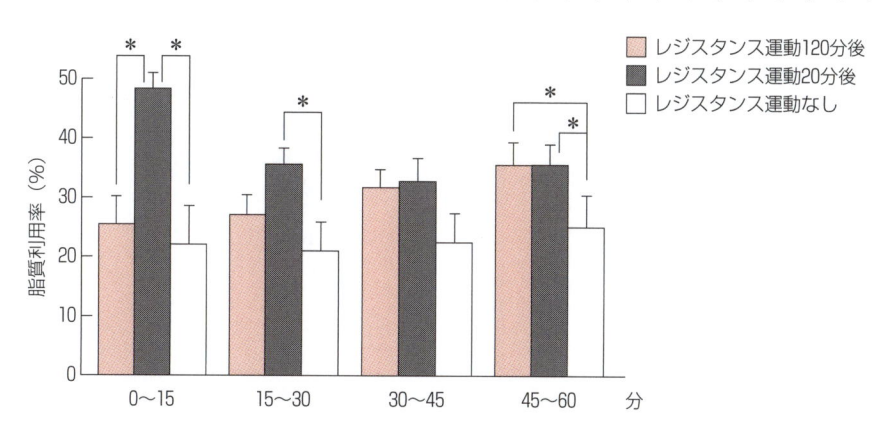

図10.9 レジスタンス運動の有無が有酸素性運動中の脂質利用率に及ぼす影響
＊は条件間に差があることを示す．
Goto ら，Effects of resistance exercise on lipolysis during subsequent submaximal exercise, *Med. Sci. Sports Exerc.,* **39**, 308（2007），Figure 6.

ストレーニングの速度に着目し，本来筋量が増大しにくいとされる50％1RMの比較的軽い負荷であってもゆっくりと行う（3秒で挙げ，3秒で下ろす）ことで，80％1RMの負荷を用いて通常の速度で行う（1秒で挙げ，1秒で下ろす）場合と同等の筋量増大効果が得られたという報告がある（図10.10）．この方法（スロートレーニング，略してスロトレ）は，高齢者やトレーニングに不慣れな対象者にとっても効率よく筋量を増大させる有効な方法かもしれない．

④ スポーツと体組成

スポーツ選手の体組成については競技特性によって相違がみられるものの，望ましい体脂肪率は男子選手で5〜13％，女子選手で12〜22％であるとされる．柔道やレスリングなどの体重階級制のある競技では除脂肪量を増大あるいは保持しながら体脂肪を減少させる減量を行うが，この際には脱水やコンディション低下を伴うことがあり，注意が必要である．また，新体操やフィギュアスケートに代表される審美系競技では低体重，低体脂肪率を保持し，容姿の好印象を獲得することが競技成績につながると考えられている．しかしながら，長期間にわたる低体重，低体脂肪率は運動性無月経，摂食障害，骨粗鬆症といった，いわゆる女性競技者の三主徴を引き起こす恐れがある．

また，マラソンなどのように自分の体重を長時間に渡って移動させる競技においては体重が少ないほうが有利に働くため，日頃よりエネルギー消費量に見合うエネルギー摂取をせず，さらに体重と体脂肪率の減少を招く．その結果，審美系競技と同様に女性競技者の三主徴，貧血，疲労骨折などのリスクも高まることから注意が必要である．

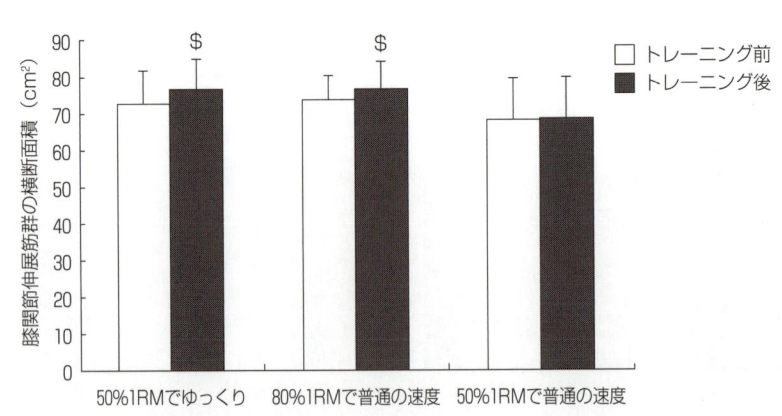

図10.10 異なる強度および速度のレジスタンストレーニングが筋量に及ぼす影響
$ はトレーニング前後に差があることを示す．
Tanimoto ら，Effects of low-intensity resistance exercise with slow movement and tonic force generation on muscular function in young men, *J. Appl. Physiol.*, **100**, 1150（2006），Fig. 8.

復習トレーニング

次の文章のカッコの部分に適切な言葉を入れなさい．

❶ 体組成は身体の構成要素を分けて考える考え方で，大きくは（　　）と（　　）に分けられる．

❷ 体組成に影響を及ぼすのは（　　），（　　），（　　），（　　），（　　）などである．

❸ 脂肪を減少させるためには（　　　）運動のトレーニングが適している．

❹ 筋を増大させるためには（　　　　）トレーニングが適している．

11章 スポーツと発育発達

11章の POINT

- ◆ 個人によって発育発達の仕方は異なるので，暦年齢のみでなく生物学的な年齢を考慮することを知ろう．
- ◆ 性ホルモンなど種々のホルモンの影響で，思春期を境に男女の体組成や機能的指標は大きく異なることを学ぼう．
- ◆ 神経系の発達は幼児期から小学校中学年にかけて大きく発達するので，この時期にさまざまな動作を含んだ活動を行わせることが望ましいことを学ぼう．
- ◆ 子どもでも十分な管理下にあれば，安全に筋力トレーニングの効果が認められることを知ろう．
- ◆ 発育期の女子の身体活動と骨密度には密接な関係があることを知ろう．
- ◆ 最大酸素摂取量はトレーニングによって向上することを学ぼう．

11章 スポーツと発育発達

はじめに

　発育発達期は精神的側面（脳神経系）や筋・骨格系，呼吸循環器系，内分泌系など心身に大きな変化がある時期であり，スポーツを指導するうえでも留意すべき点が多い．各個人における発育発達の状況を把握し，その段階に応じた適切な運動刺激を与えることが，より障害の少ない，効果的なトレーニングを行ううえで重要である．

　この章では発育発達期において知っておくべき基本的事項，ならびに体組成，運動スキル，筋・骨格系，持久力といった体力要素における発育発達期の生理学的特徴について学ぶ．

1　発育発達期のスポーツにおける基本的事項

（1）発育・発達の区分

　子どものスポーツを考えるうえで発育発達段階を客観的に評価することは，トレーニング効果を高めることや適切で安全な指導を行っていくために重要である．発育期の分類の仕方には学校教育法における児童，生徒，学生など**歴年齢**（chronological age）を基準とした行政的分類と，生理学的な発育発達特徴に応じた分類（生理学的分類・年齢）の二つがある．歴年齢とは物理的に経過した時間を基準としているもの（通常の年齢）であり，**生理学的年齢**（biological age）とは生理学的な発育発達の遅速を基準として表したものである．スポーツに関わる発育段階の判断は早熟，晩熟といった個人差が存在することから，歴年齢のみ

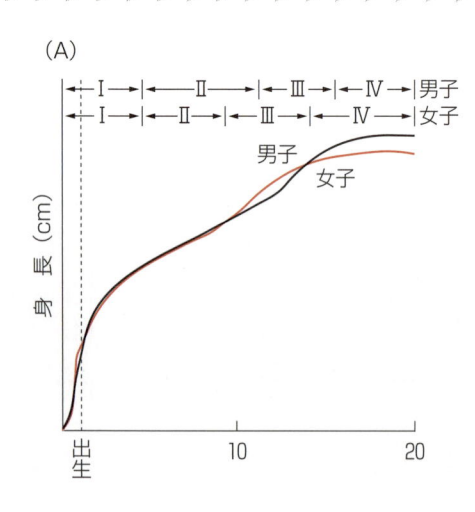

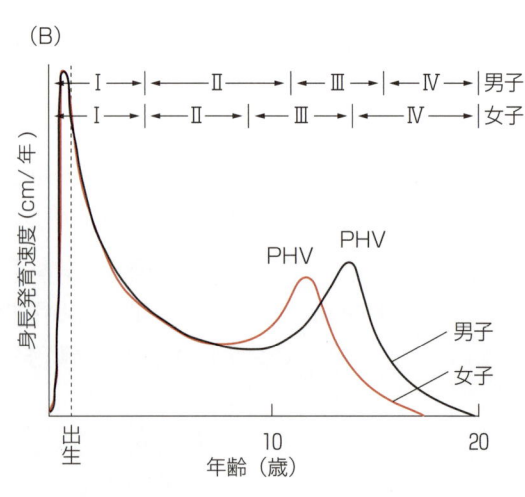

図11.1　身長の発育曲線と身長発育速度
高石昌弘 編，『スポーツと年齢』，大修館書店（1977），p.3.

1 発育発達期のスポーツにおける基本的事項

ではなく生理学的年齢を考慮に入れた評価が必要である．

生理学的年齢を考えるうえで図11.1,A,Bに出生後の身長の値（発育曲線，現量値曲線）と年間発育増加量（発育速度曲線）を示した．発育曲線は二重S字型を示し，成人までの間に四つの区分に分けることができる．第Ⅰ期は胎児期から幼児期前半に至るまでの急激な発育を示す時期であり，**第一発育急進期**（第一次性徴）と呼ばれている．第Ⅱ期はそれ以降，およそ10歳までの比較的発育がゆるやかな時期である．第Ⅲ期は男子と女子とで異なり女子のほうが早く訪れる傾向があるが，11歳から15歳にかけて再び急激な発育が起こる時期であり，思春期，もしくは**第二発育急進期**（第二次性徴）と呼ばれる．発育速度曲線（図11.1,B）で見た場合には大きなピークが出現する時期である．第Ⅳ期はその後，ゆるやかな発育になり発育停止にまで至る期間である．

生理学的年齢でおもなものには，この第二次発育急進期における身体各部位の変化（恥毛の状況，胸部の発達，初潮の発来など）を基準とした**タナーステージ**や身長の伸びのピークを表す**最大発育速度**（peak height velocity, **PHV**）（図11.1, B），骨年齢などがある．PHVは女子で平均11歳，男子で平均13歳前後と約2年離れて現れ，年間の増加量は個人差が大きいものの平均6〜8 cmに及ぶ．簡便に生理的な発育段階を把握するには，対象とする子どもの過去の身長とその増加量をプロットすることにより，PHV発来前かあとかがわかる．

（2）スキャモンの発育曲線とトレーナビリティ

R. E. スキャモンは出生後から20歳までの発育パターンを**神経型**，**一般型**，**生殖型**，**リンパ型**の4種類に分類した（1928年，図11.2）．

R. E. スキャモン
アメリカの医学者，人類学者．
1883〜1952.

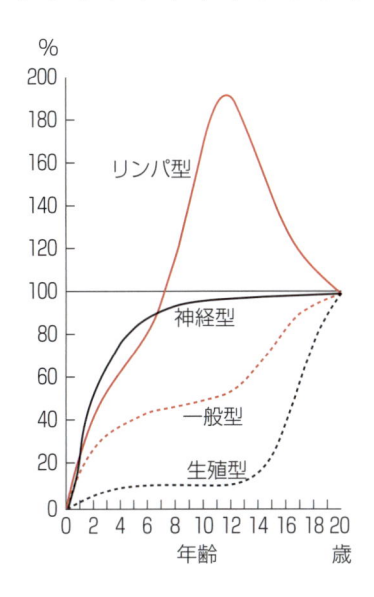

図11.2 臓器別発育曲線（スキャモン）
ロバート M・マリーナ，クロード ブシャール，『事典 発育・成熟・運動』，大修館書店（1995），p.8.

神経型は脳，脊髄，視覚器などの中枢神経系などの発育状況を示し，乳・幼児期に急速な発育を呈したあと，ゆっくりと成人期への値へと達する．神経型は体力分類のうち平衡性，敏捷性，巧緻性などと関連する．

一般型はいわゆる身長や体重，呼吸器，循環器，筋，血液量など多くの組織の発育状況であり，出生後に急激に増加したあと，ゆるやかに増加し，第二発育急進期には再度急激に増加する二重Ｓ字型を示す．一般型は体力要素のうち体格，筋力，持久力などと関連する．

生殖型は生殖系の諸器官の発育を示しており，出生後ゆるやかな増加を示すが第二発育急進期に急激に発育する．生殖型は性ホルモンの分泌と関わることから，女子における骨密度の増加や体組成（女子で体脂肪率増加，男子で除脂肪量増加）と関連する．

リンパ型は胸腺，リンパ節などの発育状況を示し，第二発育急進期に成人の2倍近くに達し，その後減少し成人の値へと達する．リンパ型は体力分類のうち**防衛体力**の免疫能と関連する．

発育期にはさまざまなスポーツ活動が実施されるが，子ども達が行う予定の運動やトレーニングが**体力要素**のどの分類に属しているのかを理解すること，また，その運動やトレーニングによって効果が期待される身体各器官の状況は，どのような段階にあるのか〔スキャモンの発育曲線や身長発育曲線などからみて**トレーナビリティ**（教育や訓練により能力が向上する可能性）が高い時期にあるのか〕を把握することが効果的で障害の少ない指導を行ううえで大切である（図 11.3）．

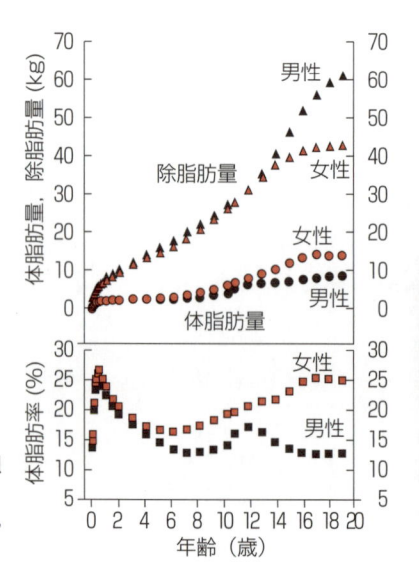

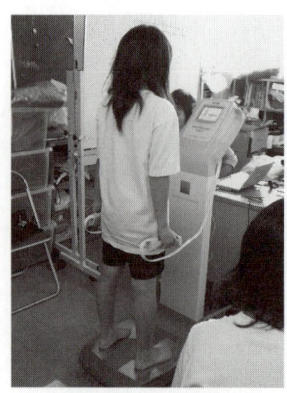

図 11.4　出生から成人までの身体組成変化

J. D. Veldhuis, et al., *Endocr Rev*, 26, 114（2005）より改変．

体組成の測定風景

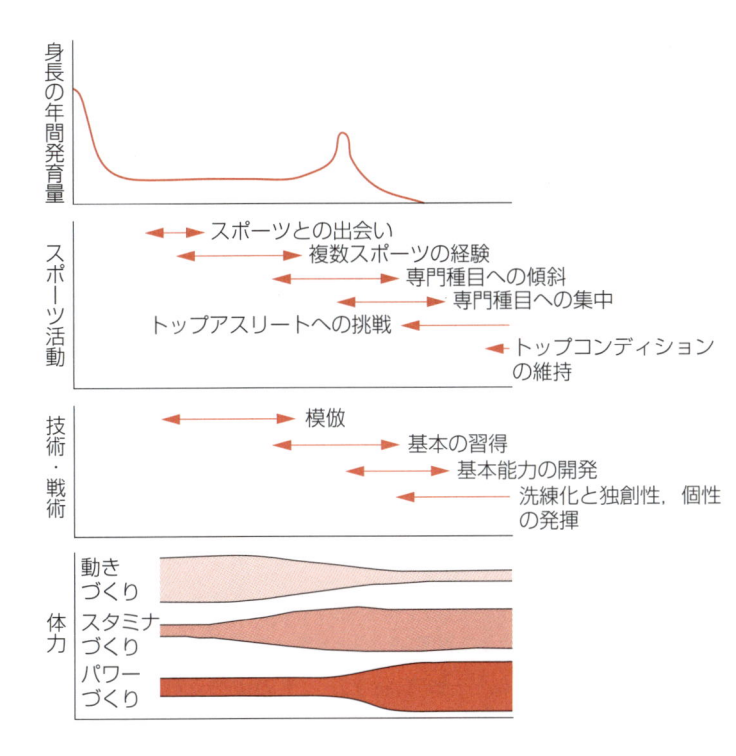

図 11.3 発育発達に応じたスポーツ活動とトレーニング
浅見俊雄,『スポーツトレーニング』, 朝倉書店 (1985) より作成.

2 身体各機能における発育発達とスポーツ

（1）体組成

出生から成人までの体脂肪率, 体脂肪量, 除脂肪量の一般的な推移を示した（図 11.4）.

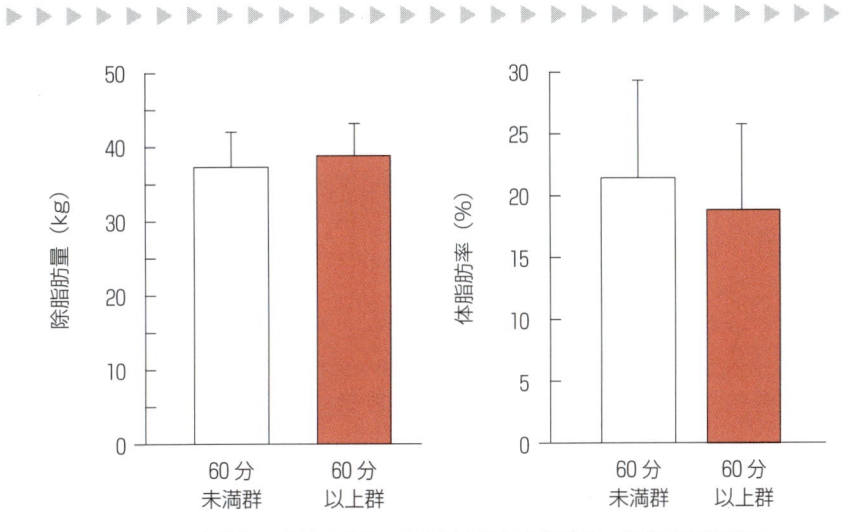

図 11.5 中学生における日常の身体活動量と除脂肪量, 体脂肪率の関係
歩行以上の強度で活動していた時間が 60 分未満と 60 分以上で分けて比較した

エストロゲン
6章も参照.

知っておくと役に立つ！

初潮の発来と体脂肪
初潮はある一定の体脂肪率（約17％）に達しないと起こらないことから，月経にはある一定の体脂肪量が必要である．これは脂肪細胞から分泌されるレプチンというホルモンが卵胞刺激ホルモン（FSH）や黄体化ホルモン（LH）の分泌を促すからである．思春期に入った女性において量的，機能的に変化する脂肪組織は生理的にレプチン濃度を高め，十分に末梢でエネルギー蓄積が完了したことを視床下部—下垂体—性腺系を介して伝え，他の代謝性因子と関連しながら性成熟の完成や妊娠に備えていると考えられている．

体脂肪量は6歳頃まで男女ともほぼ一定の割合で増加し性差を認めないが，その後女児は初潮の発来とともに**エストロゲン**の影響を受けて蓄積が加速し，思春期が終わるとともに増加のスピードは落ちる．一方，男児も量的に脂肪は増加し続けるが，その増え方は女児に比べゆるやかである．

除脂肪量では12歳頃までおおむね性差は認められないが，男子では第二発育急進期に除脂肪量の増加が加速し，18歳程度までは増え続ける．女子では15歳ぐらいで頭打ちとなるため，思春期の終わりには大きな性差が認められるようになる．

体脂肪率は出生後の1年で25％程度まで急増し，その後5歳頃までは性差もなく漸減する．女児では6歳頃になると増加に転じ，男児より高い値を示したまま思春期，成人期へと増加し続ける．このような3～6歳頃に体脂肪率が低値から高値へと転ずる時期を**アディポシティリバウンド**（adiposity rebound, AR）と呼んでおり，ARが早いと将来の肥満リスクが高いことも報告されている．一方，男児も7歳頃から体脂肪率は増加し始め11歳頃にピークを示すが，その後第二発育急進期に除脂肪量が急増することにより体脂肪率は相対的に減少し，成人期まで漸増する．

このような第二発育急進期の発来や身体組成の変化は成長ホルモン（GH）・インスリン様成長因子1（IGF-1），甲状腺ホルモン，レプチン，性ホルモン（テストステロン，エストロゲン）などにより調節されている．GH，IGF-1はタンパク合成を促進（筋組織の発達）し，脂肪の形成を抑制する．また，身長の増加に関わる骨端板の軟骨組織や結合組織の増殖に必要である．PHVの出現する第二発育急進期にはGH分泌も

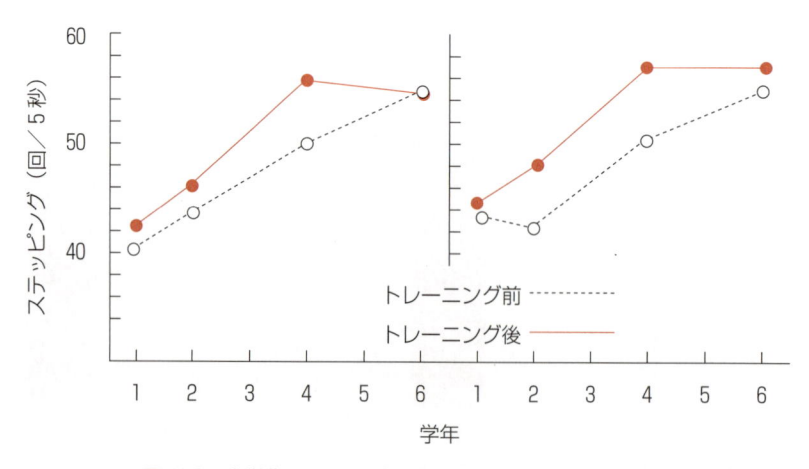

図11.6 小学生のステッピングに対するトレーニング効果
左：男児（*n* = 22），右：女児（*n* = 12）．昭和61年度 日本体育協会スポーツ科学研究報告 No. VI，思春期前のトレナビリティに関する研究，p.33．

増加し，その終了とともに低減する．

　男子においては思春期におけるテストステロンの増加がGH分泌を促進することが知られている．また，GHは入眠後の深い睡眠のとき（ノンレム睡眠）に多く分泌されることが知られており，「寝る子は育つ」といわれているように発育期における良質な睡眠が成長にとって不可欠である．

　発育期におけるスポーツの実施は，生涯にわたって健康の土台となる筋肉，脂肪の量と質を決定づける．また身体活動性の高い子どもにおいては，除脂肪量の増加，体脂肪の減少が認められる（図11.5）．一方，体重が重いと不利になるような体操やダンス，長距離走などの競技を行っている思春期女性では，過度なトレーニングに加え無理な食事制限により体重や体脂肪を減少させるため，発育や性成熟の遅延（初経発来の遅延）が認められる．

（2）運動スキル

　体力要素でいう敏捷性や平衡性，巧緻性など，動作の習熟や随意運動の基本となるものはスキャモンの発育曲線でいう神経型の発達と関連がある．神経系は他の器官と比べ最も早く発達し，4歳頃で大人の80％，8歳頃で95％程度になるので，比較的低年齢（幼児期～小学校中学年程度．**ゴールデンエイジ**）の時期に，繰り返し神経からの刺激と筋肉における力の発揮の調整が必要な動作を行わせることが運動スキルを高めるうえで望ましい．

　図11.6は，小学生男女のステッピング回数に対するトレーニング効果を見たものである．男女ともに小学校6年生まではステッピング回数

知っておくと役に立つ！

誕生月による運動能力の違い
成長期においては同じ学年であっても誕生月の違いによって体格や運動能力は大きく異なる．一般に，1～3月生まれ（早生まれ）では4～6月生まれに比べ体格は小さく，運動能力も低い．このことが集団スポーツの中で早生まれの子どもがレギュラーになりにくいことや，モチベーションの低下につながっているとされている．実際，プロ野球やサッカー選手では早生まれの選手に比べ4～6月生まれの選手数のほうが2倍程度多い．成長期のスポーツを指導する際にはこのような要因も考慮に入れ，平等に接していくことが大切である．

トルク
トルクとは回転軸にかかる力のことで，たとえば肘を回転軸の中心とした場合，肘の伸展や屈曲時にどれだけの力を発揮しているかを筋力測定マシン（サイベックスマシンなど）で評価する．

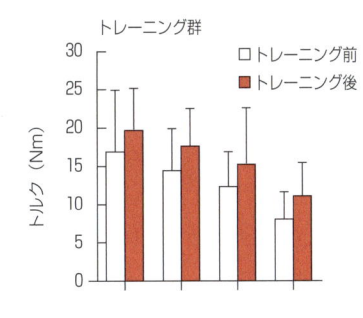

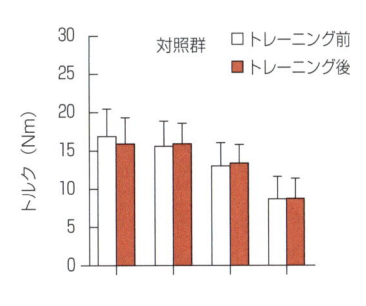

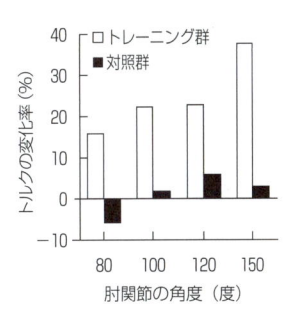

図11.7 思春期前における筋力トレーニングの効果
Robert Malina, et al., "Growth, Maturation, and Physical Activity-2nd Edition", Human Kinetics (2004), p.496.

が増加していくが，トレーニングを行うことによる差は4年生で頭打ちとなり，6年生になるとほとんどないことがわかる．また，ステッピングの代わりにスプリントトレーニングや反復横とびのトレーニングを行ったグループではステッピングの回数にトレーニング効果が見られなかったことから，敏捷性トレーニングの効果はトレーニング手段として用いた運動形態に特異的（**トレーニングの交叉性**がない）であるとされている．よって，早い時期から一つのスポーツ種目に固定することなく，さまざまな運動経験を通して，神経系の発達に合わせながら動作を習熟していくことが将来のスポーツパフォーマンスを高めるうえで好ましい．

近年では，コーディネーション能力と呼ばれる神経−筋の協調性を高めるトレーニング（**コーディネーショントレーニング**）も発育期に行われている．コーディネーション能力とは状況を視覚や聴覚で受容し，脳で判断し，効果器である筋を目的に応じて動かすといった一連の過程をスムーズに行う能力をいう．コーディネーション能力は位置情報に関わる「定位」，動作切り替えに関わる「変換」，動作の同期と関わる「連結」，刺激に対して応答する「反応」，力の出力や道具の操作に関わる「識別」，イメージ表現と関わる「リズム」，体勢の維持に関わる「バランス」といった7つに分けられる（表11.1）．

さらにトレーニングを実施するときには，足の運動に手の運動を加えるなど複数の動作を組み合わせる「複合」，リズムやテンポを変えながらマンネリ化を防ぐ「不規則」，前後上下左右といった空間や身体部位を利用する「両側性」，テニスボールを使った運動をバレーボールで行ってみるなど条件を変化させながら行う「対応性」，ある動作ができ

表11.1 七つのコーディネーション能力

定位能力	相手やボールなどと自分の位置関係を正確に把握する能力
変換能力	状況に合わせて素早く動作を切り替える能力
連結能力	関節や筋肉の動きをタイミング良く同調させる能力
反応能力	合図に素早く正確に対応する能力
識別能力	手や足，用具などを精密に操作する能力
リズム能力	動きをまねたり，イメージを表現する能力
バランス能力	不安定な体勢でもプレーを継続する能力

東根明人 監，『体育の授業を変えるコーディネーション運動65選』，明治図書出版（2013），p.12 より改変．

たら少しずつ難易度を上げていく「変化度」といった要素を考慮しながら行うことが推奨されている．

（3）筋・骨格系

体格を構成する筋や骨格系はスキャモンの発育曲線では一般型に属するため，第二発育急進期に大きく発達する．たとえば，学齢期における握力は6〜12歳の男子で年間増加量が3〜4kg程度であるが，13歳を超えると8kg以上にもなる．これまで発育期の筋力トレーニングに関しては，テストステロンなどの男性ホルモンが十分分泌されてないPHVの前（前思春期，prepubertal age）に行っても効果が少ないとされてきたが，近年では大きな力を発揮するような運動やウエイトトレーニングなども適切な管理と指導があれば，PHV前に始めても効果があると考えられている．

図11.7はPHV前（6〜11歳）の男子を対象に，14週間にわたる肘関節の筋力トレーニングを行った群と行っていない群（対照群）とで筋力の変化率を比較したものである．対照群に比べ筋力トレーニングを行った群では肘の屈曲力が20〜30％程度向上しており，前思春期においてもトレーニング効果が認められている．しかしながら，トレーニング後に筋のサイズに大きな変化がなく，おもに神経系の改善による筋力向上であると考えられることや，PHV前では成長している骨の先端部にある骨端線も閉じていない（障害が起こりやすい）ため，大きな機械的ストレスがかかるような筋力トレーニングの実施には注意が必要である．

筋の代謝系ではPHV前の子どもで速筋線維の発達が不十分であり，解糖系の酵素活性（**PFK**など）が成人に比べ60％と低い．一方，骨格

解糖系・酸化系の酵素活性
2章参照．

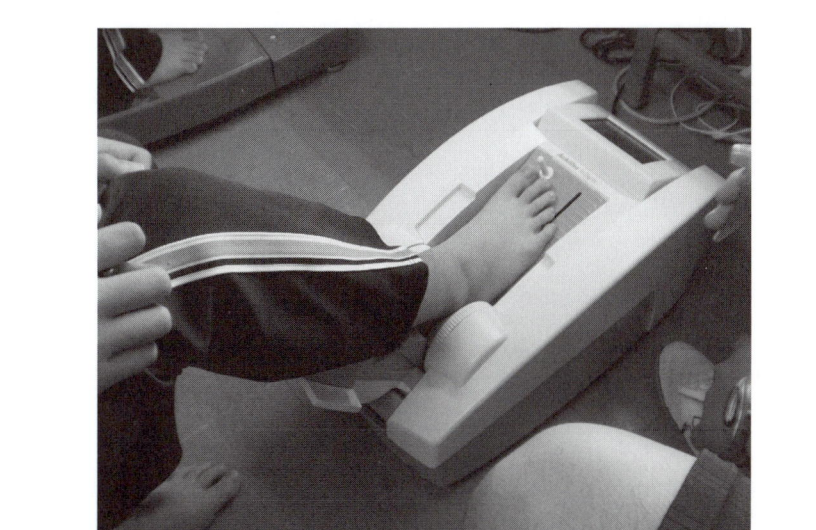

図11.8 超音波による踵骨骨密度の測定

筋に占める遅筋線維の割合は高く，酸化系の酵素活性（SDH など）も高い．PHV 前までにおける筋力のゆるやかな増加はおもに遅筋線維の発達によるものとされ，PHV 前後からの急激な増加は遅筋線維に加え，速筋線維の発達によるものである．グランド走を用いて 6 ～ 12 歳児の**乳酸性作業閾値**（lactate threshold, **LT**）を測定した研究では，LT 発現時の心拍数は成人で 147 拍 / 分に対し，子どもで 178 拍 / 分と高かったことを報告している．つまり，子どもは無酸素的（アネロビック）な能力が低いので，成人に比べ相対的に高い強度になるまで血中乳酸濃度が上昇せず，相対的な LT 発現の時期は高くなるといえる．

骨格系に関して，図 11.8 に超音波骨密度計を用いた測定を示し，また図 11.9 は加速度計付き歩数計により中学生男女の運動による 1 日あたりの消費エネルギー量と踵骨の骨密度との関係を見たものである．運動によるエネルギー消費が大きい生徒ほど骨密度が高く，とくに女子においてその関係性は強い．また，女子においては強度の高い活動を長く行っている者ほど骨密度が高いことも認められている．運動を行うことで骨に力学的ストレスがかかり，血流量の増加や**骨芽細胞**の活性化などが起こり骨密度が増加することや，荷重負荷や筋収縮に伴い骨に歪曲が生じるときの圧電効果によって，カルシウムの骨への沈着が促進し，骨密度が増進するためと考えられる．

近年の調査によれば，骨脆弱性に伴う子どもの骨折者数が増えていることや，体型的に「やせ」と判定される小中学生の増加が報告されている．とくに女性では将来の骨粗鬆症が心配されていることから，発育期におけるスポーツ活動を通して**最大骨塩量**（peak bone mass, **PBM**）を高めておくことが望ましい．

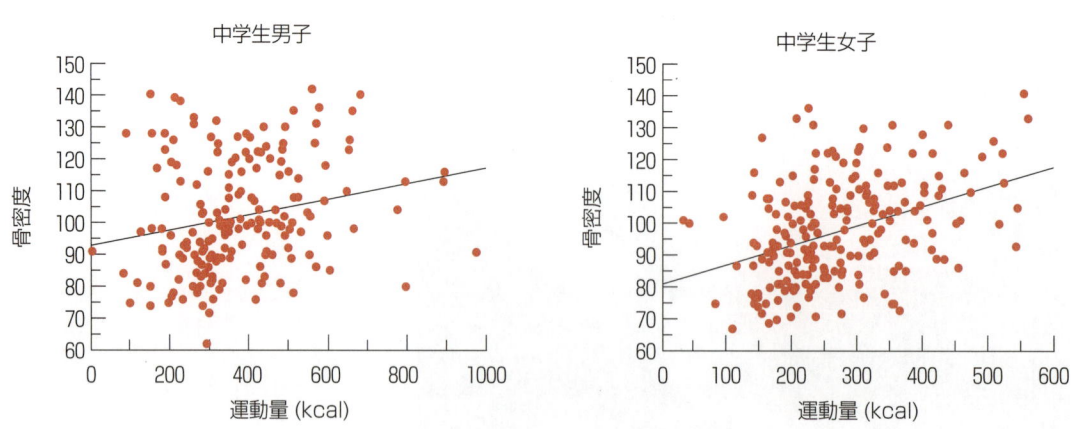

図 11.9 中学生の運動量と骨密度の関係

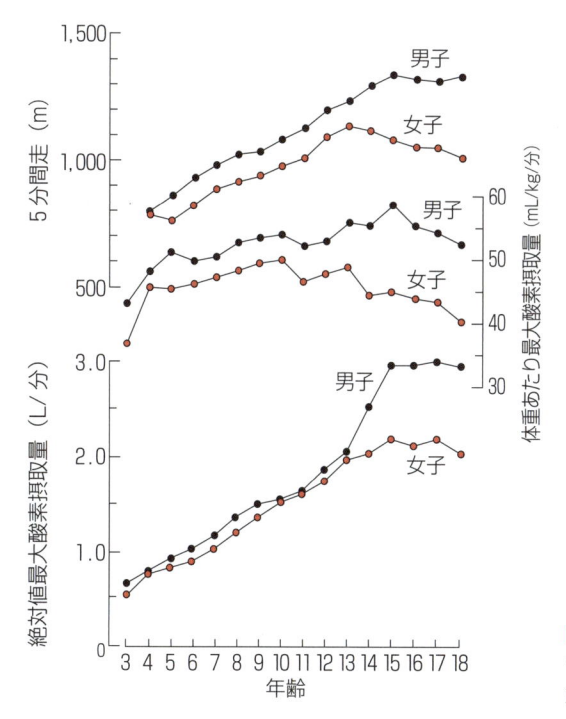

図 11.10　最大酸素摂取量（$\dot{V}_{O_2}$max）の発達
吉澤茂弘,『幼児の有酸素性能力の発達』, 杏林書院 (2002), p.19.

（4）持久力

　持久力の発達は図 11.10 に示したように，最大酸素摂取量（$\dot{V}_{O_2}$max）の変化により評価できる．絶対値の最大酸素摂取量（L/分）は男女とも発育に伴って増大し，とくに男子では発育スパート期に急激に増大する．しかしながら，体重あたりで計算する相対値の最大酸素摂取量（mL/kg/分）で見てみると男子ではゆるやかな増加，もしくは 5 歳ぐ

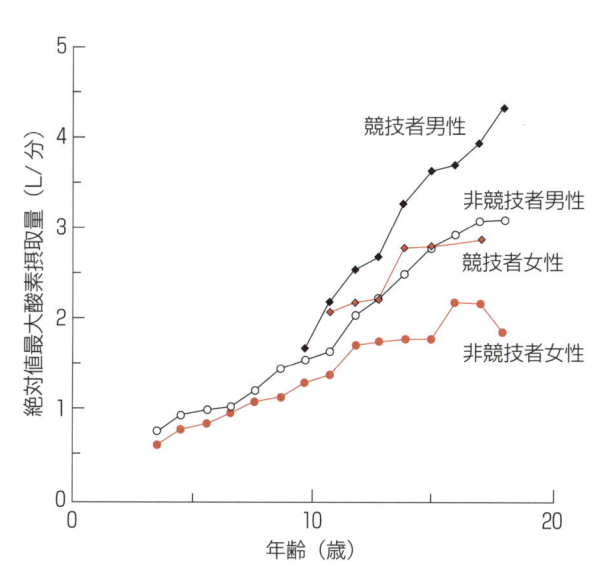

図 11.11　競技者と非競技者における最大酸素摂取量の比較
山地啓示, 横山泰行, 民族と加齢からみた V_{O_2}max, 富山大学教育学部紀要 B（理科系），第 38 号, 69-82 (1990) より作成.

スポーツ活動と最大酸素摂取量
3章, 4章も参照.

らいでほぼ青年期の値に達しており, 女子では発育（体脂肪の増加）とともにやや低下する.

発育期のスポーツ活動は最大酸素摂取量の増大を促す. 図11.11に示したように通常の生活を行っている群（非競技者）に対し, スポーツ活動を行っている群（競技者）では男女とも最大酸素摂取量が高い. また, 9〜11歳の男児を対象に最大酸素摂取量の70％の強度で1日30分, 週3日, 4週間にわたり自転車エルゴメータを用いた持久的トレーニングを行った結果, 10歳, 11歳児では最大運動時間が有意に延びたり, PWC_{150} (physical working capacity) の値が有意に増大したと報告されている. したがって, 発育発達期における持久的な要素の入る活動は, 体力の基本的要素である全身持久性を向上させ, 種々のスポーツ活動において有利になることや, 将来の生活習慣病等を予防するうえで有効である.

最大酸素摂取量は1回拍出量と心拍数, 動静脈酸素較差の積によって成り立つが, 1回拍出量と深く関わる心臓の左心室内径における発育について中学生男子を対象とし, 21週間のトレーニング前後で検討した（図11.12）. トレーニング群は1日1〜2時間, 週5〜7日の持久的な種目をクラブ活動として行っている生徒で, 対照群は体育授業以外定期的な身体活動を行っていない生徒である. 対照群では中学2年生が他の学年に比べ左心室内径の増加率が高く, PHVが生じる時期と心臓発育のピークはほぼ等しいと考えられた. 一方, トレーニング群と対照群の比較では中学2, 3年の段階では両群間で大きな差は認められなかったものの, 中学1年生の左心室内径ではトレーニング群が対照群に比べ有意に増大していた. このことは, 持久力の中心的役割を果たす心臓発育に対

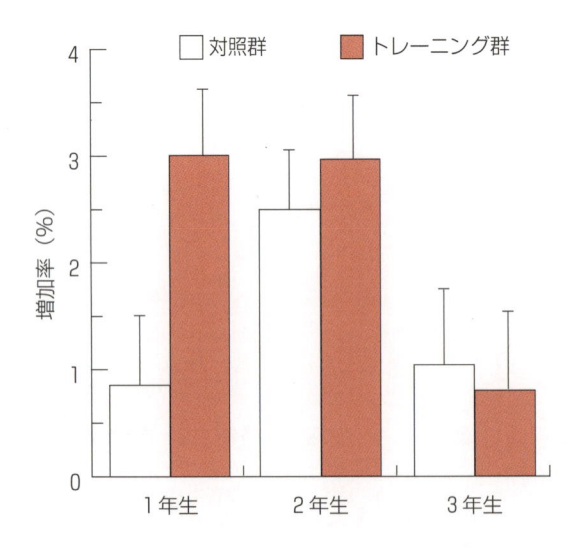

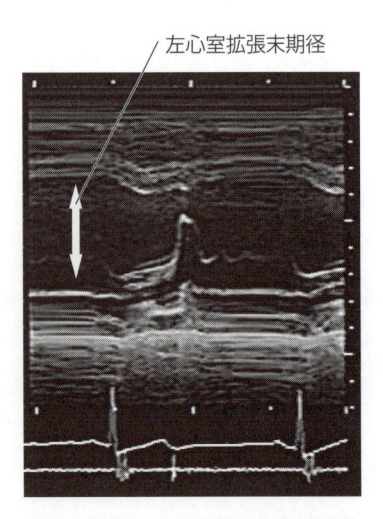

図11.12 左心室内径に対する持久的トレーニングの効果

するトレーニング効果が，PHV 前においても高い可能性を示唆している．

復習トレーニング

次の文章のカッコの部分に適切な言葉を入れなさい．

❶ 発育段階を評価する指標（　　）には，物理的に経過した時間を基準とする（　　　）年齢と，タナーステージやPHVといった（　　　　　）な変化を基準とした年齢の二つがある．

❷ スキャモンの発育曲線のうち，身長や体重は（　　　　）型と呼ばれ，出生後の急激な増加の後，ゆるやかに増加し，第二発育急進期には再度急激に増加する（　　　　　）のカーブを示す．

❸ 体組成から見た場合，発育期のスポーツ活動は（　　　　　）を減少させ，（　　　　　）を増加させる．

❹ 敏捷性や平衡性，巧緻性など，神経－筋の協調が必要な動作は幼児期〜小学校中学年程度までに繰り返し行うことが望ましく，この時期を（　　　　　　　　）という．

❺ PHV前では骨の先端部にある（　　　　　）が閉じていないため，成長期における筋力トレーニングには十分な注意が必要である．

❻ 発育期女子における（　　　　　）の最大酸素摂取量は増加傾向を示すのに対し，（　　　　　）の最大酸素摂取量は思春期後から低下傾向となる．

12章 スポーツと体温調節

12章の POINT

- ◆ ヒトの安静時の核心（頭部と躯幹）温は環境に関わらず約37℃で一定に保たれており，運動や食事により上昇することを理解しよう．
- ◆ 運動時の体温上昇は運動強度に依存し，運動強度に関わらず核心温が40℃を超えると運動継続が不可能になることを理解しよう．
- ◆ ある程度の体温上昇は運動パフォーマンスに好影響を及ぼすが，過度な上昇や高体温が続くとパフォーマンス低下要因にもなることを理解しよう．
- ◆ トレーニングやトレーニングによる体力向上は暑熱や寒冷に対する順化に貢献することを学ぼう．
- ◆ 熱中症予防のために必要な，環境状況の把握や体調管理について学ぼう．

12章 スポーツと体温調節

はじめに

ヒトの身体は，外部環境の変化に対して内部環境を一定に保つようなシステムが備わっている．体温も，さまざまなメカニズムによって外部環境が変化してもほぼ一定に保たれている．たとえば，暑いときや運動により体温が上昇したときは熱を放出し，身体を冷やすような反応が起こり，逆に体温が奪われるような寒冷環境においては熱の放出を最小限にしながら身体を温めるような反応が起こる．具体的には，体温上昇時の発汗や，体温低下時のふるえなどである．このような体温を一定に保つ反応は運動能力（パフォーマンス）と深く関わっている．発汗が進むと，パフォーマンスが低下するとともに生命の危険にもつながる．ふるえもまた，パフォーマンスを低下させ，エネルギー消費の増大につながる．運動・トレーニングによって，これらの体温を保つシステムの反応性は高くなると考えられる．

知っておくと役に立つ！
哺乳類の体温と体表面積

ヒトの体温はおおよそ 37.0 ℃であるが，同じ恒温動物の哺乳類でも種によって安静状態の体温は異なる．イヌは 38.5 ℃，ウマは 37.7 ℃程度であり，ヒトに近い種であるチンパンジーはヒトと同じく 37.0 ℃である．また，寒冷環境下で生息する種ほど体重は重く，手足や耳などの突起部が小さいことが知られている．これは，体表面積を小さくして放熱を防ぐための適応と考えられている．

1 ヒトの安静時体温は約 37 ℃

一般にヒトの**体温**はおおよそ 37 ℃とされているが，体温は身体の部位によって異なり，周りの環境や身体活動状態によって調節される．体温調節の大きな目的は，生命維持に関わる臓器の温度を一定に保つことである．したがって，頭部と躯幹（核心部）は環境温に関わらず約 37 ℃で一定に保たれているが（**核心温**），体表面の皮膚は寒冷環境下では低い温度を示し，暑熱環境下においては体表面も 37 ℃に近づく．37 ℃でほぼ一定に保たれている核心温も，厳密には 1 日中同じ温度で

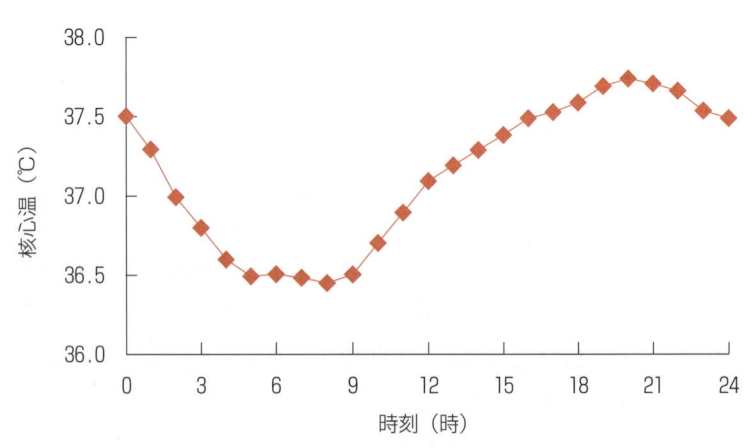

図12.1 核心温の日内変動の一例
就寝時間中低下を続け，早朝に最低値を示す．日中は上昇を続け，夕方から夜にかけて最高値を示したあと，低下を始める．

はない（図 12.1）．朝低い値を示した体温は，昼から夕方に向かい徐々に上昇して最高値を示し，その後また低下していく（**概日リズム**，**サーカディアンリズム**）．女性については生理周期でも体温変動があり，女性ホルモンによって調整されている．

　体温は運動や食事など，さまざまな活動によって大きく変動する．運動を行うと筋内におけるエネルギー代謝により筋温が上昇し，結果として体温も上昇する．ヒトの運動にはエネルギーの約 20 %が消費され，残り 80 %は熱となる（機械的効率は 20%）．筋で発生した熱は，筋内を通る血液による運搬と，隣接する組織への伝導によって移動される．しかし，発生した熱がそのまま体内に留まり続けると，脳をはじめ熱に弱い組織の変性を招き生命の危機に至る．したがって，生命を維持するために，運動中の身体からは図 12.2 に示すように伝導・対流・輻射・蒸散などの経路によって熱が体外に放散される．伝導とは隣接した物質に熱が伝わる現象であり，対流は密度の違う物質の流れにより熱が流れ出ること，輻射は電磁波による熱放散，蒸散は水が蒸発したときに熱が奪われる現象である．伝導・対流・輻射は体表面よりも環境温が低いときに起こり，体表面の温度よりも環境温が高くなると起こらない．したがって，体表面の温度を超すような暑熱環境下においては，汗の蒸散が熱放散の唯一の手段となる．

　最も熱に弱い器官である脳は 40.5 ℃を超えると不可逆的な変性が起こるとされる．したがって，運動時においても核心温が 40 ℃を超えることがないように調節されており，核心温が 40 ℃を超えると運動を続けることが不可能となる．

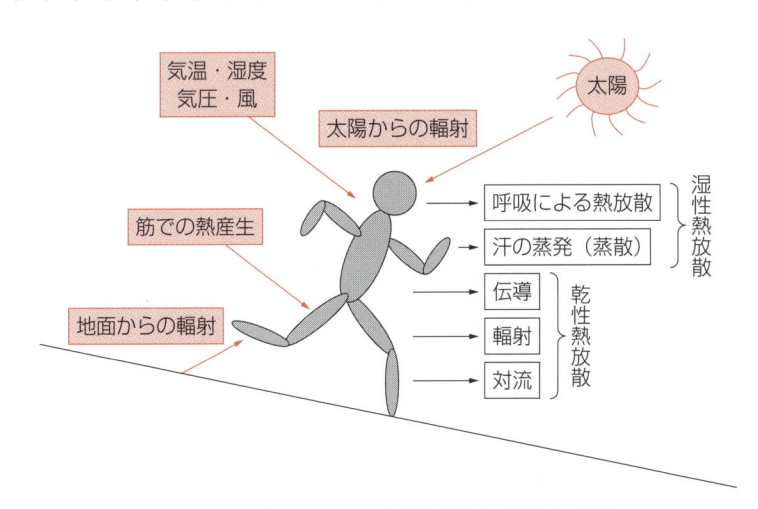

図 12.2　運動時における熱放散経路と影響する要因
身体から出ている矢印が熱放散経路であり，身体に向かっている矢印が熱流入（産生）経路である．環境温が身体の表面温よりも高くなると，蒸散が唯一の熱放散経路となる．

2 「命を守るため」の体温調節機構

体温調節には，暑さや寒さの感覚に従って服を脱着するような**行動性体温調節反応**と，血管拡張や発汗，ふるえなどによる**自律性体温調節反応**がある．

体温調節の反応には間脳の**視床下部**が重要な役割を果たしているとされ，脳の温度をはじめとして皮膚など全身の温度受容器からの情報を総合して体温調節を行っている（図12.3）．自律性体温調節では，環境温が下がり体温の低下が始まると，皮膚表面の血管を収縮させ皮膚血流量による体熱放散を減少させる．それでも体熱が低下を続けた場合は交感神経が緊張して代謝を増加させる熱産生（**非ふるえ熱産生**）が生じる．そして，非ふるえ熱産生によっても不十分な場合には，筋を収縮させてふるえを起こすことによって体熱産生を起こす．また，暑熱環境下や運動によって体温が上昇した場合においては，初めに皮膚表面の血管を拡張させることで体熱放散を増やす．それでも不十分であった場合に発汗が増えることによって，蒸散による熱放散量を増加させる．

寒冷環境下における非ふるえ熱産生やふるえは，当然のことながら熱を産出するために安静状態よりも多くのエネルギーを消費する．とくにふるえは運動器である骨格筋を動かすことによる熱産生であり，運動に制限が加えられる．したがって，皮膚血管収縮のあとに非ふるえ，ふるえの順序で体熱を維持することは，エネルギーの温存と運動機能の維持にとって納得のいく順序であるといえる．また，暑熱環境下についても，発汗は環境温に関わらず体熱放散ができるという利点はあるが，貴重な体水分と電解質を消費する．したがって，暑熱環境下においても皮

脳の機能
7章も参照．

新生児の非ふるえ熱産生
体を自分で震えさせることのできない新生児では，褐色脂肪組織による非ふるえ熱産生により体温調節を行っている．4章も参照．

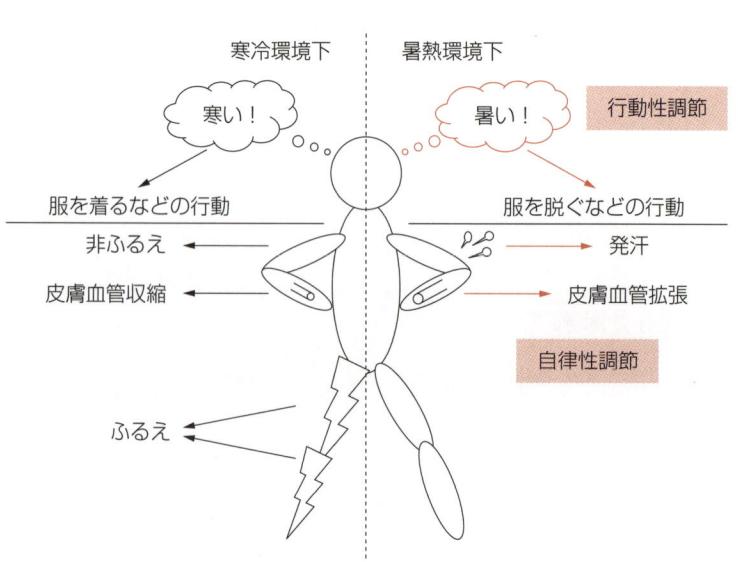

図12.3 ヒトにおける体温調節の概略図
右に耐暑反応，左に耐寒反応を描く．行動性調節や自律性調節によって核心温を37℃に維持するように調整されている．

皮膚血管拡張で間に合わなくなった場合に発汗が増加することは生命維持にとって有利な反応である．

なお，現代のヒトの生活においては，エアコンを調節する，着衣の脱着などによる行動性体温調節反応が自律性体温調節の前に起こる．これも，エネルギーや体水分・電解質の温存によって生命の危機を回避する，という点においては合理的な行動であるといえる．

3　運動強度や時間による体温変動

運動時，体内では代謝が増加し，体温が上昇する．しかし，前述の通り過度の体温上昇は生命の危機につながるため，調整システムが働き核心温が40℃以上にならないように血管拡張や発汗が起こる．調整の一環として，核心温が40℃近くになると運動パフォーマンスが低下し，運動継続ができなくなる（いわゆる「オールアウト」）．

図12.4に示す通り，運動前冷却・運動前加温・対照の3条件で同強度（60％ $\dot{V}_{O_2}$max）の運動を行った場合，加温，対照，冷却の順で運動継続時間が短かった．しかし，運動の継続ができなくなった時点での核心温（食道温）は3条件で差はなく40.1～40.2℃であった．この結果が示す通り，核心温が40℃を超えるような状況では運動継続が難しく，また運動の終了は核心温によって決定していることがわかる．

運動開始後，代謝の増加とともに体温は上昇し始める．環境温にもよるが，ある程度以下の運動強度であれば開始からしばらくすると一定の体温で安定する．1,080 kg・m/分で250分間の自転車こぎ運動では，開始から40分ほどは体温が上昇し続けるが，その後一定の値を示す

$\dot{V}_{O_2}$max
最大酸素摂取量．3章も参照．

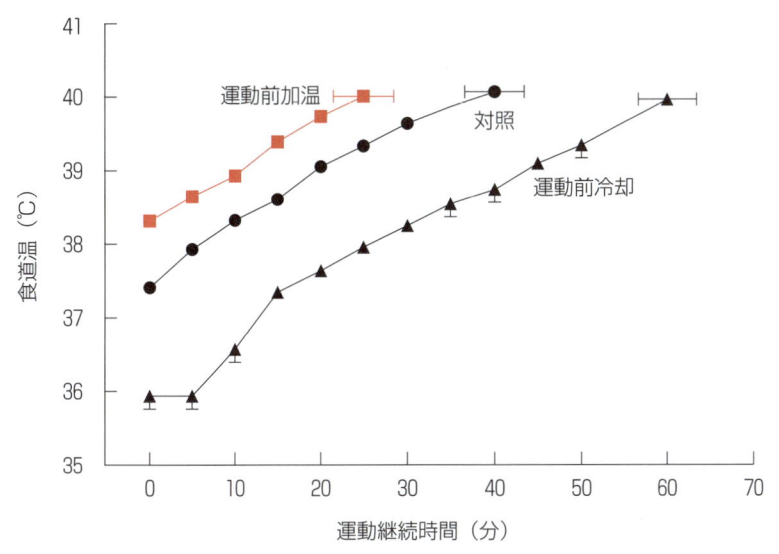

図12.4　食道温と60％ $\dot{V}_{O_2}$max 強度における運動継続時間の関係

温水浴や冷水浴によって運動開始時点の核心温（食道温）を変化させると運動継続時間に差が生じるが，どの条件でも核心温が40℃に至れば運動継続が困難となる．

L. Nybo, et al., Effects of marked hyperthermia with and without dehydration on V_{O_2} kinetics during intense exercise, *J. Appl. Physiol.*, **90**, 1057 (2001) を改変．

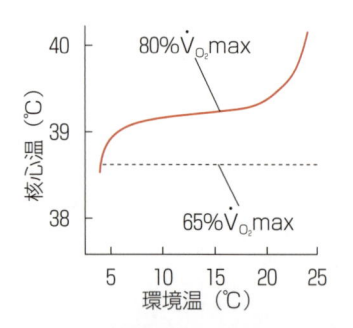

図 12.7 異なる強度の運動時における核心温（直腸温）と環境温の関係

運動強度が低いとき，核心温は環境温の影響をあまり受けないが，強度が高い運動中は環境温が高いと核心温も高くなる．
C. T. M. Davies, Temperature regulation in adults and young children during severe exercise, In : J. R. S. Hales, D. A. B. Richards eds., "Heat Stress Physical Exertion and Environment," Elsevier Science (1987), p.251～260 を改変．

（図 12.5）．また，その一定になる体温は運動強度に依存する．運動強度は絶対強度（仕事率や走速度）ではなく，個人の相対強度（％$\dot{V}_{O_2}$max）に比例しており，同一絶対強度の運動では$\dot{V}_{O_2}$max が高いもののほうが体温上昇は小さく抑えられることになる（図 12.6）．上述の通り，核心温が 40 ℃前後で運動遂行が不可能になるため，同一の絶対強度で運動を行う場合，$\dot{V}_{O_2}$max が高いもののほうがより長く運動ができる．

運動中における核心温は，強度によっては環境温の影響も受けるとされる．古典的な研究では，低強度での自転車こぎ運動の場合 5～36 ℃の環境温であれば運動中の直腸温は変動がないことが示されている．この場合，安静状態での環境温変化と運動時における環境温変化で核心温の変動はほぼ同じであることが示された．その後の研究では，65 ％ $\dot{V}_{O_2}$max での運動においては環境温が 5～25 ℃の範囲で核心温は影響されないこと，85 ％ $\dot{V}_{O_2}$max での運動では環境温が 15 ℃前後から核心温の影響を受け始めることが示されている（図 12.7）．また，相対強度（％ $\dot{V}_{O_2}$max）を等しくした場合の運動中における核心温上昇は個人差が大きくなることも示されている．これらの結果から，ある程度の運動強度の範囲であれば運動中の核心温上昇は環境温に関わらず一定に保たれることと，過酷な運動になると暑熱下では体温を調節し続けることが困難であることがわかる．付け加えると，常温環境下においては運動中の核心温は湿度に影響されないが，暑熱環境下においては湿度が高いほど核心温は大きく上昇することが示されている．

低温環境下では，運動開始直後に核心温はいちど低下したあとに上昇を始める（図 12.8）．このような核心温低下は，皮膚表面で冷やされた血液が核心部に流入して熱が奪われることによるものである．

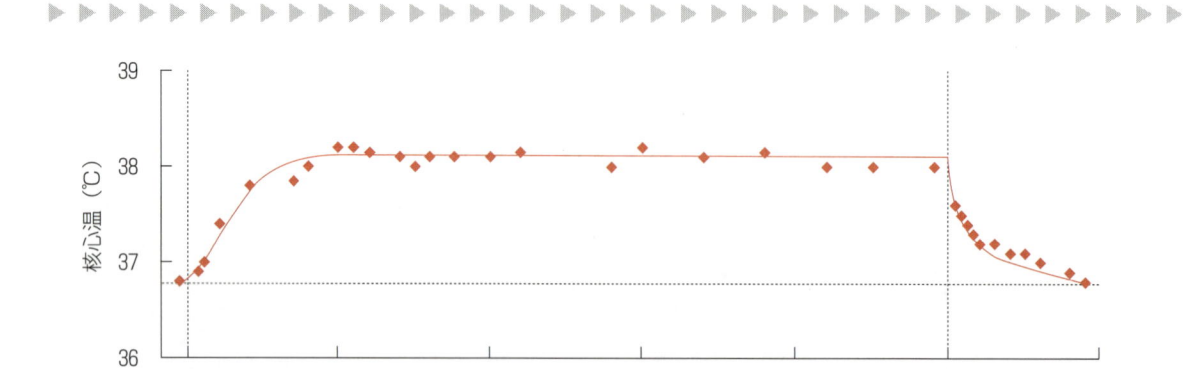

図 12.5 長時間運動時における核心温（直腸温）の変化

運動開始から 40～50 分で定常に達し，その後 250 分まで運動を続けても核心温（直腸温）は上昇しないことがわかる．
M. Nielsen, Die regulation der korpertemperature bei muskelarbeit, *Scand. Arch. Physiol.*, **79**, 193（1938）を改変．

4 発汗の種類と作用

汗には精神性発汗と温熱性発汗がある．**精神性発汗**とは，感覚や神経，または精神的な刺激が加わったときに起こる発汗であり，いわゆる「冷や汗」や「手に汗握る」と呼ばれるような現象を指す．**温熱性発汗**は，体温を調整するために温熱刺激によって全身の皮膚にある汗腺から出る．蒸発して体熱放散に貢献する汗は有効発汗と呼ばれ，滴り落ちたり拭き取られたりして熱放散には役立たない汗を無効発汗という．

発汗には強力な体熱放散作用があり，汗は蒸発するときに 1 g あたり 0.58 kcal の熱を体表面から奪う．人体の比熱は 0.83 kcal/kg/℃ とされているため，単純計算では体重 70 kg のヒトの場合 100 g の汗で体温を約 1 ℃ 下げることになる．すなわち，体温を 1 ℃ 下げるには体重 70 kg × 0.83 kcal = 58.1 kcal 必要であり，汗 100 g × 0.58 kcal = 58 kcal の熱が奪われる計算になるためである．

安静時にも発汗は生じるが，運動時にはさらに活発になる．運動を開始した直後や，運動強度が上昇すると，体温が上昇する前から発汗が増えることが知られている（図 12.9）．このことから，運動時には温熱性発汗のみではなく，運動からの精神的な刺激によっても発汗が促されると考えられる．また，発汗量は核心温に比例する．前述の通り，同一強度における運動中に定常となった核心温は相対的な運動強度に比例するため，同一強度での運動中における発汗量は相対的な運動強度に比例する．つまり，個体内において最大酸素摂取量が増加した場合，同一絶対強度においても発汗量は減少する．

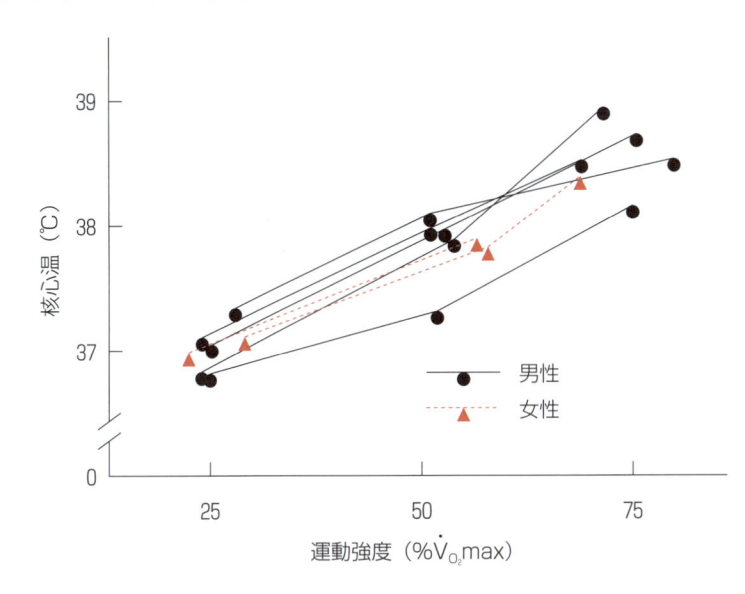

図 12.6 相対的な運動強度と定常に達したときの体温
体力水準の違う男女でも，相対的な運動強度（%$\dot{V}_{O_2}$max）で比較すると，同一の強度においては定常に至ったときの体温はほぼ同じになる．
B. Saltin, L. Hermansen, Esophageal, rectal, and muscle temperature during exercise, *J. Appl. Physiol.*, **21**, 1757 (1966) を改変．

5 体温は運動パフォーマンスの鍵となる

　筋温の上昇は運動にとって好都合な点がいくつかある．まず，安静状態のような冷えた筋は粘性抵抗が大きく，暖かい筋と比較すると収縮するために多くのエネルギーが必要となる．また，神経伝達速度は温度上昇によって速くなることが知られている．さらに，ヘモグロビンの酸素解離曲線は温度上昇によって右傾化するため（図12.10），活動筋への酸素供給がスムーズになる（ボーア効果）．筋内の酵素活性についても，安静状態よりも高い温度で活発になることが知られている．このような温度上昇による利点があるため，運動前にはウォーミングアップを行い，体温を上昇させる．

　しかし，体温上昇は運動の制限要因ともなり得る．前述の通り，核心温が40℃を超えるような状況では臓器を守るために運動継続は不可能となる．また，運動中は体熱放散のために皮膚血流量の増大が必要となるが，筋に対しても酸素やエネルギー源の供給が必要なため，血液の奪い合いが生じる．さらに発汗により体液量が減少すると，体内における血液の奪い合いは激しいものとなる．このような状況は，筋への酸素供給にとっても，皮膚血流による体熱放散にとってもマイナスであり，パフォーマンス低下要因となる．

　発汗による体液量の減少は，パフォーマンス低下とともに生命の危機にもつながる．身体の約60%が水分で構成されているが，これまでの研究から脱水によって体重の約2%が減少すると持久的な運動能力が低下し始めるとされている．また，脱水による3%の体重低下によって瞬発的な運動能力も低下し始め，5〜6%の体重減少に至る脱水状態では

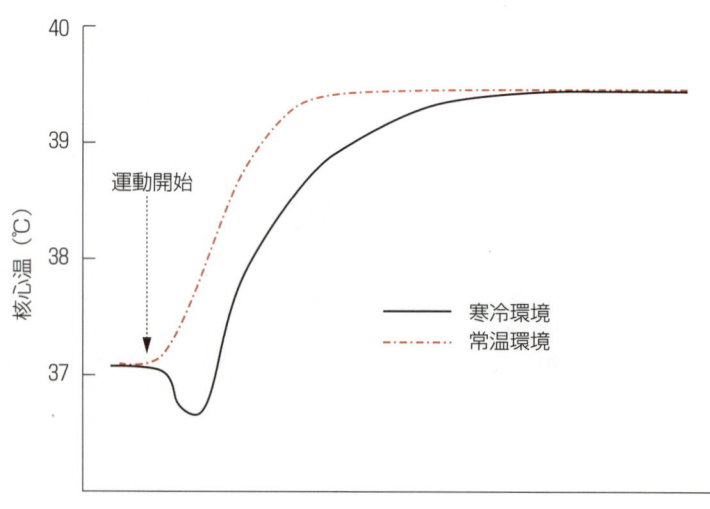

ボーア効果
14章参照．

🔵 知っておくと役に立つ！

ウォーミングアップと体温上昇
運動時，定常に達する体温は相対的な運動強度に依存する．したがって，低強度のウォーミングアップでは体温上昇が小さく，十分なウォーミングアップ効果が得られない．異なった強度で同じ仕事量（≒等距離で走速度を変化させる）のウォーミングアップを行った場合，低強度ではウォーミングアップ効果が低いことが示されている．

図12.8 常温環境下と寒冷環境下での運動時における核心温の変化（模式図）
寒冷環境下では運動開始直後に体表面で冷却された血液が核心部に流れ込むため，核心温の低下が生じる．しかし，一定以上の強度があれば核心温は上昇に転じ，常温環境下と同じ温度で定常に達する．

意識混濁などが生じる（表 12.1）．暑熱環境下においては，体温上昇とともに体液量の維持がパフォーマンス低下を防ぐ鍵となる．

しかしながら，暑熱環境下においてもウォーミングアップを実施しなければパフォーマンスは制限される．過度な体温上昇を防ぐため，ウォーミングアップはできるだけ涼しい環境で水分を補給しながら速やかに実施する必要がある．また，近年は体表面を冷やす着衣（アイスベスト）を着用しながらウォーミングアップを行うことで，暑熱環境下における持久性運動のパフォーマンス向上につながったとする報告もある．逆に寒冷環境下においては，体温低下を防ぐ着衣で，粘性の低下した筋を急激に動かさないように時間をかけて身体を温めるようなウォーミングアップが勧められる（表 12.2）．

表 12.1 脱水率とその症状

脱水率	症状
1 %	口渇感
2 %	口渇感，持久性運動のパフォーマンス低下
3 %	食欲不振，パワー系運動のパフォーマンス低下
4 %	皮膚紅潮，疲労困憊
5 %	よろめき，目眩，頭痛，足取り遅延
6 %	呼吸困難，チアノーゼ

脱水率はそれぞれ運動前の体重に対する減少率で表す．

6 体温変化に対するトレーニング効果

環境に身体が慣れ，当初のストレスを相対的に減少させ適応することを**順化（馴化）**という．ヒトは暑熱や寒冷環境に対しても順化が起こる．トレーニングや，トレーニングによる体力水準の向上は暑熱順化や寒冷順化に関わりがある．

暑熱環境に対する順化は，暑熱負荷の強度や時間，頻度に依存する．暑熱環境下では高くない強度でトレーニングを行うことにより 4〜5 日で順化することが知られており，順化の速度はトレーニングを行わない場合より早くなる．この順化によって，発汗機能が向上するとともに皮膚血管の拡張能も高くなり，同一の環境下でも核心温の上昇は起こりにくくなる．また，生じる汗についても，有効発汗が増えるとともに汗中

順化
14 章も参照．

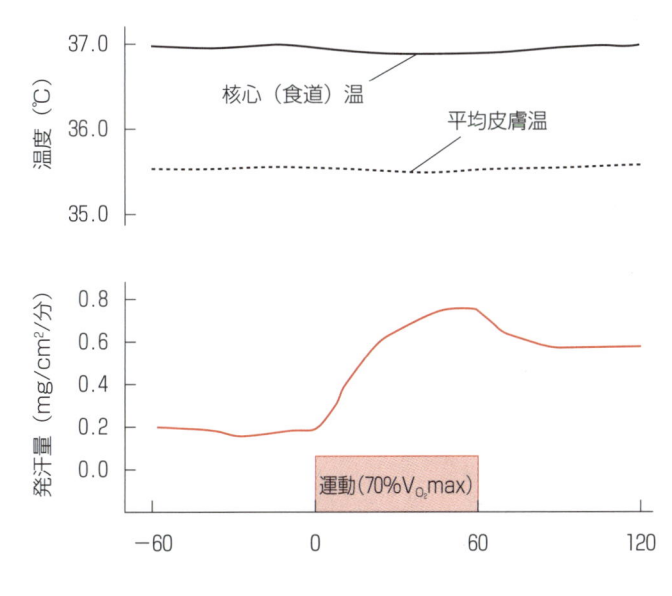

図 12.9 暑熱環境下において 70 % $\dot{V}_{O_2}$max の運動を行ったときの胸部発汗量と体温

核心温（食道温）・表面温（平均皮膚温）のどちらも上昇していないが，運動開始直後から発汗量が増大している．これは，温熱性の刺激ではなく，運動開始による刺激に対する反応と考えられる．
S. Yanagimoto et al., Intensity-dependent thermoregulatory responses at the onset of dynamic exercise in mildly heated humans, *Am. J. Physiol. Regul. Integr. Comp. Physiol.*, **285**, R200（2003）を改変．

の電解質濃度が薄くなり，体熱放散に適した状況になる．さらに，トレーニングによって血漿量や全血量は増加するため，皮膚と筋での血液の奪い合いについても緩和される．常温環境下においては，この倍以上の期間トレーニングを行っても同じような順化は生じなかった．

しかし，トレーニング間隔を3日以上あけると順化が起こりにくいことや，2～3週間暑熱環境から離れると順化によるおもな効果は消失する．また，時間をかけて順化した機能は，トレーニング中止後も持続する時間が長いことが知られる．これらを勘案すると，普段生活をしている場所と比較して高い気温の場所での試合の場合は4～5日前に現地入りし，軽いトレーニングを行い続けることが勧められる．

寒冷順化に対しても，トレーニングが影響を及ぼす．寒冷環境下において体温を維持するためには非ふるえやふるえによる熱産生が起こるが，これらの反応は骨格筋によって生じるため，トレーニングによって骨格筋が増大することで寒冷環境下における体温維持が容易になる．

また，鍛錬者は非鍛錬者と比較して皮膚血管収縮能が高く，寒冷環境下においては安静時の体熱放散を抑えることができるとされている．非鍛錬者は鍛錬者と比較して皮下脂肪厚が大きいため，皮膚血管収縮能が低くても体熱放散量が相殺されるとする見解もある．しかし，鍛錬者は血管を能動的に収縮することで寒冷環境に対して適応しており，一般的な「肥満者は寒さに強い」とするイメージは必ずしも適しているとはいえない．

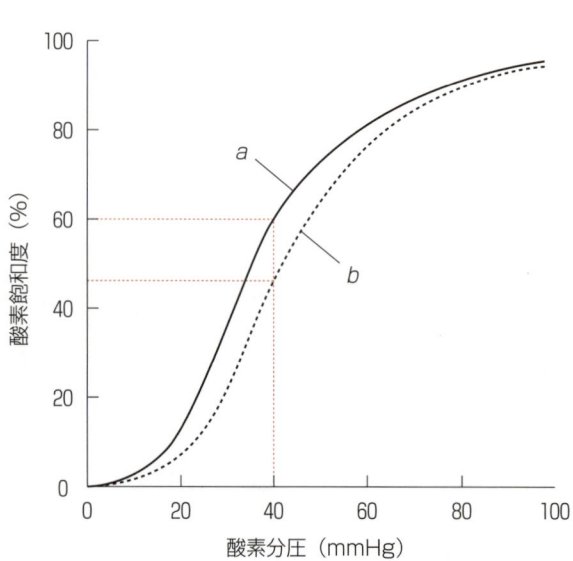

図12.10 酸素解離曲線の模式図
安静時はaの曲線が，体温上昇によってbへと右に移動する．組織の酸素分圧はおよそ40 mmHgで変わらないため，飽和度が低いbは筋でヘモグロビンと酸素が飽和していない（＝酸素を放出）ことがわかる．

7 熱中症にならないために

日本では，多くの種目で全国レベルの大会が暑熱環境下で行われる．暑熱環境下での運動は熱射病や熱失神，熱痙攣などの熱中症を引き起こしやすい．とりわけ，近年は猛暑となる年が多く，毎年スポーツ活動中における熱中症での死亡例も発生している．

表 12.3 に，日本体育協会による「**熱中症予防のための運動指針**」を示す．**WBGT** とは「湿球黒球温度（wet-bulb/globe temperature）」であり，気温や湿度，輻射熱を評価する指標となる．乾球温のみでは湿度が評価されず，湿球温のみでは気温が高い場合に過小評価されることがあるため，熱中症予防の指標としては WBGT が適しているとされる．

表 12.3 から，単純な乾球温のみで警戒レベルを評価した場合，インターハイや高校野球の甲子園大会などが行われる時期は熱中症の厳重警戒以上になると考えられる．

熱中症の発生は，初夏が多いとされる．これは，前述した暑熱順化が起こっておらず，急激な環境温の上昇に身体の熱放散が追いつかないことによると考えられる．また，睡眠不足や二日酔いによっても熱中症は起こりやすくなる．さらに，過去にはほぼ安全とされる環境においても減量による脱水や無理な運動によって死亡した例もある．

熱中症予防のためには，まずは環境や体調の管理が重要となるが，運動中における十分な水分・電解質の摂取が重要である．電解質を含まない水分摂取を続けると体液が希釈され，余分な水分を尿として排出しようとする**二次脱水**が起こる．また体表面から熱を逃がしやすい着衣を選ぶ必要がある．日射が強い場合は帽子を着用する場合があるが，帽子は

> **知っておくと役に立つ！**
>
> **二次脱水とは**
> 大量発汗時に電解質の入っていない真水を飲み続けると，汗で血液中の電解質が減っているところをさらに薄めてしまうことになる．すると，身体は電解質濃度を正常に保つために尿によってさらなる水分の排出を進める．この状態が二次脱水である．予防するためにはスポーツドリンクなど，0.1〜0.2 % 程度の食塩濃度のものを摂取することが勧められる．

表 12.2 環境温によるウォーミングアップ強度・時間と短時間激運動のパフォーマンス

	12 ℃			24 ℃			36 ℃		
	低強度	中強度	高強度	低強度	中強度	高強度	低強度	中強度	高強度
5 分	×	×	×	×	×	×	×	×	×
15 分	×	◎	△	×	○	◎	×	◎	○
30 分	◎	○	×	△	◎	×	△	○	×

◎：効果的である，○：やや効果がある，△：効果が疑わしい，×：あまり効果がない，を表す．
低強度は 35 % $\dot{V}_{O_2}$max 程度，中強度は 60 % $\dot{V}_{O_2}$max 程度，75 % $\dot{V}_{O_2}$max 程度とする．
寒冷環境下では比較的低い強度で長時間，暑熱環境下では比較的高強度で短時間のウォーミングアップがパフォーマンス向上に役立つことがわかる．
瀧澤一騎，石井好二郎，試合前のウォーミングアップの方法は寒い時も暑い時も同じ？，征矢英昭・本山貢・石井好二郎 編，『これでなっとく！使えるスポーツサイエンス』，講談社サイエンティフィク（2002），p.65〜66 を改変．

内部に蓄熱しやすい．帽子は頻繁に脱着することで蓄熱を防ぐべきである．

復習トレーニング

次の文章のカッコの部分に適切な言葉を入れなさい．

❶ ヒトの体温は部位によって異なるが，核心温は（　　）℃に保たれている．運動中は代謝の上昇により核心温も上昇するが，約（　　）℃に至ると運動継続が不可能になる．

❷ 体温の調節には自律性のものと行動性のものがあるが，自律性体温調節では暑熱環境下で（　　）や（　　）によって体熱放散を行い，寒冷環境下では（　　）によって体熱放散を減少させ，（　　）や（　　）によって熱産生を増加させる．

次の文章で正しいものには○，誤っているものには×を付けなさい．

❸ ［　］核心温の上昇は相対的運動強度に依存しているが，発汗開始の強度は同一絶対強度の場合常に同じである．

❹ ［　］暑熱環境下で体温が上昇すると脱水の危険性も生じることから，運動前のウォーミングアップは控えるべきである．

❺ ［　］暑熱環境下での運動において熱中症を予防するためには，WBGTの数値によって常に注意・警戒することをはじめ，順化状況の把握などの体調管理，こまめな水分や電解質の摂取，熱を逃がしやすい着衣を着用することなどが重要である．

表12.3 日本体育協会による熱中症予防の運動指針

WBGT (℃)	湿球温 (℃)	乾球温 (℃)	警戒レベル	
31〜	27〜	35〜	運動は原則中止	WBGT31℃以上では，皮膚温より気温のほうが高くなる．特別の場合以外は運動は中止する
28〜31	24〜27	31〜35	厳重警戒（激しい運動は中止）	WBGT28℃以上では，熱中症の危険が高いので激しい運動や持久走など熱負荷の大きい運動は避ける．運動する場合には積極的に休息を取り水分補給を行う．体力の低いもの，暑さに慣れていないものは運動中止
25〜28	21〜24	28〜31	警戒（積極的に休養）	WBGT25℃以上では，熱中症の危険が増すので，積極的に休息をとり，水分を補給する．激しい運動では，30分おきくらいに休息を取る
21〜25	18〜21	24〜28	注意（積極的に水分補給）	WBGT21℃以上では，熱中症による死亡事故が発生する可能性がある．熱中症の徴候に注意するとともに運動の合間に積極的に水を飲むようにする
〜21	〜18	〜24	ほぼ安全（適宜水分補給）	WBGT21℃以下では，通常は熱中症の危険は小さいが，適宜水分の補給は必要である．市民マラソンなどではこの条件でも熱中症が発生するので注意

屋外：WBGT = 0.7 × 湿球温度 + 0.2 × 黒球温度 + 0.1 × 乾球温度　　屋内：WBGT = 0.7 × 湿球温度 + 0.3 × 黒球温度

13章 スポーツとコンディショニング

13章の POINT

◆ 選手が大会で最高のパフォーマンスを発揮するためには，コンディションをよい方向に調整していくこと（コンディショニング）が重要であることを理解しよう．

◆ スポーツ現場におけるコンディション評価は，選手・指導者の主観に基づいて行われることが多かったが，近年，生理・生化学マーカーを用いて，客観的に選手のコンディションを評価し，コンディショニングに活用していこうとする試みがなされている．生理・生化学マーカーによる選手のコンディション評価およびコンディショニングについて学ぼう．

13章 スポーツとコンディショニング

はじめに

「コンディショニング」という言葉は世の中で広く，頻繁に使用されており，一般には，心身の状態をよりよい方向に整えることを指す．スポーツ選手におけるコンディショニングを考えた場合，その対象となる要因としては，フィットネス，スキル，メディカル，メンタル，栄養，用具，スケジュール，環境など，さまざまなものがあげられる．いいかえれば，選手が最高の力を発揮し，よりよいパフォーマンスを生み出すために必要となる，すべてのものがコンディション要因となり，目標とする競技会に向けてよりよい方向にそれらすべてを整えることが，スポーツ選手にとってのコンディショニングとなる．

スポーツ現場におけるコンディショニングは，選手や指導者の主観的評価や蓄積してきた経験に基づいて行われることが依然として多い．しかし近年においては，心拍数・心拍変動や唾液，尿などから分析可能な生化学マーカーを用いて，客観的に，かつより多角的に選手のコンディションを評価し，コンディショニングに応用していこうとする試みがなされてきている．

13章では，スポーツ生理学・生化学的視点から，スポーツ選手のコンディション評価およびコンディショニングに関して述べる．

1　生理・生化学マーカー

この項では，唾液，尿，血液といった生体試料の特徴，およびそれら試料から分析可能な生化学マーカーを用いたスポーツ選手のコンディ

(A)

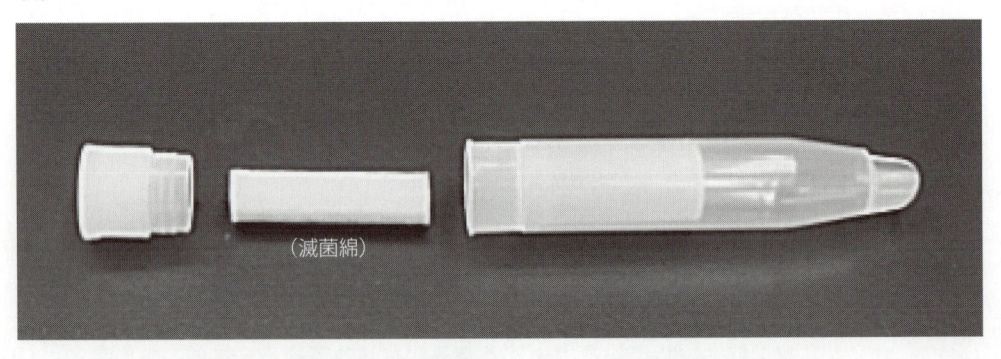

(滅菌綿)

図 13.1　滅菌された綿を咀嚼することにより唾液を採取する方法
(A) 滅菌綿と容器．(B) 滅菌綿を咀嚼している様子．1分間に60回，奥歯でしっかり噛む．(C) 滅菌綿から唾液を分離．左：遠心前，右：遠心後．遠心分離機を用いて唾液を滅菌綿から分離する．容器の底に約 0.5〜1.5 mL の唾液がたまる．

ション評価,そしてコンディショニングへの応用について述べる.

(1) 唾液中の SIgA とコルチゾールの測定

　唾液の採取には医療資格が不必要であり,感染などの危険性も低い.また,非侵襲的に連続して採取でき,選手に苦痛も与えないことから,血液や尿などと比較して現場での応用に適している試料である.唾液の採取法に関しては,ストローを用いて自然に分泌された唾液を採取する方法や,滅菌された綿を咀嚼することにより唾液を採取する方法(図13.1, A～C)を用いることが多い.唾液からはさまざまなタンパクを測定することが可能であるが,以下に唾液中タンパクのなかでもエビデンスが多く,実際のスポーツ現場において,選手のコンディション評価,コンディショニングにも利用されている,**唾液中分泌型免疫グロブリンA**(secretory immunoglobulin A, **SIgA**)およびコルチゾールについて述べる.

① 唾液中分泌型免疫グロブリン A

　生体内に抗原(細菌やウイルスなど)が侵入してくると,リンパ球の一種であるB細胞が反応して活性化する.活性化したB細胞は増殖・分化し,最終段階では形質細胞となって**免疫グロブリン**(immunoglobulin, Ig)と呼ばれる抗体を産生して分泌する.Igは構造の違いにより,IgA, IgD, IgE, IgG, IgM の五つのクラスに分類されるが,粘膜組織の分泌液に含まれる Ig については,約90%が**分泌型IgA**(**SIgA**)である.SIgA は,口腔咽頭粘膜,鼻腔粘膜などの上皮細胞を通って分泌され,外界から侵入する抗原に特異的に結合することで粘膜下への侵入を防ぐ.形質細胞から産生された IgA は,唾液腺上皮

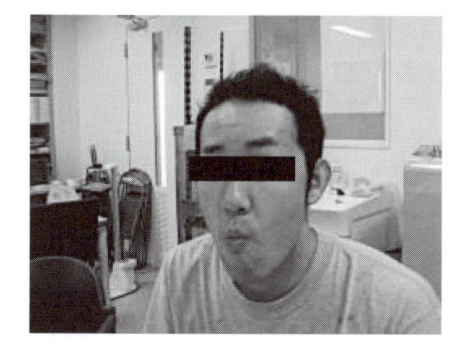

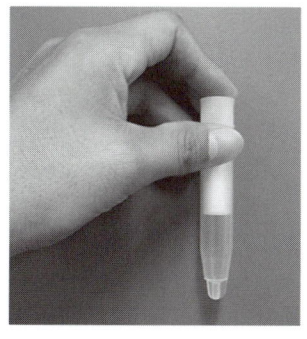

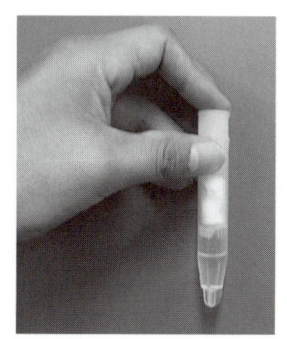

細胞の**多量体免疫グロブリン受容体**（polymeric immunoglobulin receptor, pIgR）に結合する．pIgR と IgA の複合体は上皮細胞内に取り込まれ，pIgR の一部が分泌成分（secretory component, SC）として IgA に結合したまま SIgA として分泌される（図 13.2）．SC は IgA をタンパク分解酵素から守る働きをもつ．

このような複合体である SIgA は，口腔内免疫機能で中心的な役割を果たしており，細菌やウイルスなどの体内への侵入を防ぎ，上気道感染症（風邪やインフルエンザなど）の感染防御に働くと考えられている．したがって，唾液中の SIgA が低下すると，上気道感染症への罹患率が高まると考えられている．

唾液中 SIgA は，運動による生理的ストレス，精神的要因による心理的ストレス，環境変化に由来する物理的・化学的ストレスなど，さまざまなストレスに影響を受ける．国立スポーツ科学センター（JISS）のコンディショニングプロジェクト（PJ）チームでは，2008（平成 20）年に行われた日本スケート連盟スピードスケート強化事業の北米（カナダ，カルガリー）遠征に帯同し，航空機での長距離移動によるストレスが唾液 SIgA に及ぼす影響について調査している．唾液 SIgA は移動前と比較し，移動後（10 時間のフライト後）に著しく低下しており，個別に見ても 7 人中全員の唾液 SIgA が低下している（図 13.3）．また，唾液 SIgA の低下率が最も高かった選手に，その後鼻水および喉痛といった上気道感染症の症状が 4 日間続いたことも報告されている．さらに，一流スポーツ選手（国際大会出場者）を対象とした研究においても，上気道感染症の症状が出る数日前に安静時の唾液 SIgA の低下が観察されている．

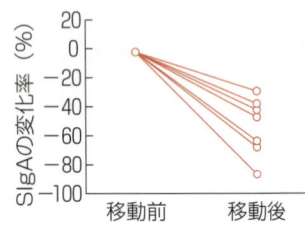

図 13.3 航空機での長距離移動前後における唾液中 SIgA の変化

長距離移動後に 7 人中全員の唾液中 SIgA が低下している．
今有礼ほか，トレーニング科学，21, 203（2009）を改変．

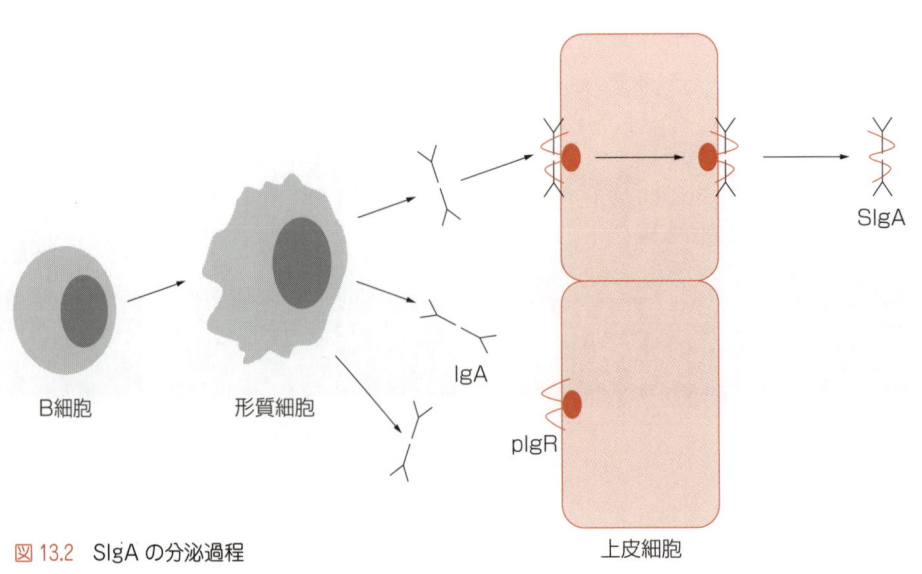

図 13.2 SIgA の分泌過程

これらの報告から，唾液 SIgA をモニタリングすることで上気道感染症への罹患を予防できる可能性があると考えられる．従来の測定法（酵素免疫抗体法）では唾液 SIgA を測定するのに 1〜2 日要していたが，近年，短時間（10 分程度）で唾液 SIgA を測定できる簡易測定キットの開発が進められている．今後，スポーツ現場での活用が期待される．

② **コルチゾール**

コルチゾールは身体的・心理的なストレスに対して応答を示すため，ストレスとの関連でよく研究されているマーカーである．高強度の運動などにより身体に激しいストレスがかかると，視床下部から**副腎皮質刺激ホルモン放出因子**（corticotropin releasing factor, **CRF**）が分泌され，この CRF が下垂体を刺激し，**副腎皮質刺激ホルモン**（adrenocorticotropic hormone, **ACTH**）が分泌される．下垂体より分泌された ACTH は副腎皮質を刺激し，コルチゾールが分泌される（図 13.4）．コルチゾールのおもな働きとしては，糖新生や免疫抑制などがあげられる．

スポーツ選手を対象にした研究において，激しい身体的ストレスや心理的ストレス（緊張や不安）がかかる試合後に唾液中コルチゾールが増加したことが報告されている．また，女子サッカー選手の試合期間中（連戦）に，選手の自覚的疲労感やクレアチンキナーゼ（筋損傷マーカー）の増加とともに，安静時の唾液中コルチゾールが増加したことも報告されている．このように唾液中コルチゾールは，一過性の激しい身体的・心理的負荷やトレーニング状態に伴い変化することから，スポーツ選手のコンディションを評価するための客観的指標として応用できる可能性がある．

> **ストレス反応系**
> 6 章も参照．
>
> **コルチゾール**
> グルココルチコイド（6 章を参照）の一種．

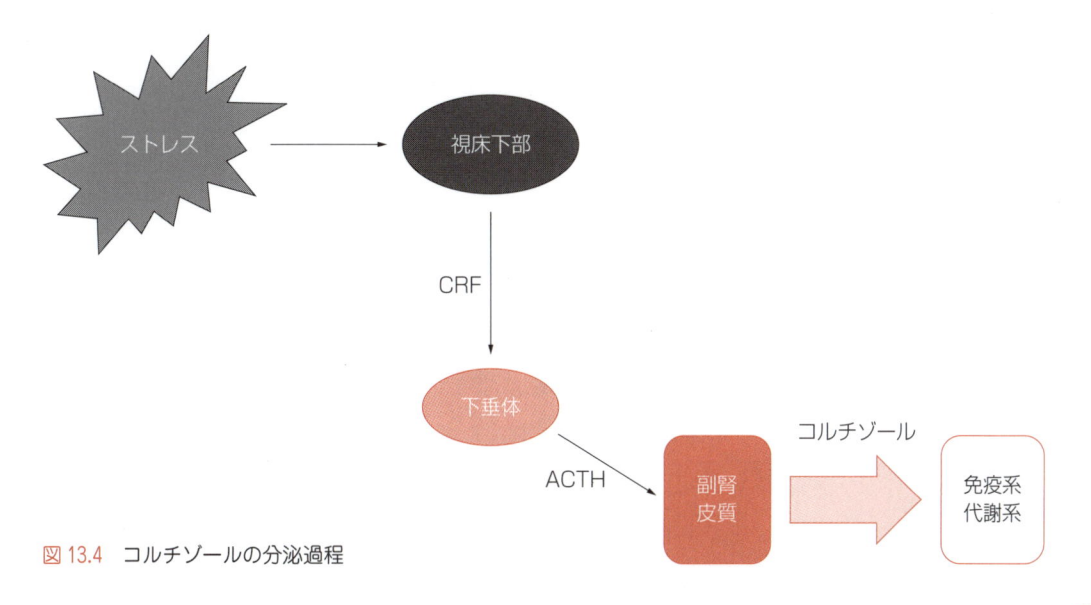

図 13.4　コルチゾールの分泌過程

また，安静時のコルチゾールには，朝高く，夜になると低くなるといった日内変動がある．JISSのコンディショニングPJチームでは，このコルチゾールの日内変動を利用して，北米（カナダ，カルガリー）遠征期間中のスピードスケート選手の時差への適応を評価している．図13.5に示すように，日本の朝7時と夜10時（カルガリー時間の朝7時）の唾液中コルチゾールを比較すると，明らかに夜のほうが朝よりも値が低く，カルガリーに到着してからも数日間は日本の朝の値よりも低い日が続いている．唾液中コルチゾールは，海外遠征時のスポーツ選手の時差への適応を評価するための客観的指標の一つとしても有用であると思われる．

（2）早朝尿の測定

尿の採取は唾液と同様に医療資格が不必要であり，非侵襲で対象に苦痛を与えないことが利点としてあげられる．尿は連続して採取することが困難であるため，一過性運動の影響（ストレス）などを調べるのには適していないが，脱水状況の把握やさまざまな物質の測定が可能であり，日々のコンディションを客観的に評価するための試料としては有用である．また，測定に使用するのはおもに**早朝尿**であるため，選手の負担も少なく，協力も比較的得やすい．尿中の物質を測定するための小型尿分析装置が市販されており，ブドウ糖，タンパク質，pH，白血球などの一般的な項目を短時間で測定することが可能である．

近年，この小型尿分析装置を用いた一流スポーツ選手のコンディション評価が多くの競技種目で行われており，トレーニング期や試合期のコンディショニングに応用されている．2010 FIFAワールドカップ（日本

> **知っておくと役に立つ！**
> **マーカーの採取や測定のタイミングは統一する**
> 多くのマーカーが，サーカディアンリズム，運動，飲食などさまざまな要因によって影響を受けるため，選手の日々のコンディション推移を適切に評価するうえでは，測定方法や測定のタイミングなどを毎回統一する必要がある．そのため実際のスポーツ現場でコンディション調査を行う際は，選手の起床時に測定を行うことが多い．

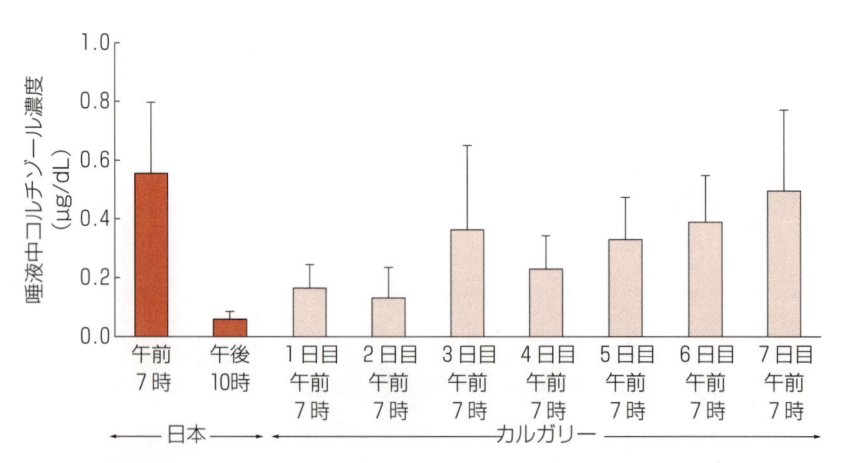

図13.5 カルガリー到着後における唾液中コルチゾール濃度の変化
カルガリー到着後，日を追うごとに日本の午前7時の値に戻っている．
Kon et al., 未公開データ．

代表ベスト16進出時，日本戦の会場のほとんどは1,000 m以上の高地にあった）の際にも，ワールドカップ開催前から小型尿分析装置を用いたコンディショニングが行われ，コンディション調整・管理が難しい高地環境でのコンディショニングの成功に貢献した事例も報告されている．また，尿からは**尿比重計**（図13.6）を用いることにより脱水状況の把握なども可能であるため（図13.7），今後レスリングや柔道など，減量が必要な競技種目のコンディショニングにも応用できる可能性がある．

（3）血液検査

採血（静脈採血）には医療資格が必要不可欠であり，感染などの危険性もあるため，採血時および採血後の血液の取り扱いには十分に注意する必要がある．また採血時には苦痛（針で刺すため）を伴うため，高頻度で採血を行うことは選手にとって大きな負担となる．したがって，スポーツ選手のコンディション評価およびコンディショニングへの血中マーカーの応用を考えた場合，定期的（試合シーズン前後など）なコンディションチェックなどに用いるのが一般的である．血液からは非常に多くの項目を測定することが可能である．

図13.8にJISSが選手に対して定期的に行っている**血液検査項目**の一部を示す．血液検査をすることにより，一般血液性状とともに代謝系機能，炎症反応といった生体内のコンディションを客観的に評価・把握することが可能である．これら血液検査の結果とそれまでのトレーニング状況を照らし合わせることで，オーバートレーニングの予防やトレーニングの見直し，改善を図ることができる．

またスポーツ選手は激しいトレーニングに伴う発汗により鉄が失われ

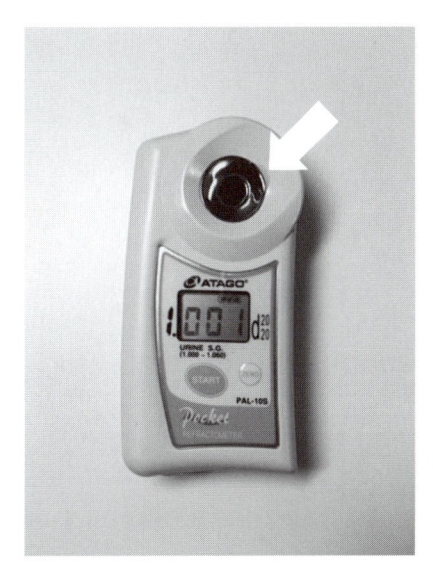

図13.6 尿比重計による脱水状態の評価
窪み部（矢印）に尿をたらして，STARTキーを押すだけで簡単に測定ができる．脱水により値が高くなる．

やすくなるため，一般人よりも**鉄欠乏性貧血**になりやすい．貧血は血液中で酸素を運搬する働きをもつヘモグロビン濃度が低下した状態であるため，競技パフォーマンス，とくに持久力の低下を招く危険性がある．それゆえ血液検査は，鉄欠乏性貧血によるパフォーマンスの低下を予防するためにも重要であり，検査により**血清鉄**（血液中を流れる鉄分）や**フェリチン**（体内に蓄えられている鉄分）などの状態をチェックすることは，トレーニングに合わせた食事内容を考えるうえでも有効である．

スポーツと栄養
9章も参照．

①貧血
　赤血球数，ヘモグロビン，ヘマトクリット，網状赤血球，血清鉄，TIBC，フェリチン

②炎症，筋損傷
　白血球数，CRP，CK

③腎機能
　尿酸，クレアチニン

④肝機能
　GOT，GPT，γ-GTP

⑤栄養状態
　総タンパク，アルブミン，総コレステロール，HDL コレステロール，LDL コレステロール

図 13.8 JISS で行っている血液検査項目（一部）
TIBC：total iron binding capacity　総鉄結合能，CRP：C-reactive protein　C-反応性タンパク，CK：creatinekinase　クレアチンキナーゼ，GOT：glutamate-oxaloacetate transaminase　グルタミン酸オキサロ酢酸トランスアミナーゼ，GPT：glutamate-pyruvate transaminase　グルタミン酸ピルビン酸トランスアミナーゼ，γ-GTP：γ-glutamyl transpeptidase　γ-グルタミルトランスペプチダーゼ

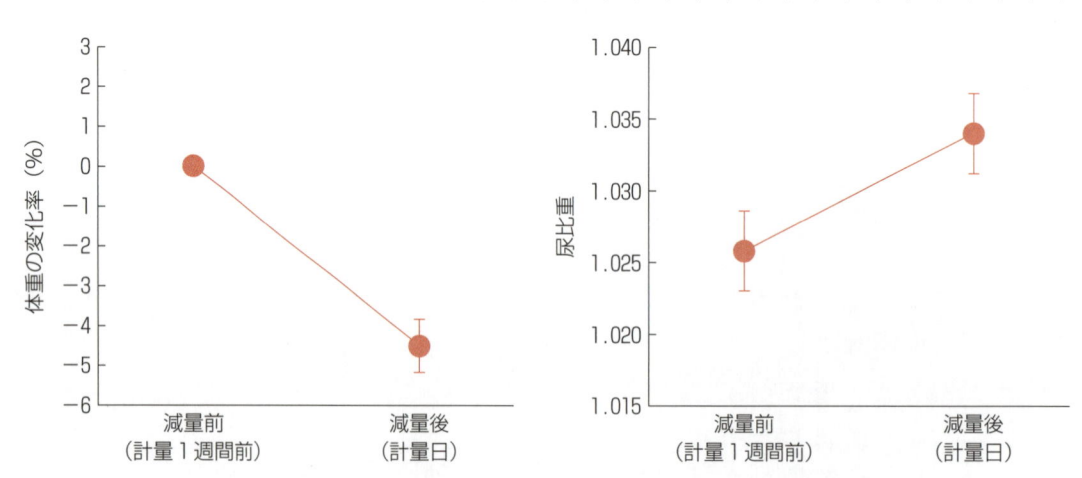

図 13.7 レスリング選手の急速減量（脱水）による体重および尿比重の変化
レスリングは体重階級制の競技であるため，試合の約1週間前から食事・飲水制限による急速減量を行う選手が多い．急速減量に伴い，尿比重の値が高くなる．Kon et al., 未公開データ．

日本オリンピック委員会（JOC）の強化指定選手は，ほぼ1年に1回以上はJISSで血液検査を行い，生体内のコンディションをチェックしている．選手の競技パフォーマンスに影響を及ぼす慢性的な障害を予防するためにも，定期的な血液検査によるコンディションチェックは有用である．

2　心拍数，心拍変動

心拍数とは，心臓が1分間に血液を送り出すために拍動する回数をいう．選手のコンディションに問題がないときには起床時の心拍数は安定しているが，逆にコンディションが悪い状態（疲労が蓄積しているなど）では起床時の心拍数は高くなる傾向にある．それゆえ，**起床時心拍数**は選手のコンディション評価に有用であり，さまざまな競技種目において選手のコンディションを把握するための客観的指標の一つとして用いられている．

一方，**心拍変動**は周期的な心拍の変化を示し，一つの心臓周期から次の周期間（R-R間隔）の変動を反映している（図13.9）．心拍変動は，自律神経活動の間接的な評価として利用されており，周波数解析により求められる心拍変動の低周波帯域（LF, 0.04〜0.15 Hz）は交感神経活動と副交感神経活動の両者を反映していること，高周波帯域（HF, 0.15〜0.4 Hz）については副交感神経活動の働きをおもに反映していることがこれまで明らかにされている．LFに対するHFの大きさの計算から自律神経活動における交感神経・副交感神経活動のバランスを推定できることから，近年，心拍変動はスポーツ選手のコンディショニングにも

LFに対するHFの大きさ

$$HFnu = \frac{HF}{LF + HF} \times 100$$

LF : Low Frequency
HF : High Frequency
nu : normalized unit

自律神経
4章，7章も参照．

図13.9　心拍変動データの例
疲労が大きいときにはHFが抑制され，LFの増加が起こる．

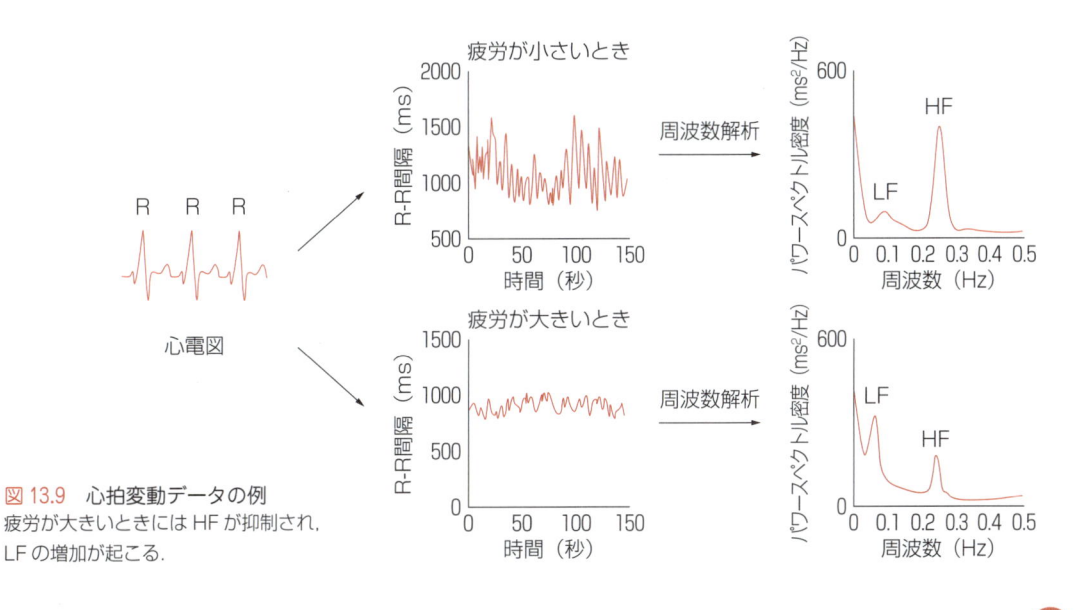

13章 スポーツとコンディショニング

```
記入日：　　　月　　　日（　　）

氏　名：　　　　　　　　　　　　男・女　　　　　年　齢：　　　　　歳

競　技：　　　　　　　　　　
```

Q.1　前夜の睡眠の状況についておしえてください．
　　1）睡眠時間は何時から何時まででしたか？　　　　：　　　～　　　：

　　2）睡眠の質について，あてはまる数字に○印をつけてください．

　　　5. 非常によく眠れた　4. よく眠れた　3. 眠れた　2. よく眠れなかった　1. 全く眠れなかった

Q.2　現在のあなたの気分がどの程度か　上の「低・普・高」を目安に×印をつけてください．

　　　　　　　　　　　　　　　低　　　　　　　普　　　　　　　高
　　① げんきいっぱい
　　　 きぶんすっきり　　　├──────────┼──────────┤

　　② つかれた
　　　 ぐったり　　　　　　├──────────┼──────────┤

Q.3　以下の症状について記入して下さい．

　　1. 食欲が無い　　　　　　　　　　　　　　　　はい　・　いいえ
　　2. 疲れが取れない　　　　　　　　　　　　　　はい　・　いいえ
　　3. 鼻水がでる　　　　　　　　　　　　　　　　はい　・　いいえ
　　4. せき，痰がでる　　　　　　　　　　　　　　はい　・　いいえ
　　5. 腹痛がある　　　　　　　　　　　　　　　　はい　・　いいえ
　　6. 喉の痛みがある　　　　　　　　　　　　　　はい　・　いいえ
　　7. 関節（節々）の痛み　　　　　　　　　　　　はい　・　いいえ
　　8. 頭痛がする　　　　　　　　　　　　　　　　はい　・　いいえ
　　9. 倦怠感（だるくて動くのが嫌だ）がある　　　はい　・　いいえ
　　10. 寒気がする　　　　　　　　　　　　　　　 はい　・　いいえ

Q.4　今朝の値を記入して下さい．

　　体温：　　　　℃　　体重：　　　　kg　　心拍数：　　　　拍　SpO$_2$：　　　　％

図 13.10　コンディション評価に用いているチェックシート（一部）
Q2の図はVASの一例である．

応用されている．

　最近では，心拍変動を簡便に測定できる機器が開発され，容易に心拍変動を扱えるようになっている．心拍数・心拍変動は非侵襲で対象に苦痛を与えずに評価できるため，スポーツ選手のコンディション評価およびコンディショニングへの応用に適していると考えられる．

3　コンディションチェックシート

　目標とする競技会へのコンディショニングを成功させるためには，選手自身の主観的コンディションを評価・把握することも重要である．選手の主観的コンディションを評価・把握する際には，おもにアンケート形式のコンディションチェックシートが用いられる．

　コンディションチェックの際に利用される主要な項目としては，睡眠時間，睡眠の質，食欲，疲労，やる気（元気），前日のトレーニングのきつさ（強度，量），風邪の症状（せき，喉の痛みなど）などがあげられる．これらの項目に関しての評価は，5段階評価やvisual analogue scale（VAS：100 mm の直線などを使用）などを用いて行われる場合が多い．

　図 13.10 に，これまで JISS のコンディショニング PJ チームが，スポーツ選手のコンディション評価に用いてきたチェックシートの一部を示す．スポーツ現場においては，これら基本的なチェック項目に加え，種目や環境変化（高地トレーニング，海外遠征など），また選手個人の特徴などにあわせて項目を選択・追加し，コンディショニングに応用していく必要がある．日々のコンディションの記録，そしてそこから得ら

れる情報を整理し活用することが，コンディショニングを成功させるためには重要である．

4　体重測定と筋形態

　体重測定は，より身近な基本的コンディション評価方法としてスポーツの強化現場で広く行われている．体重には，トレーニング量や食事摂取量，そして，風邪や下痢などによる体調変化などの要因が反映される．起床時体重を継続的に測定することにより，経日的なコンディション変化をチェックすることができる．さらに，練習前後の体重測定による変化量の把握は，身体にどれだけの負荷がかかっているかを簡易的にチェックするうえで，また水分補給の目安を考えるうえでも役立つ．

　実施できる環境は限られるが，最近ではコンディショニングにおける形態チェックの一環として，**磁気共鳴映像法**（magnetic resonance imaging, MRI）を用いた筋形態の評価も行われている（図 13.11）．MRI は，磁気と電磁波を用いて生体を画像化する方法であり，縦，横，斜めと，自由な方向での撮像が可能である．自分の競技種目で重要となる部位の MRI 撮像を行い，そこで得られた画像を分析することにより，運動の源となる骨格筋および脂肪の面積や体積がどのレベルにあり，トレーニングによりどのように変化したのかを客観的数値として把握することができる．

　以上のように，スポーツ選手のコンディション評価およびコンディショニングには以前よりも多くの生理・生化学マーカーが応用されてき

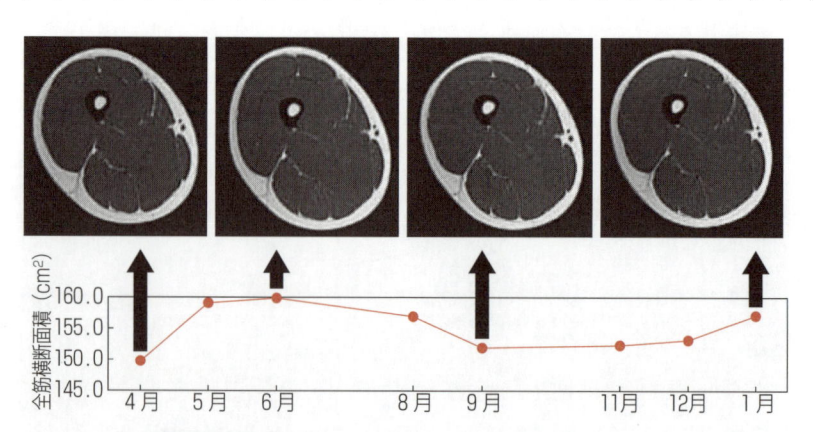

図 13.11　冬季種目競技者における MRI による筋形態のコンディション評価例
シーズンオフ明けの 4 月からトレーニングを開始して，6 月にかけて筋横断面積が増加している．8 月上旬に膝を故障してしまい，9 月にかけて面積の低下がみられたが，その後のリハビリにより回復している．
髙橋英幸，臨床スポーツ医学（臨時増刊号），**28**，178（2011）．

ており，実際のスポーツ現場で得られたデータも少しずつではあるが増えてきている．今後は，そのデータやマーカーそれぞれの特徴をよく理解し，種目，選手個人，環境などに合ったマーカーを選択し，スポーツ現場でのコンディション評価およびコンディショニングに活用していく必要がある．

復習トレーニング

次の文章のカッコの部分に適切な言葉を入れなさい．

❶ 「コンディショニング」という言葉は世の中で広く，頻繁に使用されており，一般には，（　　　　）の状態を（　　　　　　　）ことを指す．

❷ SIgA は，口腔内免疫機能で中心的な役割を果たしており，細菌やウイルスなどの体内への侵入を防ぎ，上気道感染症（風邪やインフルエンザなど）の（　　　　　　）に働くと考えられている．

❸ 心拍変動の低周波帯域（LF）は（　　　　）活動と（　　　　）活動の両者を反映しており，高周波帯域（HF）については（　　　　）活動の働きをおもに反映している．

次の文章で正しいものには○，誤っているものには×を付けなさい．

❹ 唾液，尿，血液（静脈から）のうち，ヒトから採取する際に医療資格が必要なのは唾液と血液である．

❺ 安静時のコルチゾールには，朝高く，夜になると低くなるといった日内変動がある．

14章

スポーツと高所・低酸素トレーニング

14章の POINT

- ◆ 有酸素性の持久的パフォーマンスに関係する要因を知ろう.
- ◆ 低酸素環境による動脈血の酸素含量の変化を理解しよう.
- ◆ 低圧低酸素環境と常圧低酸素環境の違いを理解しよう.
- ◆ 高所・低酸素トレーニングの種類を知ろう.
- ◆ 低酸素トレーニング実施時の注意点を把握しよう.

14章 スポーツと高所・低酸素トレーニング

はじめに

　高所トレーニングへの関心が高まったのは，エチオピアのアベベ・ビキラ選手がローマオリンピック〔1960（昭和35）年〕および東京オリンピック〔1964（昭和39）年〕でのマラソンで2連覇し，高地民族が有酸素性の持久的能力に優れていることが知られたことや，1968（昭和43）年のオリンピックが標高2,300 mのメキシコシティで開催されたことがきっかけである．図14.1にケニアおよびエチオピア選手によるオリンピックでのメダル獲得率を示した．近年ではオリンピック長距離種

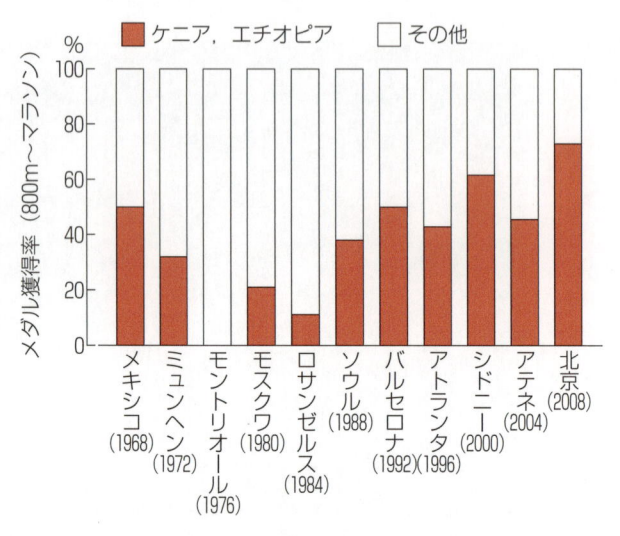

図14.1 ケニア，エチオピア選手によるオリンピックのメダル獲得率
L. R. Wilber, "Altitude training and athletic performance", Human Kinetics Publishers, Inc. (2004), p.22 より一部改変．

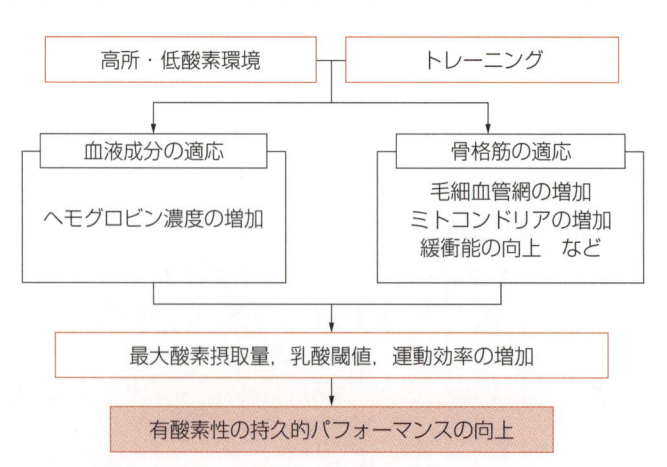

図14.2 高所・低酸素トレーニングによる身体適応と持久的パフォーマンスに影響する要因
L. R. Wilber, "Altitude training and athletic performance", Human Kinetics Publishers, Inc. (2004), p.4 より一部改変．

1 有酸素性の持久的パフォーマンスに影響する要因

目での約半分（あるいはそれ以上）がケニアやエチオピアという高地住民が獲得していることがわかる．

高所・低酸素トレーニングは，低酸素環境に対する受動的な身体適応と，トレーニングによる積極的適応の相乗効果によって，有酸素性の持久的パフォーマンスを向上させることが目的である．

この章では，持久的パフォーマンスに関する要因を概説し，低酸素環境に対する身体適応と，現在世界で行われている高所・低酸素トレーニングの種類などについて解説する．

1 有酸素性の持久的パフォーマンスに影響する要因

なぜ高所・低酸素トレーニングが平地環境における持久的パフォーマンス向上を目的として用いられるのか？という疑問に対しては，パフォーマンスに関係する要因を理解する必要がある．有酸素性の持久的パフォーマンスに大きく関係すると考えられているものが，1）最大酸素摂取量，2）乳酸性作業閾値，3）運動効率（機械的効率，ランニングエコノミー），である（図14.2）．

最大酸素摂取量（maximal oxygen uptake, $\dot{V}_{O_2}max$）は，1分間あたりに体内で摂取される酸素量の最大値のことで，有酸素性運動能力あるいは全身持久力の指標とされるものである．最大酸素摂取量は，体内へ酸素を取り込む呼吸系（ガス交換），取り込んだ酸素を活動筋へ運搬する循環系（酸素運搬），そして運搬されてきた酸素を使う活動筋（酸素利用）の総合能力によって決まる（図14.3）．

乳酸性作業閾値は，運動強度に対して血中乳酸濃度が曲線的に増加し

> 最大酸素摂取量，乳酸性作業閾値
> 3章も参照．

ガス交換 → 酸素運搬 → 酸素利用
肺，呼吸筋　　心臓，血管，　　骨格筋
　　　　　　血液（ヘモグロビン，赤血球）

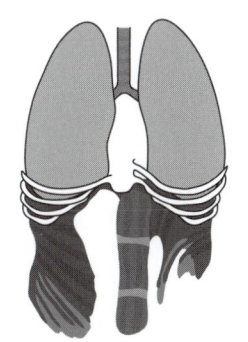

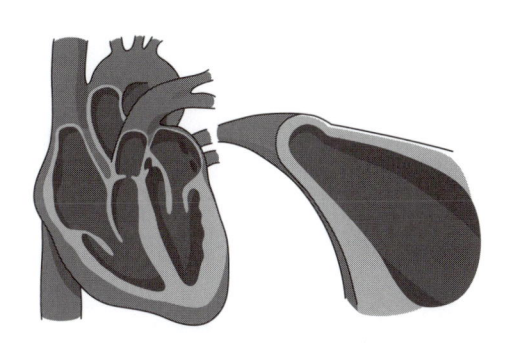

図14.3 最大酸素摂取量の制限要因
資料：http://fukoidan-kougan.seesaa.net/article/35561876.html

始める運動強度のことである．乳酸性作業閾値が高いということは，無酸素性エネルギー供給が増加する点が遅い，あるいは乳酸を除去する能力に優れているということであり，持久的パフォーマンスを決定する要因となる．たとえば，最大酸素摂取量が同じ選手でも，乳酸性作業閾値（あるいは血中乳酸蓄積開始点，**OBLA**, onset of blood lactate accumulation：血中乳酸濃度が 4 mmol/L のときの運動強度）が高い選手のほうが持久的パフォーマンスは優れていることが報告されている（図 14.4）．

運動効率（exercise efficiency）は，一定運動負荷に対する酸素摂取量のことで，機械的効率（mechanical efficiency）あるいはランニングエコノミー（running economy, RE）と呼ばれることもある（図 14.5, A）．同じ最大酸素摂取量のヒトでも，一定負荷運動中の酸素摂取量が少ないほうが持久的パフォーマンスは高いことが知られている（図 14.5, B）．

ガス交換と分圧差
3 章参照．

知っておくと役に立つ！
ボーア効果
ヘモグロビンの酸素解離曲線は，pH の低下や温度の上昇などの変化によって，右方シフトする．これを発見者の名前から，ボーア効果（Bohr effect）と呼ぶ．この右方シフトにより，末梢で酸素を離しやすくなり，活動筋への酸素運搬を促進する（図 12.10 も参照）．

2 動脈血の酸素分圧，酸素飽和度，酸素含量

肺における肺胞と血液内のガス交換は分圧差によって行われる．血液内に拡散した酸素は，赤血球の中にあるヘモグロビンと結合した状態と，血漿内に溶けている状態とで各組織に運ばれる．

ヘモグロビンと酸素が結合する程度（ヘモグロビンが酸素と結合している割合，**動脈血酸素飽和度**，arterial oxygen saturation, Sa_{O_2}）は，血液中の酸素分圧により変化し，その関係は S 字状の曲線となる．これが**酸素解離曲線**である（図 14.6）．平地環境では動脈血酸素分圧は約

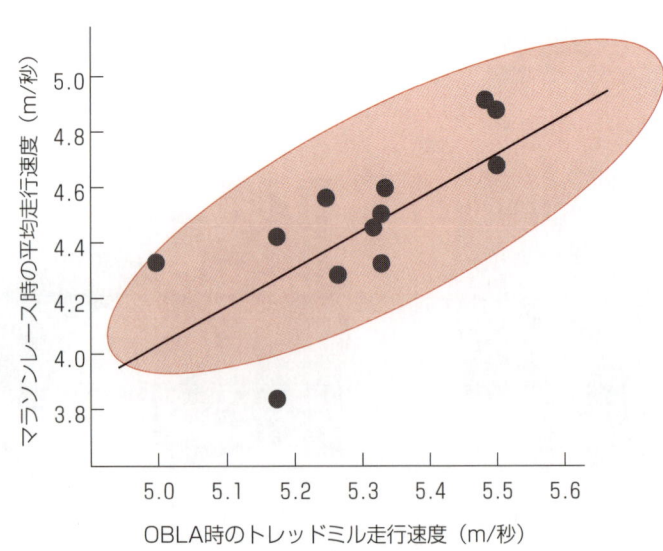

図 14.4 OBLA 時のトレッドミル走行速度とマラソンレース時の走行速度との関係
OBLA 時の走行速度が速いヒトのほうが，マラソン時の走行速度が速い．
Tanaka and Matsuura, *J. Appl. Physiol.*, **57**, 640 (1984) より一部改変．

100 mmHg，このときの酸素飽和度は約 98 ％である．すなわち，平地環境の場合には，動脈血中のヘモグロビンはほとんど酸素と結合できる．さらに，少し酸素分圧が低下した場合でも曲線がS字状になっているため，酸素飽和度はあまり変化せず，組織へ酸素を運搬できることになる．

　酸素分圧および酸素飽和度はいずれも酸素含量ではない．前述したように，血液内にはヘモグロビンと結合した酸素と血漿内に溶けている酸素がある．ヒトでは，標準で血液 100 mL にヘモグロビンが 15 g 存在している（15 g/dL．dL はデシリットルで 100 mL と同じ）．ヘモグロビン 1 g は酸素 1.39 mL と結合することができる．一方，酸素は血漿内で酸素分圧 1 mmHg につき血液 100 mL あたり 0.003 mL 溶ける．したがって，平地環境における動脈血の酸素含量は，

$$[15.0\ (g/dL) \times 1.39\ (mL) \times \frac{98}{100}\ (\%)] + [100\ (mmHg) \times 0.003\ (mL)] = 20.7\ mL$$

となる（98 ％は動脈血酸素飽和度）．

　高所での動脈血の酸素含量を，高度 4,500 m の場合で算出してみる．動脈血酸素分圧が 44 mmHg，動脈血酸素飽和度が 82 ％であるとすると，

$$[15.0\ (g/dL) \times 1.39\ (mL) \times \frac{82}{100}\ (\%)] + [44\ (mmHg) \times 0.003\ (mL)] = 17.2\ mL$$

となる．

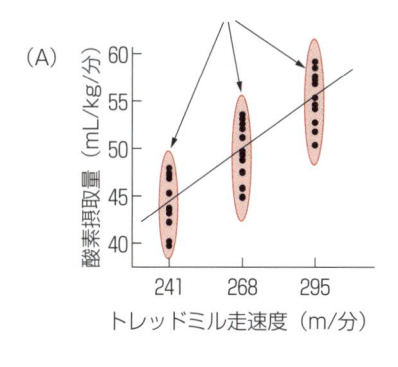

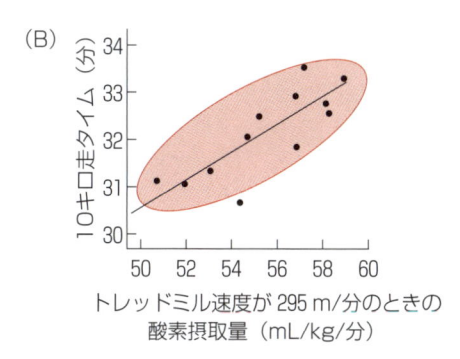

図 14.5　**酸素摂取量と持久的パフォーマンス**
（A）異なるトレッドミルスピードにおける酸素摂取量の個人差（同じ速度で走っているときの酸素摂取量が個人で異なる）．（B）トレッドミル速度 295 m/分における酸素摂取量と 10 キロ走タイムの関係（酸素摂取量が低いヒトのほうが，10 キロ走タイムが良い）．
D. L. Conley, G. S. Krahenbuhl, *Med. Sci. Sports Exerc.*, **12**, 357（1980）．D. M. Bailey, B. Davis, *Br. J., Sports Med.*, **31**, 183（1997）より一部改変．

3　低酸素環境に対する身体適応

低酸素に対する身体の反応や適応のなかで，持久的パフォーマンスに関係するプラスおよびマイナス要因を表 14.1 に示した．以下にその中のいくつかを解説する．

（1）赤血球数およびヘモグロビン濃度の増加

慢性的な低酸素状態では，腎臓で**エリスロポエチン**（erythropoietin, EPO）が産生される．このエリスロポエチンは造血ホルモンであり，骨髄における赤血球の産生を促す（図 14.7）．前述したように，最大酸素摂取量に関係する要因の一つに酸素運搬（動脈血の酸素含量）があり，酸素含量はヘモグロビン量に大きく左右される．低酸素トレーニングが行われる第一の理由は，赤血球数やヘモグロビン濃度を増加させることによって活動筋への酸素運搬を増やすことである．ヘモグロビン濃度が上がると最大酸素摂取量が増加することは人工的に赤血球数を増加（これはドーピングである）させた研究において証明されている（表 14.2）．多くの研究結果を統合すると，ヘモグロビンが 1 g/dL 増えると最大酸素摂取量が約 200 mL/分増加することになる．

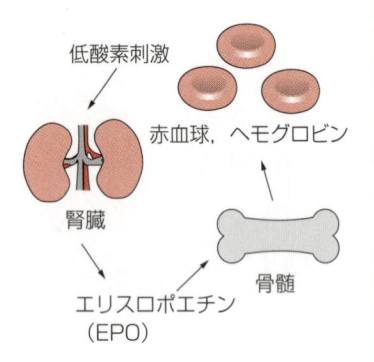

図 14.7　低酸素刺激に対する造血メカニズム

（2）筋緩衝能の向上

高強度で疲労困憊にいたるような運動では，無酸素性のエネルギー代謝の亢進に伴って，活動筋内での乳酸の蓄積により，筋細胞内の水素イオン濃度の増加〔水素イオン指数（pH）の低下〕が起こる．ヒトには，この水素イオン濃度の増加を抑制，すなわち乳酸を除去する機能「筋緩

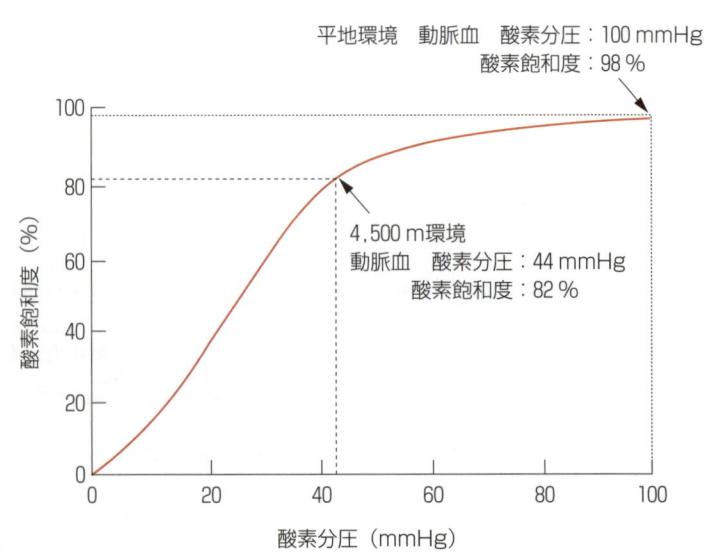

図 14.6　ヘモグロビンの酸素解離曲線

平地環境　動脈血　酸素分圧：100 mmHg
　　　　　　　　　酸素飽和度：98 %

4,500 m 環境
動脈血　酸素分圧：44 mmHg
　　　　酸素飽和度：82 %

3 低酸素環境に対する身体適応

表 14.1 低酸素環境に対する適応

プラス	マイナス
ヘモグロビン濃度の増加	換気量の増加
毛細血管網の増加	脱水
ミトコンドリアの増加	免疫機能の低下
酸化酵素活性の改善	急性高山病
筋緩衝能の向上	トレーニング強度の低下

プラスおよびマイナスは，平地環境におけるパフォーマンスへの影響を示す．

表 14.2 人工的なヘモグロビン増加による最大酸素摂取量への影響

研究番号	血液の注入量（mL）	ヘモグロビンの変化（%）	最大酸素摂取量の変化（%）
1	1350	＋9	＋8
2	2250	＋11	＋7
3	900	＋8	＋5
4	1200	報告なし	＋7
5	920	＋7	報告なし
6	760	＋4	＋11
7	750	＋28	＋13
8	475	＋16	＋10
9	1000	＋12	＋11
10	600	＋10	＋11
11	475	＋16	＋10

Bailey and Davis（1997）より一部改変．

衝能」がある．ヒト骨格筋の緩衝能は，筋生検（筋バイオプシー）法により微量の骨格筋を摘出し，生化学的に分析することで測定される．同じ運動負荷に対する血中乳酸濃度は，低酸素環境で高くなる．つまり，低酸素環境における運動では，常酸素環境と比較して無酸素性のエネル

筋生検（筋バイオプシー）法
1章を参照．

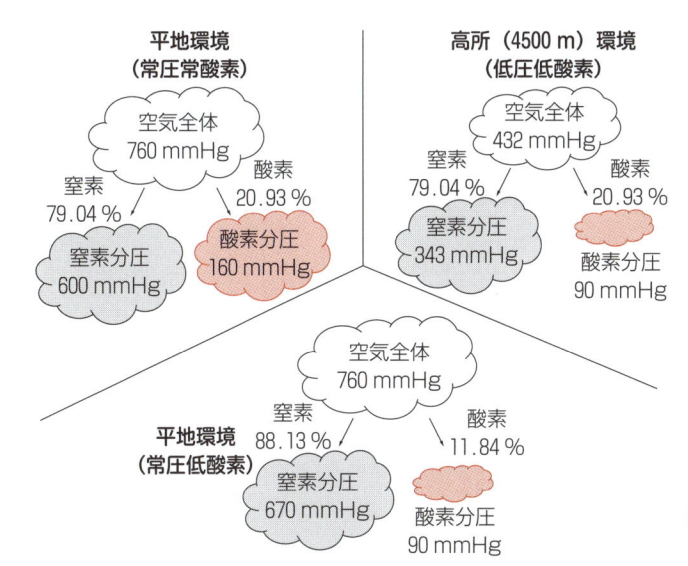

図 14.8 平地および高所環境における酸素分圧の変化

ギー供給が多く利用されることになる．このような環境で運動トレーニングが行われることによって，筋緩衝能の亢進が期待できる．筋緩衝能の向上は，乳酸性作業閾値の増加，高強度運動時における疲労困憊の遅延，あるいは持久的な運動におけるラストスパートの力を増強させることにつながる．

（3）運動効率の改善

一定負荷運動時の酸素摂取量の低下，すなわち運動効率が改善されれば，有酸素性の持久的パフォーマンスが向上することが期待できる．しかしながら，高所・低酸素トレーニングにより運動効率が改善するか否かについては研究結果が一致していない．

4 無酸素性のパフォーマンスに影響する要因

低酸素環境における赤血球やヘモグロビンの増加は，酸素運搬能を向上させ有酸素性の持久的パフォーマンスの向上につながる．これに対し，短時間で終了するような運動で用いられる無酸素性のエネルギー供給能力にも低酸素トレーニングによる改善が考えられる．実際に，低酸素環境にて短時間のインターバルトレーニングを行った結果，無酸素性のエネルギー供給能の指標である**最大酸素借**が増加したという報告もある．最大酸素借に関係する要因に「筋緩衝能力」がある．前述したように，低酸素環境においてトレーニングを行うことにより，筋緩衝能が増加し，無酸素性のパフォーマンス向上が期待できる．

● **知っておくと役に立つ！**

エリスロポエチン投与
ヒトにエリスロポエチンを投与すると赤血球数やヘモグロビンが増加するため，貧血の治療に使用される．ただし，エリスロポエチンの投与はドーピングの対象となっている．

最大酸素借
3章参照．

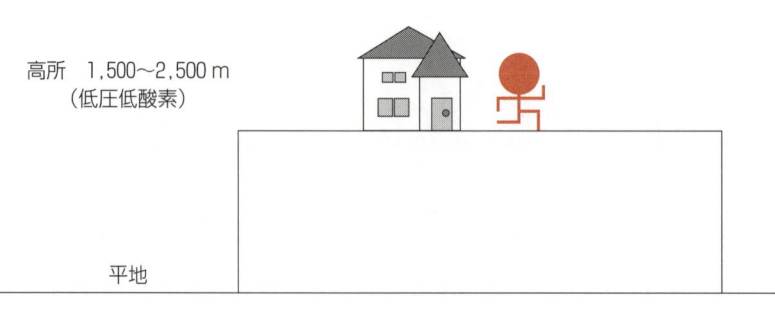

図14.9　高所滞在 – 高所トレーニング
高所で居住し，高所でトレーニング．

5　低圧低酸素と常圧低酸素

　低酸素環境を理解するうえで，低圧低酸素と常圧低酸素をまず理解する必要がある．気圧とは空気の重さによる圧力のことで，平地と高所では圧力が異なる．海面上（平地）の気圧を1気圧といい，1気圧は標準で760 mmHg（1,013 hPa）である．空気中の酸素濃度は20.93％であるため，760 mmHgでの酸素分圧は160 mmHg（760 × 0.2093）である（図14.8）．4,500 mの高所では，空気全体の圧力が低下する（低圧）．空気中の酸素濃度は平地と同じく20.93％であるため，432 mmHgでの酸素分圧は90 mmHg（432 × 0.2093）となる．これが**低圧低酸素状態**である．

　一方，平地環境で空気中の窒素ガス濃度を人工的に増やすと（79.04 → 88.13％），酸素濃度が低下する（20.93 → 11.84％）．気圧は平地環境であるため760 mmHg（常圧）であるが，酸素濃度が低いため酸素分圧は90 mmHg（760 × 0.1184）となる．これが**常圧低酸素状態**である．すなわち，平地環境で酸素濃度を11.84％にすることで高度4,500 mを模擬していることになる．

6　高所・低酸素トレーニングの種類

　現在，世界各国で行われている低酸素トレーニングを以下に示す．

① **高所滞在 – 高所トレーニング**（living high-training high，低圧低酸素環境）（図14.9）

　高所環境に居住しながらトレーニングを行うもので，いわゆる「高所

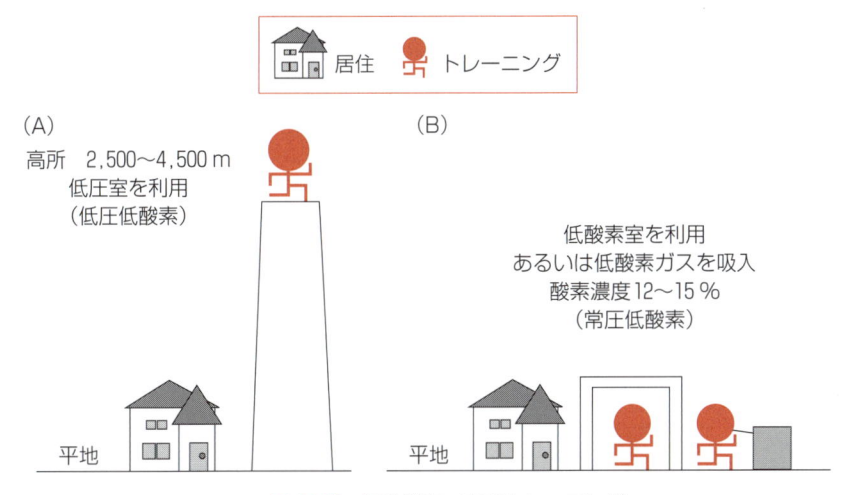

図14.10　平地滞在 – 高所トレーニング
(A) 平地で居住し，低圧低酸素環境でトレーニング．(B) 平地で居住し，常圧低酸素環境でトレーニング．

トレーニング」といわれる代表的な方法である．アメリカ・ボルダー（標高約 1,500 m），スイス・サンモリッツ（標高約 2,100 m）などが世界で有名な場所として知られる．国内では，飛騨御嶽高原高地トレーニングエリア（標高 1,200 〜 2,200 m）および蔵王坊平アスリートヴィレッジ（標高約 1,000 m）が高所トレーニングのナショナルトレーニングセンターとして指定を受けている．

② **平地滞在−高所トレーニング（1）**（living low-training high, intermittent hypoxic training，低圧低酸素環境）（図 14.10, A）

平地環境にて居住し，トレーニングを低圧環境で行う方法．低圧室を使用するため，非常に限られた施設でのみ実施が可能となる．国内では，国立スポーツ科学センター，筑波大学，鹿屋体育大学などに設置されている．

③ **平地滞在−高所トレーニング（2）**（living low-training high, intermittent hypoxic training，常圧低酸素環境）（図 14.10, B）

平地環境にて居住し，低酸素室あるいは低酸素ガスを吸入しながらトレーニングを行う方法．そのため常圧低酸素環境となる．近年，低酸素発生装置が開発されたことにより，低酸素室を設置する施設が多くなっている．

④ **高所滞在−平地トレーニング（1）**（living high-training low，低圧低酸素環境）（図 14.11）

「①高所滞在−高所トレーニング」および「②③平地滞在−高所トレーニング」はいずれも低酸素環境でトレーニングを行う方法である．低酸素環境では最大酸素摂取量および最大運動強度が低下するため（図 14.12），平地（常酸素）環境と同じ運動強度のトレーニングを行うこと

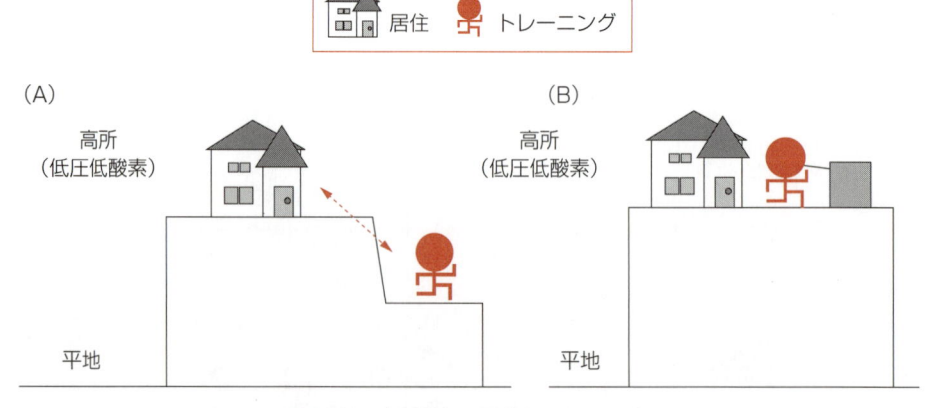

図 14.11 高所滞在−平地トレーニング
(A) 高所で居住し，トレーニング実施には高度の低いところへ移動しトレーニング．(B) 高所で居住し，トレーニングを行う際には高濃度の酸素を吸引しトレーニング．

ができない．トレーニング強度の低下は最大酸素摂取量やパフォーマンスにマイナス効果となる．

そこで，考えられたのが，居住は高所で行い低酸素による受動的効果を得ながら，トレーニング時には高度の低い場所へ移動しトレーニング強度を維持する方法である（高所滞在－平地トレーニング，図14.11，A）．また，高所において高濃度の酸素を用いることで，平地環境と同じ酸素分圧を吸入することもできる（図14.11, B）．これにより高度の低いところへ移動することなく，高所滞在－平地トレーニングが可能となる．

⑤ **高所滞在（高所睡眠）－平地トレーニング（2）**（living high-training low, sleeping high-training low，常圧低酸素環境）（図14.13）

自然の地理を利用し，高所にて居住し低い高度でトレーニングを行う④高所滞在－平地トレーニング方法について前述したが，地理的に無理なことが多い．そこで，居住あるいは睡眠を常圧の低酸素環境で行い，トレーニングは常酸素環境で行う方法が用いられる．国立科学スポーツセンターには，常圧低酸素環境で居住可能な施設がある．あるいは，低酸素室や簡易の低酸素テントを利用する方法もある．

⑥ **間欠的低酸素暴露**（intermittent hypoxic exposure，常圧・低圧低酸素環境）（図14.14）

低圧室あるいは低酸素室などを利用してトレーニングを行わず安静を保ち，低酸素環境に対する受動的な身体適応を得ようとする方法である．低酸素発生装置や簡易の低酸素ガス吸入装置を使用することもある．この方法は，高所への慣れ（高所順化）のために用いられることが多い．

> **知っておくと役に立つ！**
> 推奨されている条件
> ④，⑤の方法を用いる場合に推奨されている条件は高度（低酸素濃度）によって異なり，高度：2,000～2,500 m，滞在時間：22時間/日以上，期間：4週間あるいは高度：2,500～3,000 m，滞在時間：12～16時間/日以上，期間：4週間程度とされている．R. L. Wilbur, *Int. J. Sports Physiol. Perform.*, **2**, 223-228（2007）より

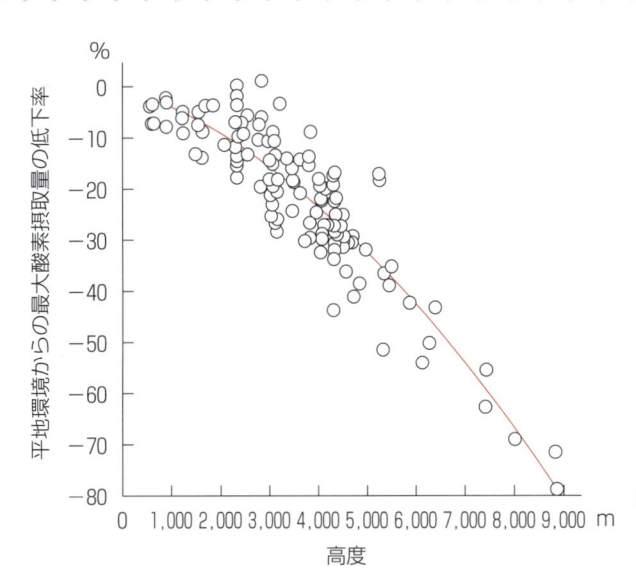

図14.12 高所環境における最大酸素摂取量の低下率
C. S. Fulco, P. B. Rock and A. Cymerman, *Aviat. Space Environ. Med.*, **69**, 793（1988）より一部改変．

7 高所・低酸素トレーニング後のパフォーマンス変化

平地環境における持久的パフォーマンス向上を目的として行われる**高所・低酸素トレーニング**は，その種類によってパフォーマンスが向上するタイミングが異なるようである（図14.15）．

高所・低酸素トレーニングの代表的な方法である「**高所滞在−高所トレーニング**」を用いた場合には，平地に戻ったのち，約1週間は低酸素トレーニング前と比較してパフォーマンスが低下する．その後，2週間程度でトレーニング前の値に戻り，2〜3週間でパフォーマンスの向上が認められる．これは，低酸素環境に対して適応した身体が常酸素環境に再び慣れるために必要な期間，あるいは低酸素トレーニングによる疲労が軽減されるのに要する期間と，低酸素トレーニングにより獲得した好影響（赤血球数の増加）が残存する期間などの関係によると考えられる．

平地滞在−高所トレーニングを用いた場合には，平地に戻った直後からパフォーマンスは向上し，約7〜10日間程度は維持されるという報告がある．

高所滞在−平地トレーニングの場合にも，パフォーマンス向上は平地に戻ってすぐに認められ，その後約2週間は維持されることがわかっている．

高所・低酸素トレーニング後のパフォーマンス変化には非常に個人差が大きい．さらに，高所・低酸素トレーニングはすべてのヒトに有用ではない．成功例が多く知られているが，コンディションを崩し，失敗に終わる例も少なくない．高所・低酸素トレーニングは「諸刃の剣」であるといわれる所以はここにある．いずれの方法を使用する場合にも，実

> ● 知っておくと役に立つ！
>
> **レスポンダーとノンレスポンダー**
>
> 高所・低酸素トレーニングによって，パフォーマンスの有効な改善が認められるヒトを「レスポンダー（responder）」，逆に効果が認められないヒトを「ノンレスポンダー（non-responder）」と分けることがある．これは低酸素刺激に対するエリスロポエチンの応答性の個人差が関係していると考えられている．

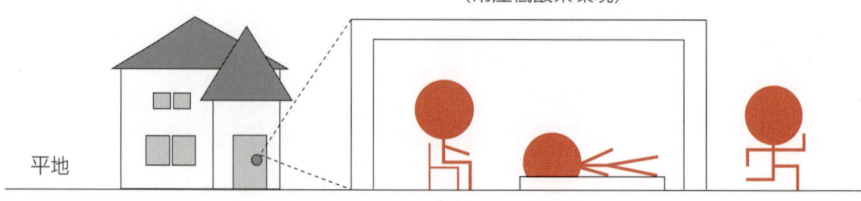

図14.13 高所滞在（高所睡眠）−平地トレーニング
トレーニングは平地で行い，睡眠（あるいは居住も）を常圧の低酸素環境で行う．

際の試合を想定した高所・低酸素トレーニングの予行演習が必要である．

8 高所・低酸素トレーニングとコンディショニング

　低酸素に対する適応は個人差が非常に大きい．高所・低酸素トレーニングの成功には体調（コンディション）の維持，低酸素への慣れ（順化），トレーニング後の調整などが関係する．

　低酸素トレーニングを行う際には，高度の設定が重要となる．高度が高い，あるいは酸素濃度が低いほど低酸素の刺激は大きくなるが，低酸素環境でトレーニングを行う場合には運動強度が低下するため，パフォーマンスを維持することが困難となる場合がある．高度が約 2,500 m 以上になると，頭痛，吐き気，食欲不振，疲労，睡眠障害など，高山病の問題もある．したがって，初期段階では低酸素環境への慣れも考慮し，中程度の低酸素環境（比較的低い高度）を設定することが必要となる．

　また，最大下の同一運動強度では，換気量，心拍数，乳酸値が低酸素環境では高くなるが，この影響は酸素濃度（高度）に依存する．低酸素環境における最大酸素摂取量の低下は，持久的鍛練者ほど大きく，また個人によっても大きく異なる．そのため，トレーニングの強度および量についても個人差に応じた設定が必要である．低酸素環境における動脈血酸素飽和度（Sa_{O_2}），運動時の酸素摂取量，心拍数，乳酸値をトレーニング前に調べることや，トレーニング中にモニターすることができれば，コンディションチェックの参考となる．低酸素環境における最大酸素摂取量や動脈血酸素飽和度の低下や心拍数の増加が大きいヒトは低酸

> 順化
> 12章も参照．

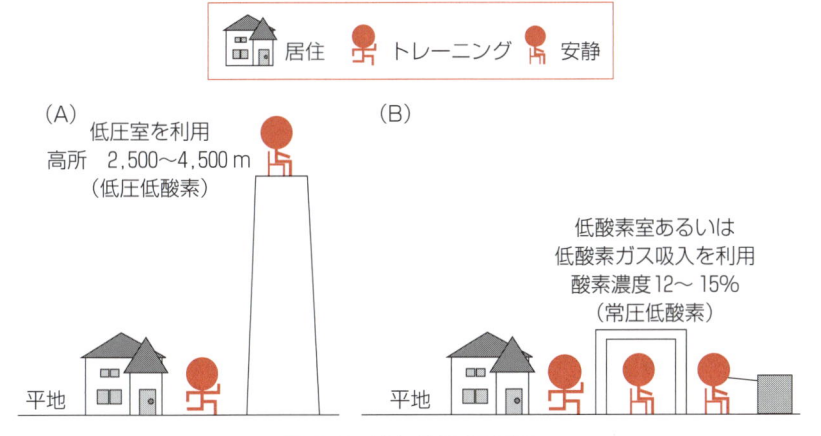

図 14.14　間欠的低酸素暴露
(A) 平地で居住およびトレーニングを行い，低圧低酸素環境では安静を保つ．(B) 平地で居住およびトレーニングを行い，常圧低酵素環境では安静を保つ．

素環境に弱いと考えられる．さらに，自然の地理を利用した高所トレーニングの場合には，トレーニング環境，生活環境（食事を含む），気候，衛生環境にも留意する必要がある．

　低酸素トレーニングによる酸素運搬能の向上に赤血球数やヘモグロビン濃度の増加が関係するため，事前に採血を行い，貧血の有無と鉄の状態をチェックしておくことが重要である．検査項目は，赤血球，ヘモグロビン，ヘマトクリット，血清鉄，フェリチン（貯蔵鉄を反映）などである．貯蔵鉄が低い場合には，鉄剤を処方するか，サプリメントで補充する必要がある．また，可能であれば尿検査による尿タンパクや潜血の有無を確認することでコンディションをチェックする．

コンディション評価
13章参照．

復習トレーニング

次の文章のカッコの部分に適切な言葉を入れなさい．

❶ 有酸素性の持久的パフォーマンスに関係する要因には，（　　　　　）（　　　　　　　），（　　　　）の三つの要因が大きく関係する．

❷ 高所・低酸素トレーニングが用いられる第一の理由は（　　　　　）や（　　　　　　）の増加による酸素運搬能の改善である．

❸ 高所・低酸素トレーニングにより，骨格筋内で乳酸を除去する機能である（　　　　　）の増加が期待できる．

❹ 高所・低酸素トレーニングの代表的な方法を四つあげよ．

❺ 高所・低酸素トレーニング実施前には採血を行い，（　　　　）の有無と（　　　）の状態をチェックすることが重要である．

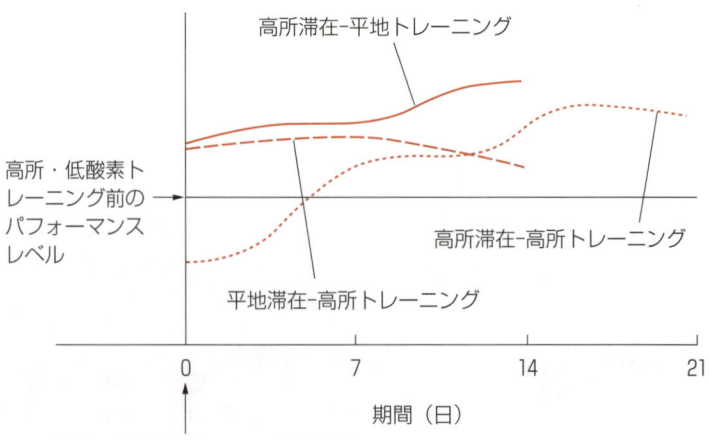

図 14.15　高所・低酸素トレーニング後のパフォーマンス変化
それぞれの曲線は先行研究より推測したものであること，さらに個人差が大きいことに注意．

15章 スポーツと身体不活動

15章の POINT

- ◆ 運動不足や宇宙飛行など身体活動量の低下が身体諸機能に及ぼす影響について調べられることを学ぼう．
- ◆ 身体不活動は筋力，筋量，スタミナ（呼吸循環系），起立耐性，骨などにマイナスの影響を及ぼすが，これは身体の適応現象の一つであることを理解しよう．
- ◆ 運動を積極的に行うと身体不活動による身体諸機能の低下を防ぐことができるが，ターゲットとする機能によって用いる運動のタイプは異なることを理解しよう．

15章 スポーツと身体不活動

扉ページの写真
写真提供：NASA
http://www.nasa.gov/audience/foreducators/k-4/features/F_Going_Out.html

はじめに

　身体不活動とは，いわゆる「運動不足」を含め，身体全体あるいは身体の一部分の活動量が減少する状態のことを意味している．メタボリックシンドロームや肥満などは，現代の大きな社会問題の一つにもなっており，これは「**身体不活動**」と密接に関係している．日常生活において，身体不活動が引き起こされる原因はさまざまである．

　身体不活動が身体に及ぼす影響については，実験的に不活動の状態を恣意的に引き起こすことによって，これまで調べられてきた．また，このような実験は有人宇宙飛行を地球上で模擬的に行うためのモデルであるとも考えられている．アメリカや欧州連合に加盟する国々を始め日本においても，近未来には月基地や火星有人探索などが計画されている．**模擬的宇宙滞在モデル実験**で得られた知見は，長期間の微少重力環境での人間の身体機能変化を予測するうえで非常に重要となると考えられる．

1　身体不活動を調べる実験的モデル

　身体不活動が身体に及ぼす影響については，実験的なモデルを使って調べることができる．以下にそのモデルの特徴について述べる．

（1）宇宙飛行

　図 15.1 には**宇宙飛行**の様子について示した．宇宙飛行は究極の身体不活動であると考えられている．なぜなら，図 15.1 で示したように宇宙空間では体重を支える必要がなく，**抗重力筋**の活動を著しく減少させ

図 15.1　宇宙空間で作業をしている宇宙飛行士
写真提供：NASA
http://spaceflight.nasa.gov/gallery/images/shuttle/sts-110/html/sts110-336-015.html

ることができるためである．2011（平成23）年末に古川聡宇宙飛行士が167日間の長期宇宙滞在から地球に帰還した直後に，「体はまるで軟体動物のようで，立っていられない」とコメントした．ヒトが約5カ月半もの間，微少重力環境に滞在すると滞在中に毎日2時間程度のトレーニングを行っていたとしても，身体機能が著しく低下することがわかる．

（2）ベッドレスト

ベッドレストとは，健康な人が実験的にベッド上で安静をある一定期間（少なくとも数日以上）保つものである．図15.2に実際のベッドレストの様子について示した．この実験に参加する人は，ベッド上での寝返り程度の動きは許されるが，起き上がったり立ったりすることは一切禁止される．食事や排泄も寝たままの状態で行うという実験である．

（3）片脚サスペンジョン

片脚サスペンジョンとは，非実験脚に厚底靴を履き（図15.3の向かって左足），実験脚（図15.3の向かって右足）に体重負荷がかからないようにして日常生活を送るという実験モデルである．図15.3には，片脚サスペンジョンを行っているようすを示す．寝たきりのベッドレストと比べると多少の不自由はあるものの日常生活が送れるため，身体的および精神的負担が大幅に軽減するというのが片脚サスペンジョンの最大の特徴である．

（4）ギプス固定

通常は手足などの骨折の際にギプスを使って固定を行うが，身体不活

図15.3 片脚サスペンジョンをしている様子

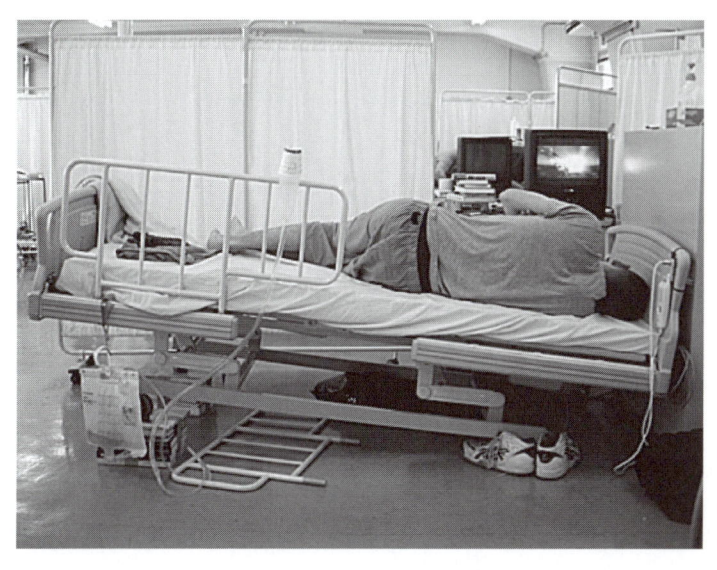

図15.2 ベッドレストをしている様子
宇宙空間では血液を始めとする体液が頭のほうへ移動するため，それを模擬するために頭部にかけて約6°の傾斜をつけている．

動実験は実験的に**ギプス固定**を行って，固定されている部分の活動を制限するものである．図 15.4 にはギプス固定の様子について示した．関節の動きが完全に制限されるため，ギプス固定後に関節を動かせる範囲（関節可動域）が減少する場合がある．

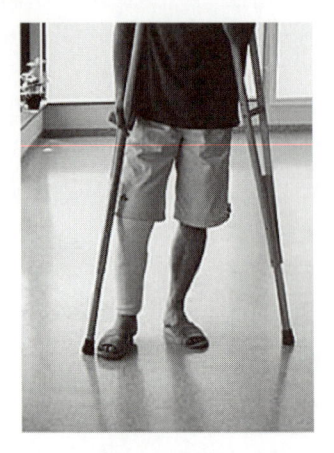

図 15.4 ギプス固定をしているようす

2　身体不活動が生体に及ぼす影響

（1）身体活動量の低下

上述したような身体活動モデルを使えば，身体の活動量が低下することは十分に予想できるが，それを定量化することは非常に難しい．身体活動量の低下を「筋活動量の減少」と考え，身体不活動を行っている際に筋活動がどの程度変化したのかについて，**筋電図**という測定法を用いて調べることができる．ヒトのふくらはぎの骨に近い部分にあるヒラメ筋は，私たちが立ったり，歩いたり，走ったりする際に常に活動する筋であり，また，身体活動量の減少に敏感に反応する筋である．

筋活動の程度を評価できる表面筋電図を使って，日常生活（午前 11 時から午後 5 時）でのヒラメ筋の筋活動を調べた（図 15.5）．図において，筋活動に関係した筋活動信号が日常生活のほうで明らかに多く見られる．最大筋力発揮時の筋活動量を 100 % とした場合，通常生活時では平均で 3.7 % に相当する筋活動が行われていた．ところが，ベッドレスト時には平均で 0.08 % の筋活動となり，筋活動は通常生活時の 45 分の 1 程度となったことが報告されている（図 15.5 参照）．このようにベッドレストは身体活動量（筋活動量）を著しく低下させるモデルであるこ

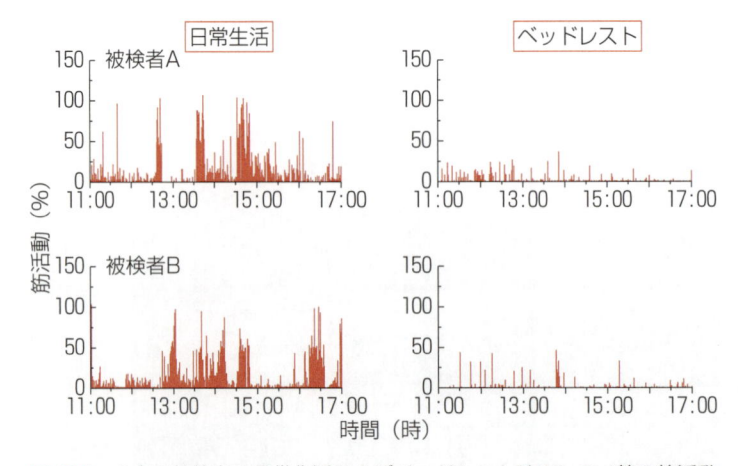

図 15.5　2 名の被検者の日常生活およびベッドレスト時のヒラメ筋の筋活動
最大筋力発揮時の筋活動を 100 % として表す．大きな信号が記録されているほど筋活動量が多いことを示す．
M. Kouzaki, et al., Effects of 20-day bed rest with and without strength training on postural sway during quiet standing, *Acta Physiol.*, **189**, 279（2007）．

とがこの結果から理解できる．

（2）筋力発揮に及ぼす影響

身体不活動が**筋力発揮**に及ぼす影響については多くの報告があり，身体不活動後には最大筋力の低下が生じる．7日間のベッドレストでは，握力で0～5％，膝伸展筋力で5％，足背屈筋力で7％の筋力低下が起こることが報告されている．また，35日間のベッドレストでは肘屈曲筋力で7％，膝伸展筋力で19％，膝屈曲筋力で8％，足背屈筋力で8％，足底屈筋力で25％の筋力低下が起こる．さらに70日間のベッドレストでは，肘屈曲筋力で28％，背筋力で39％，腹筋力で48％，膝伸展筋力で36％，足背屈筋力で37％，足底屈筋力で57％の筋力低下が起こる．

図15.6はさまざまな部位の筋力変化とベッドレスト期間との関係について，いくつかの研究で報告されているデータをプロットしたものである．一般に，ベッドレストの期間の延長に伴い，筋力が直線的に低下することが図15.6から理解できる．

（3）骨格筋の萎縮

骨格筋は活動量に敏感に反応して筋量を変化させる，可塑性に富んだ組織である．健康な若者男女10名が20日間のベッドレストを行った．その結果，大腿部にある三つの筋群（大腿四頭筋，ハムストリング，内転筋群）では，それぞれ約7％の**筋萎縮**（muscle atrophy）が生じ，筋群間で筋萎縮に差は見られない（図15.7）．一方，下腿後面のふくらはぎ（下腿三頭筋）では，平均で約10％の筋萎縮が生じ，下腿前面に

知っておくと役に立つ！

筋線維タイプの筋萎縮は種により異なる

一般に身体不活動による筋萎縮は遅筋線維に見られることが，よく知られている．これは本当だろうか？ ラットやマウスなどを使った研究では，ヒラメ筋という90％以上が遅筋線維で構成されている筋で調べることが多いため，身体不活動で遅筋線維の筋萎縮が見られる．

一方，人間の場合は，実は速筋線維のほうが遅筋線維より筋萎縮が大きい．たとえば，5日間あるいは11日間の宇宙飛行を終えた宇宙飛行士の太ももの筋で調べてみると，速筋線維の筋萎縮のほうが遅筋線維のそれより最大で2倍ほど大きい．ベッドレスト研究でも同様な報告がある．したがって，種によって筋線維タイプで筋萎縮の反応が異なることを十分に理解する必要がある．

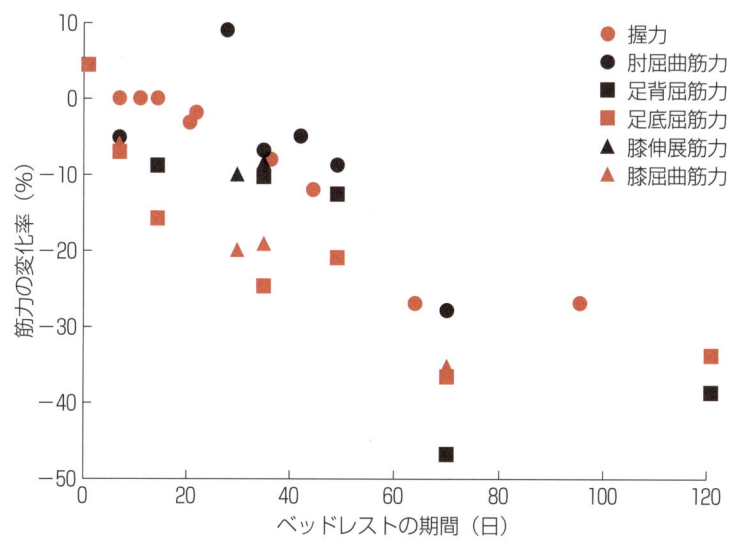

図15.6 ベッドレスト期間とさまざまな関節の筋力変化との関係
V. A. Convertino, Exercise and adaptation to microgravity environments, "Handbook of physiology-Environmental physiology", (1996), p.815 より著者改変．

ある前脛骨筋では，約3％の筋萎縮が生じる（図15.7参照）．

このように筋によって筋萎縮の生じる程度はさまざまであるが，ふくらはぎにある下腿三頭筋は大腿部の三つの筋群より筋萎縮は若干大きいものの，著しい差は見られない．しかし，下腿部前面の前脛骨筋は筋萎縮の程度が他の筋より少ないのが理解できる．また，ベッドレストの終了後に1カ月間の日常生活を送るだけで，すべての筋でベッドレスト前の値近くまで回復する．

片脚サスペンジョンにおいても，筋萎縮が生じる．20日間の片脚サスペンジョン前後で筋萎縮の程度を評価したところ，大腿部では大腿四頭筋のみに同期間のベッドレストと同程度である約7％の筋萎縮が生じ，下腿三頭筋においても約6％の筋萎縮が生じた．しかしながら，ハムストリングや内転筋群には筋萎縮は見られなかった．

宇宙飛行による筋萎縮を調べた研究は少ないが，いくつか存在する．スペースシャトルで10日間から14日間の宇宙飛行を終えた日本人宇宙飛行士の宇宙飛行前後で見られた筋萎縮と，先に示した20日間のベッドレストによる下腿三頭筋の筋萎縮の比較を行った．宇宙飛行の期間とベッドレストの実施期間が異なるため，1日あたりの変化率で比較したところ，宇宙飛行での筋萎縮が約2倍大きいことが報告されている（図15.8）．大まかにいうと，2週間程度の宇宙飛行では1日あたり約1％の筋萎縮が起こる．

（4）呼吸循環系機能の変化

一定期間の身体不活動は，全身のスタミナの指標となる呼吸循環系機能にもマイナスの影響を及ぼすことが多くの研究で報告されている．自

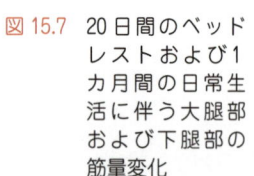

図15.7 20日間のベッドレストおよび1カ月間の日常生活に伴う大腿部および下腿部の筋量変化
H. Akima, et al., Effects of 20 days of bed rest on physiological cross-sectional area of human thigh and leg muscles evaluated by magnetic resonance imaging, *J. Gravitat. Physiol.*, **4**, S15 (1997)より著者改変．

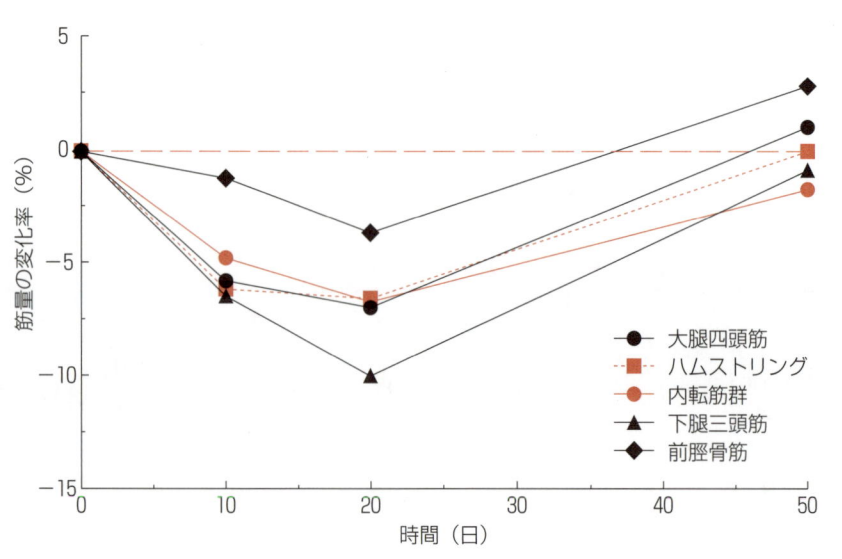

転車エルゴメータを用いて疲労困憊まで行う最大運動において，20日間のベッドレスト後の最大運動時の**最高酸素摂取量** $\dot{V}_{O_2}$peak は，ベッドレスト前より26％の低下を示す（図15.9）．とくにこの最高酸素摂取量の低下は，おもに血液量減少に関係した心拍出量の低下に大きく依存している．

また，ベッドレストのような全身性の身体不活動は心臓の大きさを減少させる（**心萎縮**）ため，それが心拍出量の低下を引き起こすおもな原因となる．また，絶対的に同一の負荷（60 W，90 W，120 W）で最大下の自転車運動を行うと，ベッドレスト後はベッドレスト前と比較して1回拍出量の有意な減少が起こり，その減少を心拍数の増加によって補い，心拍出量を維持するという結果が認められた（図15.10）．

（5）起立耐性の低下

ベッドレストや宇宙飛行後には**起立耐性**（orthostatic tolerance）の低下が観察される．起立耐性とは立位の維持能力のことである．すなわち，どれだけ長時間めまいなどを起こさないで立つことができるかという能力である．

起立耐性の低下が生じる原因としては，血液量の減少，ホルモンや代謝的な変化，静脈の伸展性，自律神経系による心循環系調節の変化が原因で下肢に血液が貯留し，脳への血流量が低下するためなどがある．宇宙飛行士が地球へ帰還する前には，血液量の減少を補償するため，1.5リットルの水分摂取をするのと同時に下半身を圧迫するストッキングを装着することによって，下肢への体液や血液の貯留を防ぎ，脳への血液の循環量を増やすような処置を施す．

最高酸素摂取量と最大酸素摂取量

3章を参照．

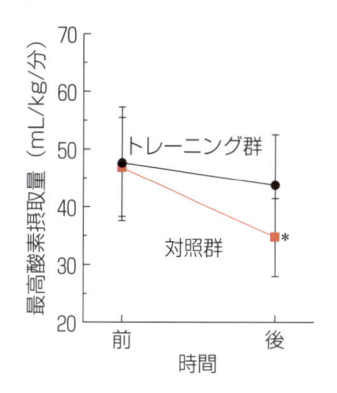

図15.9 20日間のベッドレスト前後でのトレーニング群とベッドレストのみ群（対照群）の最高酸素摂取量の変化

＊は群間で差があることを示す．
K. Katayama, et al., Acceleration with exercise during head-down bed rest preserves upright exercise responses, *Aviat. Space Environ. Med.*, 75, 1029 (2004) より著者改変．

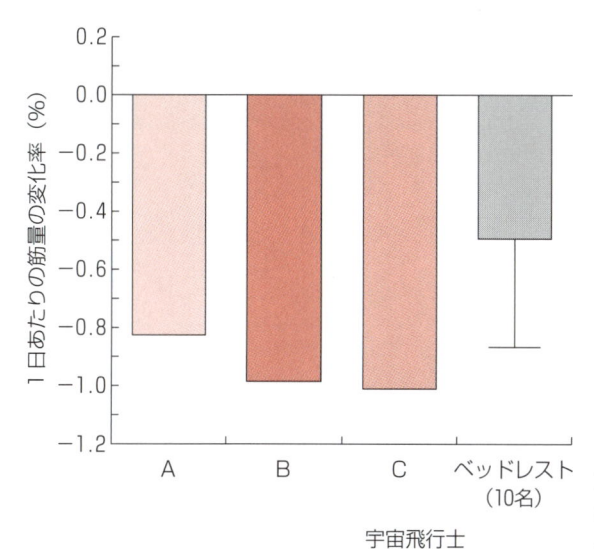

図15.8 10日から14日間の宇宙飛行および20日間のベッドレストでの下腿三頭筋量の1日あたりの変化率比較
H. Akima, et al., Effect of short-duration spaceflight on thigh and leg muscle volume, *Med. Sci. Sports Exerc.*, 32, 1743 (2000) より著者改変．

骨密度
11章も参照.

（6）骨密度の低下

　骨も身体不活動による影響を受けやすい器官である．短期間（＜1カ月）のベッドレストでは，1カ月あたり約0.5％から1％程度の**骨密度**（bone mineral density, BMD）の低下が起こる．一方，宇宙飛行では1カ月あたりで部位により0.04％から1.56％の骨密度の低下が起こることが，日本人の長期宇宙滞在の結果から明らかになっている．最も低下率が大きいのは大腿骨骨頭部で，最も低下率が小さいのは腕の骨である．骨密度の回復には通常で3～4年が必要であるが，完全に回復しない宇宙飛行士もいる．

　短期間のベッドレストで骨密度が変化するまでには至らない場合が多いが，長期間ともなると骨密度が低下する．図15.11には17週間のベッドレスト前後および6カ月の回復期間後の全身の骨密度について示した．踵にある踵骨の骨密度減少量が最も大きいことがわかり，これは歩行時に生じる踵骨への衝撃がベッドレストで激減したことが原因と考えられている．

3　身体不活動によって生じる身体適応への対抗措置

（1）筋機能低下，筋萎縮

アイソメトリック収縮
日本語に訳すと等尺性収縮となる．これは関節の動きを伴わない静的な筋力発揮のことを示す．

　身体不活動中に生じる筋機能低下や筋萎縮に対しては，**筋力トレーニング**（resistance training）が効果的である．20日間のベッドレスト中にアイソメトリックのレッグプレストレーニングを1日おきに行った

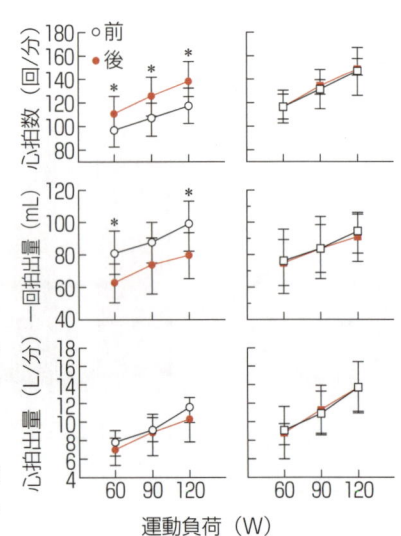

図15.10　20日間のベッドレスト前後でのトレーニング群（右）とベッドレストのみ群（対照群，左）の定常負荷時の循環パラメータの変化
＊は前後で差があることを示す．
K. Katayama, et al., Acceleration with exercise during head-down bed rest preserves upright exercise responses, Aviat. Space Environ. Med., 75, 1029（2004）より著者改変.

結果，ベッドレストのみの群と比較して大腿四頭筋においてトレーニング効果（筋萎縮の抑制）が認められたが，その他の筋に関しては，トレーニング効果は認められなかった．

次にアイソトニックのレッグプレストレーニングを20日間のベッドレスト中に1日おきに行ったところ，大腿四頭筋およびハムストリングにおいてはトレーニング効果が認められたが，下腿三頭筋についてはベッドレストのみを行う群と比較して，差は認められなかった．下腿三頭筋は姿勢保持などで重要な役割を示すので，この筋に対するトレーニング効果が得られるアイソトニックのカーフレイズトレーニングをアイソトニックのレッグプレストレーニングに加えた．その結果，大腿四頭筋，ハムストリングおよび下腿三頭筋においてトレーニング効果が認められた（図15.12）．

（2）呼吸循環系機能

身体不活動中に持久的な運動を行うと，最高酸素摂取量の減少を軽減できることが示されている．30日間のベッドレスト中に仰臥位で自転車エルゴメータにより中・高強度の負荷（最高酸素摂取量の60％から90％）と低強度の負荷（最高酸素摂取量の40％）を2分ごとに交互に組み合わせるトレーニングを計30分間毎日行った．その結果，最高酸素摂取量は維持された．一方，30日間のベッドレスト中に角速度100度/秒での等速性最大膝伸展・屈曲運動を5回行い，50秒間の休息をはさみながら計10セット行うトレーニングを施した．その結果，ベッドレストのみの群と比較すると最高酸素摂取量の減少は約半分程度に抑えることができたが，ベッドレスト前に比較すると有意に低下した．

アイソトニック収縮
日本語に訳すと等張性収縮となる．これはある負荷（ダンベルなどの重り）に対して，関節の動きを伴う動的な筋力発揮のことを示す．関節の動きを伴うほとんどすべての筋収縮がアイソトニック収縮となる．

カーフレイズトレーニング
立位で重りなどをもちながら踵を持ち上げる動作で，これを行うことでふくらはぎの筋に対するトレーニングとなる．

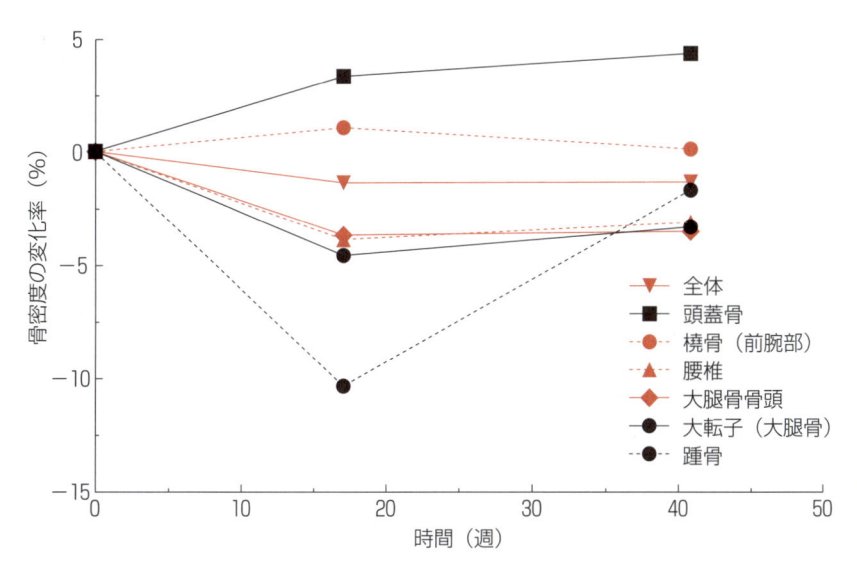

図15.11 17週間のベッドレストおよび6カ月間の回復時での骨密度の変化
D. B. Hill, "Handbook of Physiology", Section 4: Environmental Physiology, Vol. II, 39, The physiology of bed rest, American Physiological Society (1964), p.915より著者改変．

20日間のベッドレストにおいて，自転車エルゴメータと人工重力装置を使って，先に示した中・高強度と低強度の負荷を組み合わせるトレーニングを1日おきに行った．なお，人工重力装置とは人間が乗り込むことができるほど大きな遠心器で，遠心力を使って血液などの体液を足のほうへ強制的に移動させることにより，おもに起立耐性と呼吸循環系機能に対する対抗措置を行う装置である（図15.13）．ベッドレスト中に持久的トレーニングを行った群では，最高酸素摂取量が平均で7.5％低下したが，ベッドレストのみの群では25.9％の低下が認められた（図15.9参照）．

（3）骨密度

90日のベッドレスト中に筋力トレーニングを行った群とベッドレストのみの群において，脛骨骨端部の骨密度について調べた．その結果，ベッドレストのみの群では6％の低下が，また筋力トレーニングを行った群では2.8％の低下が認められた．ベッドレスト中の筋力トレーニングは約50％の骨密度の低下を抑制することができたが，群間には有意な差は認められなかった．これは個人間の骨密度の反応性の違いが大きかったためであると結論している．

（4）起立耐性の低下

起立耐性が生じるメカニズムは複雑であるためか，さまざまな対抗措置がこれまでの研究で行われてきた．たとえば，90日間のベッドレストにおいて動的なレッグプレスの反復動作による運動（3回/週，20分/日）を行っても，起立耐性の低下を防ぐことができなかったと報告

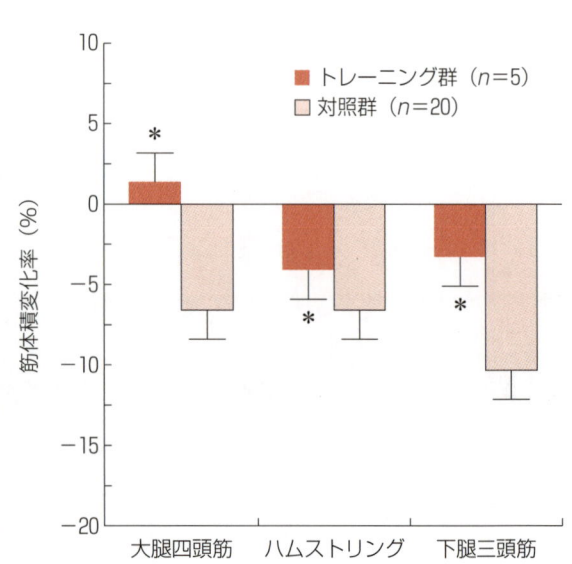

図15.12 20日間のベッドレスト前後でのトレーニング群とベッドレストのみ群（対照群）の下肢筋量変化

＊は群間で差があることを示す．
H. Akima et al., Inactivity and muscle: effect of resistance training during bed rest on muscle size in the lower limb, *Acta. Physiol. Scand.*, **172**, 269 (2001) より著者改変．

されている．

　一方，下半身陰圧負荷法と持久的運動を組み合わせた対抗措置が，身体不活動中に生じる起立耐性の低下を防げることがいくつか報告されている．**下半身陰圧負荷法**とは，下半身だけを密封された特殊な装置に入れ，その気圧を減少させる．これにより，血液が下半身に集まるため，心臓を始めとした循環系機能を維持・改善できる可能性がある．

　また，この密封する空間を広くすることによって，その空間にさまざまな運動を行う装置（トレッドミル，運動負荷装置）を装備することもできる（図 15.14）．30 日間のベッドレスト中に 1 日あたり 3, 4 セッションの下半身陰圧負荷＋仰臥位でのトレッドミル運動を毎日行った結果，最高酸素摂取量やスプリント走での最高スピードにおいて効果が見られた．

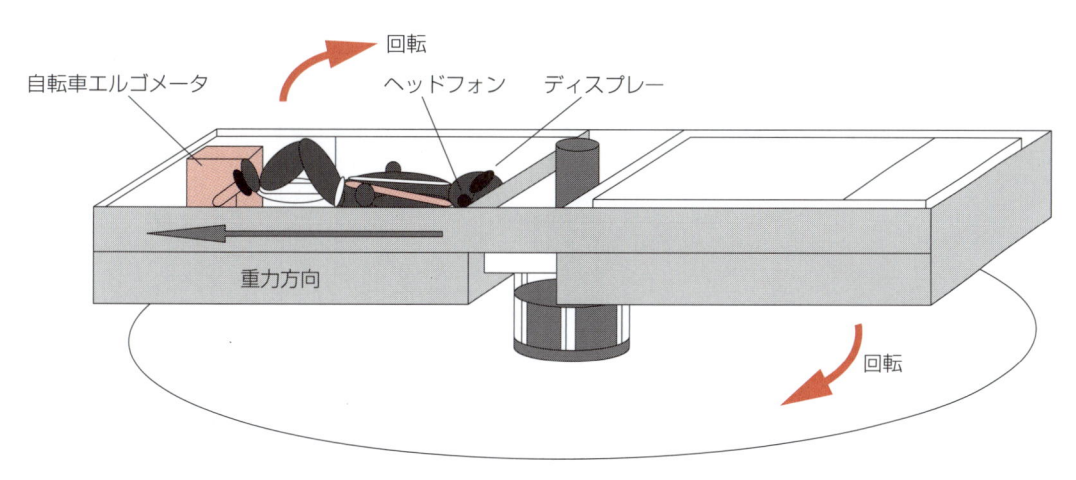

図 15.13　自転車エルゴメータが搭載された人工重力装置の模式図
K. Katayama, et al., Acceleration with exercise during head-down bed rest preserves upright exercise responses, *Aviat. Space Environ. Med.*, **75**, 1029（2004）．

復習トレーニング

次の文章のカッコの部分に適切な言葉を入れなさい．

❶ 身体不活動に関する知見は運動不足を始め，（　　　）のような研究分野に応用できる．

❷ 身体不活動により影響を受ける生体の機能には（　　　），（　　　），（　　　）などがある．

❸ 身体不活動に対する対抗措置として，筋機能低下や筋萎縮に効果的な運動処方は（　　　），持久力低下に効果的な運動処方は（　　　）である．

次の文章で正しいものには○，誤っているものには×を付けなさい．

❹ [　　] 身体不活動により骨格筋の萎縮が認められるが，身体のどこの筋でもほぼ同様な筋萎縮が起きる．

❺ [　　] 身体不活動による呼吸循環系機能の低下には，心機能の低下と骨格筋量の減少が大きく関与する．

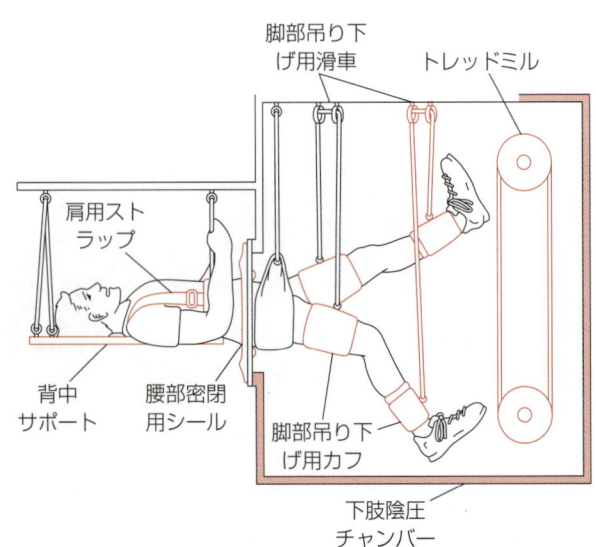

図 15.14 トレッドミルが搭載された下肢陰圧チャンバーの模式図
Watenpaugh et al., Supine lower body negative pressure exercise during bed rest maintains upright exercise capacity, *J. Appl. Physiol.*, **89**, 218 (2000) より改変.

参考文献

1章

N. Yang, et al., ACTN3 genotype is associated with human elite athletic performance., *Am. J. Hum. Genet.*, **73**, 627（2003）.

2章

H. Takahashi, M. Inaki, K. Fujimoto, S. Katsuta, I. Anno, M. Niitsu, and Y. Itai, Control of the rate of phosphocreatine resynthesis after exercise in trained and untrained human quadriceps muscles, *Eur. J. Appl. Physiol.*, **71**, 396（1995）.

4章

L. B. Rowell, "Human Cardiovascular Control," Oxford University Press（1993）.

W. L. Kenney et al., "Physiology of Sport and Exercise（5 th ed.），"Human Kinetics Pub（2011）.

P. Andersen, J. Henriksson, Capillary supply of the quadriceps femoris muscle of man: adaptive response to exercise. *J. Physiol.*, **270**, 677（1977）.

J. D. MacDougall et al., Factors affecting blood pressure during heavy weight lifting and static contractions, *J. Appl. Physiol.*, **73**, 1590（1992）.

W. C. Miller et al., Predicting max HR and the HR-VO 2 relationship for exercise prescription in obesity, *Med. Sci. Sports Exerc.*, **25**, 1077（1993）.

T. Otsuki et al., Vascular endothelium-derived factors and arterial stiffness in strength- and endurance-trained men, *Am. J. Physiol. Heart Circ. Physiol.*, **292**, H786（2007）.

B. M. Pluim et al., The athlete's heart. A meta-analysis of cardiac structure and function, *Circulation*, **101**, 336（2000）.

H. Stegall, Muscle Pumping in the Dependent Leg, *Circ. Res.*, **19**, 180（1966）.

大槻　毅，前田清司，動脈スティフネスと運動強度，臨床スポーツ医学，**28**，1089（2011）．

5章

押田芳治，川田裕樹，小池晃彦，メタボリックシンドロームに対する運動・スポーツの有効性－耐糖能異常－，体育の科学，**58**，7，461（2008）．

田中茂穂，生活習慣病予防に対する間欠的運動の効果，体育の科学，**59**，3，184（2008）．

7章

L. Katch Victor, "Essentials of Exercise Physiology, 4th Edition", Lippincott Williams & Wilkins（2011）.

K. Powers Scorr, "Exercise Physiology Theory and Application to Fitness and Performance, 6th Edition", McGraw-Hill（2012）.

G. J. Zamora-Berridi et al., Santiago Ramón y Cajal and Harvey Cushing, Two Forefathers of Neuroscience and Neurosurgery, *World Neurosurgery*, **76**, 5, 466（2011）.

9章

J. Keul, J, E. Doll, D. Keppler, Energy Metabolism of Human Muscle, *Medicine and Sports*, **7**, 49,（1972）.

参考文献

P. Diamond, J. LeBlank, Role of autonomic nervous system in postprandial thermogenesis in dogs, *Am. J. Physiol.*, **252**, E719, (1987).

Prepared by the Nutrition Working Group of the international Olympic Committee, Fuel need for training and recovery, Nutrition for athletes, A practical guide to eating for health and performance, 10 (2010).

L. M. Burke, The IAAF Consensus on Nutrition for athletics -updated guideline-, *International J. Sports Nutrition and Exercise Metabolism*, **17**, 411 (2007).

D. R. Moore, N. C. Del Bel, K. I. Nizi, J. W. Hartman, J. E. Tang, D. Armstrong, S. M. Phillips, Resistance training reduces fasted- and fed-state leucine turnover and increases dietary nitrogen retention in previously untrained young men, *J. Nutr.*, **137**, 4, 985 (2007).

小清水 孝子，柳沢 香絵，横田 由香里，スポーツ選手の栄養調査・サポート基準値策定及び評価に関するプロジェクト」報告，栄養学雑誌，**64**, 205, (2006).

D. B. Clement, et. al., Nutritional intake and hematological parameters in endurance runners, *Physician Sports Med.*, **10**, 3, 37 (1982).

10章

服部正明ら，^{1}H-MRS法による下腿筋群の中性脂肪含有量と有酸素能力との関係，日本運動生理学雑誌，**11**, 23 (2004).

Saito ら，High incidence of metabolically active brown adipose tissue in healthy adult humans：effectsof cold exposure and adiposity, *Diabetes*, **58**, 1526 (2009).

勝川史憲，内臓脂肪に対する運動・食事療法の効果：量的変化から質的変化へ，臨床スポーツ医学，**28**, 273 (2011).

綾部誠也，身体活動の肥満予防効果のエビデンス：身体活動は体重の増加を防げるか，臨床スポーツ医学，**28**, 253 (2011).

相澤勝治，目崎登，スポーツ界におけるアスリートの減量法，体育の科学，**57**, 172 (2007).

11章

Bar-Or O., New and old in pediatric exercise physiology, *Int. J. Sports Med.*, Suppl 2, S113 (2000).

加賀谷淳子，循環器からみた思春期，子どもと発育発達，第3，第4号 (2006).

13章

M. Kon et al., *J. Strength Cond. Res.*, **24**, 2249 (2010).

P. Passelergue et al., *Int. J. Sports Med.*, **16**, 298 (1995).

相澤勝治ほか，体力科学，**53**, 149 (2004).

杉田正明，臨床スポーツ医学，**28**, 893 (2011).

小松 裕，臨床スポーツ医学，**28**, 827 (2011).

飯塚太郎，臨床スポーツ医学（臨時増刊号），**28**, 166 (2011).

15章

秋間 広，宇宙環境における筋萎縮のメカニズムとトレーニング，体育の科学，**55**, 591 (2005).

J. E. Greenleaf, Intensive exercise training during bed rest attenuates deconditioning. *Med. Sci. Sports Exerc.*, **29**, 207 (1997).

推薦図書

1章
福永哲夫, 『筋の科学事典：構造・機能・運動』, 朝倉書店（2002）

3章
久木野憲司ほか編, 『運動生理学』, 金原出版, (2002).
山地啓司, 『最大酸素摂取量の科学』, 杏林書院 (2001).
北川　薫, 『運動とスポーツの生理学』, 市村出版 (2009).
宮村実晴 編, 『運動と呼吸』, 真興交易医書出版部 (2004).
八田秀雄, 『乳酸』, 講談社サイエンティフィク (2007).
体育科教育研究会 編, 『体育学実験・演習概説』, 大修館書店 (1979).

4章
高橋長雄 監, 『からだの地図帳』, 講談社 (1989)
P. O. オストランドほか著, 朝比奈一男・浅野勝己 訳, 『運動生理学』, 大修館書店 (1990).
春日規克, 竹倉宏明 編, 『運動生理学の基礎と発展（改訂版）』, フリースペース (2006).
勝田　茂 編, 『運動生理学20講（第2版）』, 朝倉書店 (1999).
加賀谷淳子, 中村好男 編著, 『運動と循環：研究の現状と課題』, ナップ (2001).
斉藤　満, 加賀谷淳子 編, 『循環：運動時の酸素運搬システム調節』, ナップ (1999).
斉藤　満 編, 『循環Ⅱ：運動時の調節と適応』, ナップ (2007).
エドワード・フォックス著, 渡部和彦 訳, 『選手とコーチのためのスポーツ生理学』, 大修館書店 (1982).

5章
J. Gerard ほか, 佐伯由香ほか 編訳, 『トートラ人体解剖生理学』, 丸善出版 (2011).
當瀬規嗣, 『よくわかる生理学の基本としくみ』, 秀和システム (2006).
中屋　豊, 『よくわかる栄養学の基本としくみ』, 秀和システム (2009).
勝田　茂 編著, 『運動生理学20講』, 朝倉書店 (1999).
山本順一郎 編, 『運動生理学（第2版）』,〈エキスパート管理栄養士養成シリーズ〉, 化学同人 (2010).
宮村実晴　編, 『新運動生理学（下巻）』, 真興交易医書出版部 (2001).
宮村実晴　編, 『運動生理学のニューエビデンス』, 真興交易医書出版部 (2010).
山地啓司, 大築立志, 田中宏暁 編著, 『スポーツ・運動生理学概説』, 明和出版 (2011).
下村吉治, 『スポーツと健康の栄養学』, ナップ (2010).

6章
植村慶一 監訳, 『オックスフォード・生理学』, 丸善 (2009).
春日規克, 竹倉宏明 編著, 『運動生理学の基礎と発展』, フリースペース (2006).
日本比較内分泌学会 編, 『からだの中からストレスをみる』, 学会出版センター (2000).

7章
植村慶一 監訳, 『オックスフォード生理学』, 丸善 (2001).
春日規克, 竹倉宏明 編著, 『運動生理学の基礎と発展』, フリースペース (2006).

佐藤　敬 訳，『ピネルバイオサイコロジー：脳―心と行動の神経科学』，西村書店（2005）．

8章

T. A. Brown 著，村松正實，木南凌 監訳，『ゲノム：新しい生命情報システムへのアプローチ（第3版）』，メディカルサイエンスインターナショナル（2007）．

B. Alberts ほか著，中村桂子ほか監訳，『Essential 細胞生物学（第1版）』，南江堂（2003）．

9章

鈴木正成，『実践的スポーツ栄養学』，文光堂（1993）．

トレーニング科学研究会 編『競技力向上のためのスポーツ栄養学』，朝倉書店（2001）．

講談社 編，『ひと目でわかる日常食品成分表』，講談社（2002）．

池上保子 監，『おいしいクスリ：食べもの栄養事典』，日本文芸社（2005）．

中村丁次 監，『からだに効く栄養成分バイブル』，主婦と生活社（2006）．

鈴木志保子，『スポーツ栄養学』，ベースボールマガジン社（2008）．

臨床スポーツ医学編集委員会，『臨床スポーツ医学：スポーツ・栄養食事ガイド』，文光堂（2009）．

平成19年国民健康・栄養調査，厚生労働省．http://www.mhlw.go.jp

岡村浩嗣 編，『市民からアスリートまでのスポーツ栄養学』，八千代出版（2011）

10章

アレックス・F. ロッシュら編著，小宮秀一 監訳，『身体組成研究の基礎と応用』，大修館書店（2001）．

樋口満 編著，『新版コンディショニングのスポーツ栄養学』，市村出版，（2007）．

山本順一郎 編，『運動生理学（第2版）』，〈エキスパート管理栄養士養成シリーズ〉，化学同人（2010）．

山地啓司ら編著，『スポーツ・運動生理学概説』，明和出版（2011）．

米井嘉一　編，『抗加齢医療：その最前線の実際』，新興医学出版社（2010）．

11章

高石昌弘 編，『からだの発達』，大修館書店（1981）．

東根明人，『体育授業を変えるコーディネーション運動65選』，明治図書出版（2006）．

日本体育協会 編，『アクティブ・チャイルド60min』，サンライフ企画（2010）．

子どものスポーツライフ・データ＝ The 2012 SSF National Sports-Life Survey of Children：4〜9歳のスポーツライフに関する調査報告書，笹川スポーツ財団（2012）．

日本臨床スポーツ医学会学術委員会 編，『小児のスポーツと健康』，診断と治療社（1995）．

12章

平田耕造，井上芳光，近藤徳彦 編，『体温　運動時の体温調節システムとそれを修飾する要因』，ナップ（2002）．

井上芳光，近藤徳彦 編，『体温2　体温調節システムとその適応』，ナップ（2010）．

14章

浅野勝己，小林寛道 編．『高所トレーニングの科学』，杏林書院．（2004）．

青木純一郎，川初清典，村岡功 編．『高所トレーニングの実践ガイドライン』，市村出版．（2011）．

15章

福永哲夫 編，『筋の科学事典―構造・機能・運動―』，朝倉書店（2002）．

用語解説

カッコ内に関連するページを示す．

収縮タンパク質（p. 14）
骨格筋の筋原線維は収縮タンパク質，調節タンパク質，骨格タンパク質で構成されているが，そのなかで，筋収縮に直接的に関与するタンパク質が収縮タンパク質である．ミオシンとアクチンなどがこれにあたり，筋におけるタンパク質の約80％を占めている．

ミトコンドリア（p. 17）
直径 0.5 μm 程度，長さ数 μm と形状が多様な細胞小器官である．外膜と内膜の二重の膜からなり，内膜にはクリステと呼ばれるひだが形成されている．ここで，有酸素系エネルギー供給として，酸化的リン酸化によるATP生成が行われる．

ミオグロビン（p. 23）
骨格筋に存在し，153のアミノ酸残基からなるポリペプチド鎖とヘムから構成されるタンパク質である．酸素との親和性が高く，酸素が必要となるときまで酸素を貯蔵する役割を担う．

呼吸調節（p. 26）
呼吸の深さ（1回換気量）や速さ（呼吸数）は脳幹にある呼吸中枢で決定される．呼吸中枢では，大脳，視床下部，小脳などの上位中枢（セントラルコマンドと呼ばれる）からの入力と，骨格筋，関節，肺，呼吸筋，血管などにある受容器からの入力が統合され，呼吸筋へ信号が伝達され，換気調節が行われる．運動時の換気量増加に対するそれぞれのメカニズムの貢献度は，運動の時間や強度，環境などにより変化する．

最大酸素摂取量（p. 33）
単位時間（通常は1分間）あたりに身体に取り込むことのできる酸素量の最大値のこと．最大酸素摂取量（maximal oxygen uptake, $\dot{V}_{O_2}max$）は絶対値（L/分）で表されるが，個人間で比較するため体重 1 kg あたりの相対値（mL/kg/分）で示されることが多い．最大酸素摂取量は，呼吸系（ガス交換），循環系（酸素運搬），骨格筋系（酸素利用）のすべてを統合した指標であり，有酸素性運動能力の指標として広く用いられている．

局所性因子（p. 46, 50）
血管内皮細胞が血流刺激の増減などに応じて分泌する血管収縮性物質（エンドセリン-1）・拡張性物質（一酸化窒素など），筋の代謝の結果として生成される血管拡張性物質（水素イオン，二酸化炭素，乳酸など）などのこと．スポーツ中は，活動筋で血管拡張性物質が多く分泌され，血管拡張により，活動筋に優先的に血流を導き入れる．

血管コンダクタンス（p. 46）
血管における血液の流れやすさの指標であり，血流量/平均血圧として算出する．血液の粘性と血管の長さおよび内径の影響を受けるが，血管内径の4乗に比例するなど，個人差や運動時の変化には血管内径の影響が大きい．血管抵抗とは逆数の関係にある．

血管抵抗（p. 46）
血管における血液の流れにくさの指標であり，平均血圧/血流量として算出する．血管コンダクタンスとは逆数の関係にある（血管コンダクタンスの項も参照）．

血管内皮細胞（p. 46）
血管の最内側（血液側）にある一層の細胞．血液と平滑筋層を物理的に遮るだけではなく，血管収縮性物質であるエンドセリン-1と血管弛緩性物質である一酸化窒素を分泌することにより，平滑筋を収縮させたり弛緩させたりして，血管の伸展性や内径を調節する．

血管平滑筋（p. 46）
平滑筋（内臓筋）のうち，血管の中膜に存在するものをいう．交感神経刺激（一部を除いて血管は副交感神経の支配を受けない），副腎髄質が分泌するノルアドレナリンなどのホルモン刺激，血管内皮細胞が分泌する一酸化窒素などの局所性刺激などを受けて収縮状態を変え，動脈の伸展性や内径を調整する．

呼吸ポンプ作用（p. 47）
静脈血を心臓方向に移動させるポンプ作用の一つ．横隔膜の動きに応じて生じる胸腔と腹腔の内圧変化により，息を吐くときに大静脈に血液を貯留し，息を吸うときに，その血液を心臓が位置する胸郭内に移動させる．

循環中枢（血管運動中枢）（p. 49）
延髄に存在する．血圧を感知する圧受容器，血液中の酸素濃度などを感知する化学受容器，筋中の老廃物濃度を感知する筋代謝受容器，発揮筋力を感知する筋機械受容器からの信号を受け取り，自律神経を介して循環器系の

用語解説

働きを調整する．これらの信号を受け取る前（スポーツ開始前）に，身体の動きを予測して循環器系の働きを調整する機能（セントラルコマンド）もあるとされている．

自律神経（p. 48, 173）
自分の意志とは関係なく，刺激や情報に反応して不随意器官（消化器，循環器，呼吸器など）の機能を自動的に調節する神経．活動しているときやストレス・緊張を感じているときに働く交感神経と，休息・リラックスしているときに働く副交感神経の二つの相反する神経から成り立つ．多くの器官は交感神経と副交感神経の二重支配を受けており，両者のバランスにより働きが変わる．スポーツ時にのみ興奮する運動神経などとは違い，安静時には副交感神経が心拍数を抑制するなど，自律神経は常に活動している．

迷走神経（p. 48）
副交感神経のうち，延髄から出て心臓，肺，腹部臓器（胃腸など）などを支配するものをいう．スポーツ時には，自らの活動を抑制して心拍数を増加させ，終了時に再興奮して心拍数をもとの水準に戻す．また，心拍出量を調整して血圧の恒常性を保つ役割も果たす．

リポタンパク（p. 62）
内部にコレステロールやリン脂質などを含んだ，血液中で脂質を運搬するためのタンパク質．比重の軽い順に，カイロミクロン，VLDL，LDL，HDL に分類される．リポタンパクに含まれるコレステロールを指して，動脈硬化を抑える HDL コレステロールを「善玉」，動脈硬化を進行させる LDL コレステロールを「悪玉」というように表現される．

ケトン体（p. 64）
飢餓状態など，糖質の供給が不十分なときにアセチル CoA より生成される物質（肝臓では常に低濃度のケトン体が産生されているが，通常は素早く代謝される）．ケトン体は酸性であるため飢餓状態などでケトン体が体内に過剰に蓄積されると，血液の pH が低下するケトアシドーシスという状態になり，最悪の場合は死に至る．

同化，異化（p. 76）
生体内で化学物質はさまざまに変化するが，小分子から大分子への合成を同化といい，逆に大分子から小分子への分解を異化という．同様に，組織をつくり，エネルギーを蓄えるように働くホルモンを同化ホルモン（成長ホルモンなど），エネルギーを産生するように働くホルモンを異化ホルモン（グルココルチコイドなど）と呼ぶ．

日内変動（p. 81）
ほぼすべての生理機能は約 24 時間周期のリズムをもって変動する．これを日内変動，もしくは概日リズムと呼び，おもに視床下部の視交叉上核によって調節される．日内変動を示す代表的なものとして，体温，成長ホルモンや ACTH など下垂体からのホルモン分泌，松果体からのメラトニン分泌，睡眠−覚醒周期，などがある．

グリア細胞（p. 88）
神経系を構成している細胞のうち神経細胞ではない細胞の総称．中枢神経系のグリア細胞には，神経細胞にエネルギー源（糖，乳酸）を供給するアストロサイト，脳内の免疫機能を担うミクログリア，軸索の髄鞘を形成するオリゴデンドロサイトなどがあり，いずれのグリア細胞も神経系の機能を支える重要な役割を果たしている．

海馬（p. 91）
大脳辺縁皮質に位置し，学習や記憶の形成に不可欠な脳部位である．難治性てんかんの治療のために海馬を摘出した患者は，過去の記憶を想起することはできるが，新しく物事を記憶することができなくなった（順向性健忘）という例がある．うつ病や認知症の原因の一つとして，海馬の萎縮や機能低下が関係することが指摘されている．

遺伝子（p. 98）
DNA のうち，生物学的機能を有する情報を含んだ部分のこと．

ゲノム（p. 99）
全遺伝子 DNA のこと．

DNA（p. 99）
デオキシリボ核酸．生体の設計図となる遺伝子を含んでいる．細胞にある核酸の一つであり，細胞からなる生物すべてが有している．

アンジオテンシン変換酵素（p. 100）
angiotensin-converting enzyme（ACE）のこと．アンジオテンシン I をアンジオテンシン II に変換する反応を触媒する酵素である．

多血症（p. 101）
別名，赤血球増多症という．血液ドーピングや高地トレーニングを行わなくても，酸素運搬能力が高いことから持久性運動に有利に働くと考えられている．しかし，血液の粘稠度が増すため，頭痛，めまい，高血圧などの症状にも関係することが明らかにされている．

エリスロポエチン（p. 101）
赤血球の産生を促進するホルモン．おもに腎臓で産生される．エリスロポエチンが不足すると貧血となり，過剰になると多血症の原因となる．

エストロゲン（p. 106）
別名，卵胞ホルモンという．コレステロールから合成される女性ホルモンの一つである．

用語解説

DIT (p. 113)
dietary induced thermogenesis の略で食事誘発性熱産生のこと．食事摂取後の酸素摂取量，すなわちエネルギー消費量を表す．仮にエネルギーをもつ三大栄養素をそれぞれ同じエネルギー量を摂取した場合，炭水化物では食事直後の DIT が急速に高まった後に低下するが，タンパク質は食後の急速な上昇はないものの，高い状態が継続する．

PFC比 (p. 114)
摂取エネルギーの三大栄養素の割合のこと．P（タンパク質）：15〜20％，F（脂肪）：20〜25％，C（炭水化物）：55〜60％が理想と考えられ，世界的に健康づくりに有効であると注目されている．エネルギーを大量に必要とするアスリートは，脂肪の摂取をエネルギーの20〜30％の範囲内で調整し，エネルギー量を確保する．

BCAA (p. 116)
branched chain amino acid の略で，分岐鎖アミノ酸のこと．タンパク質を構成する20種類あるアミノ酸のなかで，ロイシン，イソロイシン，バリンの3種は筋肉の分解を抑制し，合成を促進することが期待されている．一方，特定の成分に対する過信は，体脂肪の蓄積につながるなどの懸念もある．

ゴールドスタンダード (p. 127)
最も正確な測定法のこと．その他の測定法の基準となる．

CT (p. 130)
computed tomography の略語．放射線学的測定法であり，測定装置から X 線を照射し，その透過率の違いから，骨，脂肪組織，除脂肪組織を分離し，画像化するものである．

MRI (p. 130)
magnetic resonance imaging の略語．測定装置内で強い磁場を発生させ，その場に被検者がおかれると，身体組織に含まれる水素プロトン（陽子）が集まり，その後，磁場をなくすとプロトンがもとに戻る．このもとに戻る時間が組織によって違うことから，この時間の違いを測定し，画像化することで組成の違いを推定するものである．

恒常性 (p. 131)
ホメオスタシス（homeostasis）ともいわれ，生体がさまざまな環境変化に対応して，内部状態を一定に保って生存を維持する現象あるいは状態のことである．

レジスタンストレーニング (p. 134)
筋に負荷を与え，筋線維の肥大，筋線維数の増加あるいは筋機能の向上に主眼をおくトレーニング手段の総称である．

発育と発達 (p. 140)
一般に形態面（長育，幅育，量育，周育）が大きくなることを発育または成長といい，精神的な側面または運動機能的な側面（反応時間，肺活量，最大酸素摂取量など）が成熟していくことを発達という．

オスグット・シュラッター病 (p. 147)
成長期にスポーツを活発に行っている子ども達に頻発するスポーツ障害で，走る，跳ぶなど繰り返される機械的刺激により膝下の頸骨が炎症を生じることによって起こる．成長期では骨端線が閉じておらず，軟骨組織での障害が多いことに注意すべきである．

最大骨塩量 (p. 148)
骨は生まれてから徐々に増えていき，男女とも10代後半から30代にかけてピークを迎える．これを最大骨塩量（peak bone mass, PBM）といい，この量が多いほど（ピークが高いほど）将来骨粗鬆症になるリスクが低いとされている．

核心温 (p. 154)
頭部（脳）と体躯（心）の温度．多くの研究で，直腸温や食道温，鼓膜温などを測定することによって核心温と判断されている．

概日リズム（サーカディアンリズム）(p. 155)
1日（24時間）を1周期とした生体のリズムであり，深部体温（核心温）のリズムが代表的である．睡眠や食事，光刺激などによって修正される．

酸素解離曲線 (p. 162)
ヘモグロビンと酸素の結合割合と組織の酸素分圧をグラフ化したもの．温度上昇や pH 低下によって右傾化が起こる．酸素解離曲線の右傾化は，ヘモグロビンと酸素の結合度が低下することを意味し，組織は酸素を利用しやすくなる．

オーバートレーニング症候群 (p. 171)
過剰なトレーニングの繰り返しによってパフォーマンスが低下し，容易には回復しなくなった状態．一種の慢性疲労であり，パフォーマンスの回復には数週間から数カ月といった長期間を要する．

鉄欠乏性貧血 (p. 172)
血液中のヘモグロビン濃度が基準値よりも低下した状態を貧血といい，生体内でヘモグロビンの合成に必要な鉄が欠乏し，ヘモグロビンの合成が十分に行われないために生ずる貧血を鉄欠乏性貧血という．ヘモグロビン濃度が低下すると酸素運搬能力が低下するため，パフォーマンス，とくに持久力に悪影響を及ぼす．

用語解説

ヘモグロビン（p.184）
血液中に存在する赤血球の中にあるタンパク質．ヘモグロビンが酸素と結合すると酸化ヘモグロビン（鮮赤色，動脈血の色）となる．一方，組織で酸素を離すと還元ヘモグロビン（暗赤色，静脈血の色）となる．

抗重力筋（p.194）
地球上で生活するには重力の影響は避けられず，私たちの身体自体も重力の影響を受けている．この重力に対して姿勢を保持するために身体のさまざまな筋が持続的に活動している．このような筋を抗重力筋と呼ぶ．脊柱起立筋，腹直筋，大殿筋，大腿四頭筋，ヒラメ筋などが抗重力筋である．

骨密度（p.200）
骨の強度を表す指標の一つで，一定容量の骨に含まれるカルシウム，マグネシウムなどのミネラル成分の量を示す．一般的に骨密度は運動などによる骨への振動やひねりなどの力学的な負荷により増加し，不活動や加齢に伴い低下する．

索　引

アルファベット

A-aD$_{O_2}$	30
a-vO$_2$diff	32
ACE	100
ACEの遺伝子多型	100
ACTH	75, 169
ACTN3遺伝子	103
ADP	4, 15
AMPK	64
AT	28
ATP	4, 14, 101, 110
ATP-PCr系（ATP-クレアチンリン酸系）	15, 19, 111, 15
BCAA	63, 69, 116
BDNF	92
BMI	126
BMR	112
BrdU	92
cAMP	75
CK	16
CRF	169
CRH	82
CT	130
DHA	119
DIT	113
DNA	98
DXA	126
EER	112
EPO	184
EPOC	38
fb	27
FFA	18
FT	4
GH	131
GI	119
GLUT	62
GLUT4	62
HB-EGF	67
HF	173
HR	32
Ig	167
IGF-1	93
LBM	115
LF	173
LPL	67
LT	28, 81, 148
MRI	130, 176
MRS	20
mtDNA	102
NGF	93
OBLA	28, 182
Pa$_{CO_2}$	30
PAI-1	67
PAL	114
Pa$_{O_2}$	29
PBM	148
PFC比	114
PFK	147
PHV	141
pIgR	168
PWC$_{150}$	150
$\dot{Q}$	32
RCP	28
1RM	134
RNA	98
RQ	36
Sa$_{O_2}$	182
SDH	148
SIgA	167
ST	4
SV	32
TCA回路	18
TG	18
TNF-α	67
Type I, Type II	4
VAS	174, 175
$\dot{V}_E$	27
VEGF	93
$\dot{V}_{O_2}$	31
$\dot{V}_{O_2}$max	34, 48, 66, 157, 181
$\dot{V}_{O_2}$peak	35, 199
VT	27
VTh	27
WBGT	163

あ

α-アクチニン3遺伝子	9, 103
アイソトニック収縮	201
アイソメトリック収縮	200
アクチンフィラメント	3
アディポサイトカイン	67
アディポシティリバウンド	144
アディポネクチン	67
アデノシン三リン酸	4, 14, 101, 110
アデノシン二リン酸	4, 15
アドレナリン	78
アミノ酸スコア	116
アミンホルモン	73
アンジオテンシン変換酵素	100
異化	56
一次運動野	11, 89
1回換気量	27
1回拍出量	32, 44
遺伝子	98
遺伝子多型	99
インスリン	62, 76, 77, 131
インスリン感受性	66
ウエイトリダクション	135
うつ病	94
運動効率	182
運動終盤	3
運動神経	87
運動神経細胞	9
運動神経線維	3
運動単位	9, 10
——FFタイプ	10
——FIタイプ	10
——FRタイプ	10
——Sタイプ	10
運動不足	194
エストロゲン	144

索　引

エリスロポエチン	101, 184	筋電図	196		174, 175
遠心性神経	86	筋内脂肪	126	コンピュータ断層撮影	130
遠心性心肥大	52	筋ポンプ作用	47, 50		
横行小管	3	筋力トレーニング	21, 200		
オーバートレーニング症候群	84, 171	筋力発揮	197		

か

温熱性発汗	159	クッション機能（動脈コンプライアンス）	53	サイクリック AMP	75
		グリア細胞	88	採血（静脈採血）	171
概日リズム	155	グリコーゲン	59	最高血圧	47
解糖系	16, 111	グリコーゲンローディング	122	最高酸素摂取量	35, 199
海馬	89, 91	グリセミックインデックス	119	サイズの原理	11
外分泌	73	グルカゴン	77	最大挙上重量	134
カイロミクロン	62	グルココルチコイド	78, 83	最大骨塩量	148
過換気	30	グルコーストランスポーター	62	最大酸素借	37, 186
核心温	154	クレアチン	16	最大酸素摂取量	26, 34, 47, 66, 181
拡張期血圧	47	クレアチンキナーゼ	16	最大発育速度	141
ガス交換	29	血圧	47	最低血圧	47
片脚サスペンション	195	血液ガス	29	サーカディアンリズム	155
活性酸素	123	血液検査項目	171	サルコペニア	132
活動代謝量	113	血管コンダクタンス	46	サルコメア	3, 103
下半身陰圧負荷法	203	血管抵抗	46	酸化的リン酸化	18
カーフレイズトレーニング	200	血清鉄	172	酸素解離曲線	162, 182
カルシウム	123	血中乳酸蓄積開始点	28	酸素借	36
感覚神経	87	交感神経	45, 87	酸素摂取量	31
感覚野	90	抗酸化ビタミン	123	──の求め方	39
換気性作業閾値	27	抗重力筋	194	酸素負債	37
間欠的低酸素暴露	189	高所滞在-高所トレーニング	187, 190	酸素分圧	29, 30
間脳	88	高所滞在-平地トレーニング	188, 190	三大栄養素	116
機械受容器	31	高所滞在（高所睡眠）-平地トレーニング	189	磁気共鳴映像法	176
基質	57	酵素	57	磁気共鳴画像	130
起床時心拍数	173	行動性体温調節反応	156	磁気共鳴分光法	20
基礎代謝基準値	112	呼吸交換比	36	持久の運動	79
基礎代謝量	112	呼吸商	36	持久性トレーニング	23
ギプス固定	196	呼吸数	27	自己分泌	73
キャリパー	129	呼吸性代償閾値	28	視床	88
求心性神経	86	呼吸調節	30	視床下部	88, 156
求心性心肥大	52	5大疾病	94	視床下部-自律神経-副腎髄質系	83
起立耐性	199	骨格筋	2	シナプス	87
筋萎縮	197, 198	骨芽細胞	148	脂肪細胞	59
筋緩衝能	184	骨密度	200, 202	周径囲法	129
筋原線維	2	コーディネーショントレーニング	146	収縮期血圧	47
筋小胞体	3	コルチゾール	131, 169	重炭酸緩衝系	36
筋生検（筋バイオプシー）法	7, 185	ゴールデンエイジ	145	順化（馴化）	161, 191
筋性動脈	46	コンディショニング	166	常圧低酸素	187
筋線維	2	コンディションチェックシート		小脳	89
筋線維タイプ	7			静脈	46
筋束	2			静脈還流量	45
				食事誘発性熱産生	113
				触媒	57

除脂肪体重	114	体格指数	126	**な**		
除脂肪量	126	体脂肪率	126	内分泌	72	
自律神経系	87	体脂肪量	126	内分泌系	72	
自律性体温調節反応	156	代謝	56	2型糖尿病	77	
心萎縮	199	代謝受容器	31	二酸化炭素分圧	29, 30	
神経細胞（ニューロン）	87	体循環	42, 43	二次運動野	90	
心臓	43, 44, 50	体性神経系	86	二次脱水	163	
身体活動レベル	114	体組成	126, 143	二重エネルギーX線吸収法	126	
身体不活動	194	第二の心臓	50	日内変動	81	
心電図	51	第二発育急進期（第二次性徴）	141	乳酸性作業閾値	28, 81, 148, 181	
心拍出量	31, 45	大脳	88	尿比重計	171	
心拍数	32, 44, 51, 173	大脳皮質	88	熱中症予防のための運動指針	163	
心拍変動	173	体力要素	142	脳幹	88	
随意運動	91	唾液中分泌型免疫グロブリンA	167	脳由来神経栄養因子	92	
推定エネルギー必要量	112, 113	ダグラスバッグ法	32	ノルアドレナリン	78	
スキャモンの発育曲線	141	多血症	101	ノルディックウォーキング	133	
——一般型	141	タナーステージ	141	ノンレスポンダー	190	
——神経型	141	多量体免疫グロブリン受容体	168			
——生殖型	141	弾性動脈	46	**は**		
——リンパ型	141	遅筋線維	4			
ステロイドホルモン	75	中間代謝	58	肺気量	27	
ストレス	81	中枢神経系	86	肺循環	43, 44	
ストレス反応	82	中枢性疲労	89	肺胞気-動脈血酸素分圧較差	30	
ストレスホルモン	83	中性脂肪（トリグリセリド）	59, 118	廃用性萎縮	132	
ストレッサー	82	超回復	68	白色・褐色脂肪組織	126	
スプリントトレーニング	22	低圧低酸素状態	187	バソプレッシン	78	
スポーツ心臓	52	抵抗血管	46	発汗	159	
スポーツ中の1回拍出量	48	デオキシリボ核酸	98	皮下脂肪厚法	128	
スポーツ中の血圧	49	テストステロン	131	必須アミノ酸	116	
スポーツ中の心拍出量	49	鉄欠乏性貧血	172	ヒトゲノム	99	
精神性発汗	159	転写	98	非ふるえ熱産生	156	
生体恒常性	72	同化	56	貧血症	123	
生体電気インピーダンス法	128	糖新生	64	フィックの法則	32	
成長ホルモン	79, 131	頭頂連合野	91	フェリチン	172	
生理学的年齢	140	動脈	46	副交感神経	45, 87	
セカンドインパクト・シンドローム	88	動脈血酸素飽和度	182	副腎皮質刺激ホルモン	75, 169	
セカンドハート	50	動脈血二酸化炭素分圧	30	副腎皮質刺激ホルモン放出因子	169	
脊髄	11	特異性	73	負のフィードバック調節	76	
前頭前野	91	ドコサヘキサエン酸	119	不飽和脂肪酸	118	
セントラルコマンド	31	ドーピング	72	フランク-スターリングの法則	45	
早朝尿	170	トリカルボン酸回路	18	分岐鎖アミノ酸	63	
速筋線維	4	トリグリセリド	18	分泌型IgA	167	
		トルク	145	平地滞在-高所トレーニング	188, 190	
た		トレーナビリティ	134, 142	ベッドレスト	195	
第一発育急進期（第一次性徴）	141	トレーニングの交叉性	146	ペプチドホルモン	73	
体温	154			扁桃体	89	

ボーア効果	160, 182
防衛体力	142
傍分泌	73
飽和脂肪酸	118
補酵素	57
ホメオスタシス	72
ホルモン	72
翻訳	98

ま

毎分換気量	27
末梢化学受容器	31
末梢神経系	86
ミオシンフィラメント	3
ミオスタチン	104
――の遺伝子多型	104
密度計測法	127
ミトコンドリア DNA	102
脈拍数	51
無酸素性作業閾値	28, 66
メッツ	33, 114
免疫グロブリン	167
毛細血管	46
模擬的宇宙滞在モデル実験	194
モリス水迷路	93

や

有酸素系(酸化系)	17, 18, 111
遊離脂肪酸	18
容量血管	47
予測最大心拍数	51

ら

リボ核酸	98
リポタンパク	62
暦年齢	140
レジスタンス運動	79
レジスタンストレーニング	134
レスポンダー	190
レベリングオフ(プラトー)	33

執筆者略歴

秋間　広（あきま　ひろし）
筑波大学大学院体育科学研究科修了
現在　名古屋大学総合保健体育科学センター
　　　教授
専門　運動生理学
博士（体育科学）

石井好二郎（いしい　こうじろう）
兵庫教育大学大学院学校教育学研究科修了
現在　同志社大学スポーツ健康科学部　教授
専門　体育学，運動処方
博士（学術）

大槻　毅（おおつき　たけし）
筑波大学大学院体育科学研究科修了
現在　流通経済大学スポーツ健康科学部　教授
専門　スポーツ生理学
博士（体育科学）

片山　敬章（かたやま　けいしょう）
名古屋大学大学院医学研究科修了
現在　名古屋大学総合保健体育科学センター
　　　准教授
専門　運動生理学
博士（医学）

河合　美香（かわい　みか）
筑波大学大学院体育研究科修了
現在　龍谷大学スポーツ科学系（法学部）教授
専門　スポーツ栄養学，体力学，スポーツ・健
　　　康科学
博士（スポーツ医学）

川田　裕樹（かわた　ゆうき）
名古屋大学大学院医学系研究科単位取得満期退学
現在　國學院大學人間開発学部　教授
専門　健康教育学，学校保健学，運動処方
修士（教育学）

今　有礼（こん　みちひろ）
筑波大学大学院人間総合科学研究科修了
現在　東洋大学健康スポーツ科学部　教授
専門　運動生化学・運動生理学
博士（スポーツ医学）

髙橋　英幸（たかはし　ひでゆき）
筑波大学大学院医学研究科修了
現在　国立スポーツ科学センタースポーツ研究
　　　部　主任研究員
専門　運動生理学
博士（医学）

瀧澤　一騎（たきざわ　かずき）
北海道大学大学院教育学研究科修了
現在　一般社団法人　身体開発研究機構　代表理事
専門　トレーニング科学
博士（教育学）

冨樫　健二（とがし　けんじ）
筑波大学大学院体育科学研究科修了
現在　三重大学教育学部　教授
専門　運動生理学，スポーツ医学，健康科学，
　　　バドミントン
博士（医学）

西島　壯（にしじま　たけし）
筑波大学大学院人間総合科学研究科修了
現在　首都大学東京大学院人間健康科学研究科
　　　准教授
専門　運動神経科学，運動生理学
博士（体育科学）

前田　清司（まえだ　せいじ）
筑波大学大学院体育科学研究科修了
現在　早稲田大学スポーツ科学学術院　教授
専門　スポーツ生理学，スポーツ医学
博士（体育科学）

膳法亜沙子（ぜんぼう　あさこ）
筑波大学大学院人間総合科学研究科修了
現在　流通経済大学スポーツ健康科学部　准教授
専門　スポーツ栄養学，運動生理学，健康科学
博士（スポーツ医学）

山口　太一（やまぐち　たいち）
北海道大学大学院教育学研究科修了
現在　酪農学園大学農食環境学群　食と健康学
　　　類　教授
専門　トレーニング科学
博士（教育学）

（五十音順）

| はじめて学ぶ 健康・スポーツ科学シリーズ ③ | スポーツ生理学 |

| 第1版　第1刷　2013年2月25日 |
| 第17刷　2024年9月10日 |

検印廃止

JCOPY　〈出版者著作権管理機構委託出版物〉

本書の無断複写は著作権法上での例外を除き禁じられています．複写される場合は，そのつど事前に，出版者著作権管理機構（電話 03-5244-5088，FAX 03-5244-5089，e-mail: info@jcopy.or.jp）の許諾を得てください．

本書のコピー，スキャン，デジタル化などの無断複製は著作権法上での例外を除き禁じられています．本書を代行業者などの第三者に依頼してスキャンやデジタル化することは，たとえ個人や家庭内の利用でも著作権法違反です．

編　者　冨樫　健二
発　行　者　曽根　良介
発　行　所　㈱化学同人

〒600-8074　京都市下京区仏光寺通柳馬場西入ル
編　集　部　TEL 075-352-3711　FAX 075-352-0371
企画販売部　TEL 075-352-3373　FAX 075-351-8301
　　　　　　振　替　01010-7-5702
e-mail　webmaster@kagakudojin.co.jp
URL　https://www.kagakudojin.co.jp
印刷・製本　㈱太洋社

Printed in Japan　©K. Togashi et al.　2013　無断転載・複製を禁ず　　ISBN978-4-7598-1708-9
乱丁・落丁本は送料小社負担にてお取りかえいたします．

はじめて学ぶ 健康・スポーツ科学シリーズ

● シリーズ編集委員 ●
中谷敏昭（天理大学）・鵤木秀夫（兵庫県立大学）・宮西智久（仙台大学）

各巻B5判・200〜240頁・2色刷

★ シリーズの特長 ★

◎ 健康・スポーツ科学，体育系の大学，専門学校で学ぶ1，2年生を対象とした教科書シリーズ．さまざまな専門コースに進む前の基礎づくりに役立つ，必須の科目をそろえた．

◎ 高等学校の生物や物理，保健体育で学んだ内容と，大学の専門分野で学ぶ内容を結びつけられるよう，学びやすい構成に配慮した．

◎ 図表や写真を豊富に取り入れ，各章ごとに学ぶポイントや役立つ知識，復習トレーニングを掲載．大学の講義で学ぶ楽しさと感動が味わえる．

シリーズラインナップ ＜全12巻＞
（■：既刊　□：未刊）

1 解剖学
齋藤健治【編】　山田　洋・大山卞圭悟【著】

2 生理学　224頁　定価（本体2600円＋税）
須田和裕【編】　村上秀明・石津貴之・長谷川博・依田珠江【著】

3 スポーツ生理学　232頁　定価（本体2600円＋税）
冨樫健二【編】　秋間　広・石井好二郎・大槻　毅・片山敬章・河合美香・川田裕樹・今　有礼・髙橋英幸・瀧澤一騎・西島　壮・前田清司・膳法亜沙子・山口太一【著】

4 スポーツバイオメカニクス　240頁　定価（本体2800円＋税）
宮西智久【編】　岡田英孝・藤井範久【著】

5 体力学　220頁　定価（本体2500円＋税）
中谷敏昭【編】　池田達昭・後藤一成・寺田恭子・鍋倉賢治・星野聡子・宮口和義【著】

6 スポーツ・健康栄養学　240頁　定価（本体2800円＋税）
坂元美子【編】　赤田みゆき・賀屋光晴・武田ひとみ【著】

7 スポーツ医学【外科】
宮川俊平【編】　石井壮郎・金岡恒治・金森章浩・坂根正孝・竹村雅裕・西野衆文・野澤大輔・原　友紀・福田　崇・向井直樹【著】

8 スポーツ医学【内科】　232頁　定価（本体2600円＋税）
赤間高雄【編】　浅川　伸・伊東和雄・内田　直・児玉　暁・坂本静男・清水和弘・曽根博仁・夏井裕明・難波　聡・渡部厚一【著】

9 アスレティックトレーニング　232頁　定価（本体2700円＋税）
鹿倉二郎・鶴池柾叡【編】　泉　秀幸・岩崎由純・上松大輔・近江あゆみ・佐保　豊・篠原純司・陣内　峻・中村千秋・細川由梨【著】

10 衛生学：健康な環境づくりを支援する　240頁　定価（本体2800円＋税）
近藤雄二【編】　奥野久美子・久保博子・坂手誠治【著】

11 健康づくりのための運動の科学　200頁　定価（本体2400円＋税）
鵤木秀夫【編】　柴田真志・髙見和至・寺田恭子・冨樫健二【著】

12 スポーツ・運動・パフォーマンスの心理学　240頁　定価（本体2800円＋税）
髙見和至【編】　葦原摩耶子・小笠原正志・島本好平・杉山哲司・瀧元誠樹・武田大輔・土屋裕睦・豊田則成・簑内　豊【著】

詳細情報は，化学同人ホームページをご覧ください．http://www.kagakudojin.co.jp